二十一世纪普通高等教育人才培养“十三五”系列规划教材
ERSHIYI SHIJI PUTONG GAODENG JIAOYU RENCAI PEIYANG SHISANWU XILIE GUIHUA JIAOCAI

商务礼仪

主　编○刘江海
副主编○戈丽娟　郭雅萌　周小燕
编　委○吴小冰　陈　薇　刘　华　胡小霞

西南财经大学出版社
Southwestern University of Finance & Economics Press
中国·成都

图书在版编目(CIP)数据

商务礼仪/刘江海主编.—成都:西南财经大学出版社,2016.1(2017.8 重印)

ISBN 978-7-5504-2257-5

Ⅰ.①商… Ⅱ.①刘… Ⅲ.①商务—礼仪—高等职业教育—教材
Ⅳ.①F718

中国版本图书馆 CIP 数据核字(2015)第 303268 号

商务礼仪

主　编　刘江海
副主编　戈丽娟　郭雅萌　周小燕
编　委　吴小冰　陈　薇　刘　华　胡小霞

责任编辑:李特军
助理编辑:李晓嵩
封面设计:何东琳设计工作室
责任印制:封俊川

出版发行	西南财经大学出版社(四川省成都市光华村街 55 号)
网　　址	http://www.bookcj.com
电子邮件	bookcj@foxmail.com
邮政编码	610074
电　　话	028-87353785　87352368
照　　排	四川胜翔数码印务设计有限公司
印　　刷	四川五洲彩印有限责任公司
成品尺寸	185mm×260mm
印　　张	11.75
字　　数	265 千字
版　　次	2016 年 1 月第 1 版
印　　次	2017 年 8 月第 2 次印刷
书　　号	ISBN 978-7-5504-2257-5
定　　价	32.00 元

前 言

礼仪是人们在人际交往中，自始至终地以一定的约定俗成的程序或方式来表现的律己、敬人的完整行为，是一定时代或一定区域的普遍行为准则或规范。

在人际交往中，礼仪不仅可以有效地展现一个人的教养、风度和魅力，还体现出一个人对社会的认知水准、个人学识、修养和价值观。如果能够恰如其分地运用礼仪知识，将有助于各项商务活动的顺利进行。商务礼仪作为指导、协调商务活动中人际关系的行为方式和活动形式，常被用于约束我们日常商务活动的方方面面。

商务礼仪是商务活动过程中，对彼此表示尊重和友好的一系列行为规范，是礼仪在商务活动过程中的具体运用。商务礼仪以礼仪为基础和内容，与礼仪有着共同的基本原则：尊重、友好、真诚。

伴随着我国社会经济的快速发展，商务交往活动日益频繁，“商务礼仪”也已成为众多高等院校的必修课程之一。按照高等教育培养应用型人才的要求，也为了适应时代发展的需要，我们依托校企合作建设的成果，结合当前行业动态，组织编写了本书。

本书的特点如下：

第一，体例新颖。全书在结构编排上采用模块式，内容上紧密联系实际。

第二，内容实用。全书编写充分考虑行业人才培养的实际技能要求，细化技能环节，突出操作模式，使学生在学习过程中更直观、形象地掌握相关商务礼仪的基本技能。模块内容突出了商务人员礼仪素养的培养，同时也注重具体商务活动的礼仪要求。

第三，导向鲜明。全书共6个模块，每个模块由若干个任务组成，并辅以拓展阅读和小案例，在模块前后分别配有案例导入和案例分析，学生在课前、课后也能很好地实现自主学习。

本书由江西青年职业学院刘江海任主编，江西省东南国际旅行社戈丽娟、江西青年职业学院郭雅萌、四川省成都市财贸职业高级中学周小燕任副主编，海南省华侨商业学校吴小冰、江苏省昆山第一中等专业学校陈薇、江西工程职业学院刘华、江西上饶职业技术学院胡小霞等参与编写。

在编写过程中，本书参阅了大量的书籍和网络资料，并征求了相关行业人员的意见和建议，在此对所有直接或间接地给予我们帮助的人员表达深深的谢意。

由于编者水平有限，书中如有不足之处，敬请专家学者以及广大读者批评指正，以便编者修订时加以改进。如读者在使用本书的过程中有其他意见和建议，请向编者（michaelliu198207@163.com）提出宝贵意见和建议。

编　者

2016年1月

目 录

模块 1　走进商务礼仪

【模块速览】

任务 1　商务礼仪的内涵

任务 2　商务礼仪的特点和作用

任务 3　商务礼仪的基本原则

【案例导入】

商务礼仪的第一课：修养

有一批应届毕业生 22 个人，实习时被导师带到北京的国家某部委实验室里参观。全体学生坐在会议室里等待部长到来，这时有秘书给大家倒水。学生们表情木然地看着她忙活，其中一个还问了句："有绿茶吗？天太热了。"秘书回答说："抱歉，刚刚用完了。"林然看着有点别扭，心里嘀咕："人家给你倒水还挑三拣四。"轮到他时，他轻声说："谢谢，大热天的，辛苦了。"秘书抬头看了他一眼，满含着惊奇，虽然这是很普通的客气话，却是她今天唯一听到的一句。

门开了，部长走进来和大家打招呼，但不知怎么回事，全场静悄悄的，没有一个人回应。林然左右看了看，犹犹豫豫地鼓了几下掌，同学们这才稀稀落落地跟着拍手，由于不齐，越发显得零乱起来。部长挥了挥手说："欢迎同学们到这里来参观。平时这些事一般都是由办公室负责接待，因为我和你们的导师是老同学，关系非常要好，所以这次我亲自来给大家讲一些有关情况。我看同学们好像都没有带笔记本，这样吧，王秘书，请你去拿一些我们部里印的纪念手册，送给同学们作纪念。"接下来，更尴尬的事情发生了，大家都坐在那里，很随意地用一只手接过部长双手递过来的手册。部长脸色越来越难看，来到林然面前时，已经快要没有耐心了。就在这时，林然礼貌地站起来，身体微倾，双手握住手册，恭敬地说了一声："谢谢您！"部长闻听此言，不觉眼前一亮，伸手拍了拍林然的肩膀："你叫什么名字？"林然照实作答，部长微笑点头，回到自己的座位上。早已汗颜的导师看到此景，才微微松了一口气。

两个月后，同学们各奔东西，林然的去向栏里赫然写着国家某部委实验室。有几位颇感不满的学生找到导师："林然的学习成绩最多算是中等，凭什么推荐他而没有推荐我们？"导师看了看这几张尚显稚嫩的脸，笑道："是人家点名来要的。其实你们的机会是完全一样的，你们的成绩甚至比林然还要好，但是除了学习之外，你们需要学的东西太多了，修养是第一课。"

任务1　商务礼仪的内涵

一、礼仪的概念

礼仪是人与人交往的艺术。礼仪是指人们在人际交往中为了互相尊重而约定俗成、共同认可的行为规范、准则和程序，是礼貌、礼节、仪表和仪式的总称。

礼，即礼貌、礼节；仪，即仪态、仪容、仪表、仪式。礼仪具体指人们在社会交往活动中应共同遵守的行为规范和准则。仪表端庄、举止大方是基本的要求。礼仪主要表现在以下几个方面：

礼貌——社会居民为了维持正常的生活秩序而共同遵循的最起码道德。

礼节——社交中迎送往来表示致意、问候、祝颂等惯用形式。

仪式——在一定场合举行的具有专门程序、规范化的活动，常用于较大或较隆重的场合。

仪表——人们的容貌、服饰、姿态、风度、举止等。

热忱待客——做好引路、开关门、引见、让座、上茶、挂衣帽、送书报等工作。

二、商务礼仪的概念

顾名思义，商务礼仪是指在人们商务交往中适用的礼仪规范，是在商务交往中，以一定的、约定俗成的程序、方式来表示尊重对方的过程和手段。礼出于俗，俗化为礼。商务礼仪的操作性，就是应该怎么做、不应该怎么做。在商务交往中做到“约束自己，尊重他人”才能使人们更轻松愉快地交往。“为他人着想”不仅是商务交往，也是人与人之间正常交往的基本原则。在商务活动中，为了体现相互尊重，需要通过一些行为准则去约束人们在商务活动中的方方面面，这其中包括仪表礼仪、言谈举止、书信来往、电话沟通等技巧，从商务活动的场合又可以分为办公礼仪、宴请礼仪、专题活动礼仪、涉外礼仪。这些礼仪广泛涉及社会经济生活的各个方面，并成为社会中全体成员调节相互关系的行为规范，为各国家、各民族、各阶级、各党派、各社会团体以及各阶层人士共同遵守。

商务礼仪是人们在商务交往中的一种行为艺术，是一个含义丰富的概念，涵盖了工作场合所需要的各种技巧，覆盖了所有的工作空间。正所谓：“教养体现细节，细节展现素质。”

商务礼仪在商务交往中显得更为重要。商务礼仪是在商务活动中体现相互尊重的行为准则。商务礼仪的核心是一种行为的准则，用来约束我们日常商务活动的方方面面。商务礼仪的核心作用是为了体现人与人之间的相互尊重。商务礼仪是商务活动中对人的仪容仪表和言谈举止的普遍要求。在商务场合中事事合乎礼仪，处处表现自如、得体，往往能使商务交往活动进展顺利，事半功倍。

三、商务礼仪与传统礼仪的关系

（一）商务礼仪与传统礼仪的共通性

行为性：都是一种与人交往的行为艺术。

作用性：都能够给自身树立良好形象起重要作用。

目的性：都是为了获得对方的尊重与信任。

（二）商务礼仪与传统礼仪的区别性

规范化：商务礼仪的应用比传统礼仪更为规范化。

覆盖性：商务礼仪的性质及具体功能，更被现代社会的商务人士所认可。

适用性：传统的礼仪只是表面的行为模式；商务礼仪则根据不同的商务场合都有不同的行为模式，其适用性更为广泛且具体化。

四、商务礼仪的内容

在商务交往中涉及的礼仪很多，但从根本上来讲还是人与人之间的交往，所以我们习惯把商务礼仪界定为商务人员交往的艺术。

心理学家指出，我们在别人心目中的初次印象，一般在初次见面后15秒内形成。别人依据我们的衣着打扮、谈吐与行为来构成印象，然后推断我们的性格。要改变恶劣的初次印象并不容易，因此在职人士必须在客户面前建立一个良好的初次印象，才能使得合作顺利。

现今全球经济一体化，商业社会竞争激烈，要比别人优胜，除了具备卓越能力外，还要掌握有效沟通的手段及形成妥善的人际关系，而更重要的是拥有良好优雅的专业形象和卓越的商务礼仪。若能掌握国际商务礼仪知识，必能巩固国际商业关系。

形象就是商务人士的第一张名片。在当今竞争日益激烈的社会中，越来越多的企业对企业自身的形象以及员工的形象越来越重视。专业的形象和气质以及在商务场合中的商务礼仪已成为在当今职场取得成功的重要手段，同时也已成为企业形象的重要表现。

从企业的角度来说，掌握一定的商务礼仪不仅可以塑造企业形象，提高顾客满意度和美誉度，还能最终达到提升企业的经济效益和社会效益的目的。商务礼仪是企业文化、企业精神的重要内容，是企业形象的主要附着点。但凡国际化的企业，对于商务礼仪都有高标准的要求，都把商务礼仪作为企业文化的重要内容，同时也是获得国际认证的重要条件。

商业礼仪包括了语言、表情、行为、环境、习惯等，相信没有人愿意自己在社交场合上因为失礼而成为众人关注的焦点，并因此给人们留下不良的印象。由此可见，掌握商务礼仪在商业交往中就显得非常必要了。学习商务礼仪，不仅是时代潮流，更是提升竞争力的现实所需。我们是否懂得和运用现代商务活动中的基本礼仪，不仅反映出我们自身的素质，而且折射出我们的企业文化水平和经营方针。我们的一举一动，行为举止都时刻代表着公司的形象，因此不管在任何社交场所下，只要我们代表着公司，就一定要做到约束自己、尊重他人，树立良好的企业形象。

注重商务礼仪这一点越来越被现代商业行业的经营实践所证明。其实，在注重商务礼仪的同时，注重的是商务礼仪的规范性、继承性、差异性和发展性的特点。

五、商务礼仪的构成要素

礼仪行为不是一个单一的、独立的行为，而是一种情感互动的过程，得到社会的广泛认可，有系统性。从内容讲，商务礼仪由四项基本要素组成。

礼仪的主体：礼仪活动的操作者和实施者（个人或组织）。

礼仪的客体（礼仪的对象）：礼仪活动的具体指向者和承受者。

礼仪的媒体：礼仪活动所依托的一定的媒介。

礼仪的环境：礼仪活动得以进行的特定的时空条件。

任务 2　商务礼仪的特点和作用

一、商务礼仪的特点

（一）规范性

商务礼仪作为指导、协调商务活动中人际关系的行为方式和活动形式，广泛涉及社会经济生活的各个方面，并为社会中全体成员调节相互关系的行为规范，为各国家、各民族、各阶级、各党派、各社会团体以及各阶层人士共同遵守。商务礼仪的规范性使礼仪的实施易于落到实处，也便于通过专门训练达到预期的效果。例如，签署涉外商务合同时，根据国际惯例，合同文本应同时使用两国的法定官方语言，或是使用国际通行语言，除准备待签的正式合同文本，还须向各方提供一份副本。

（二）继承性

商务礼仪是在一般礼仪基础上发展起来的，礼仪规范将人们在交往中的习惯、习俗、准则逐渐固定并沿袭下来，形成继承性的特点，是人类精神文明的标志之一。当代礼仪都是在既往礼仪基础上继承、发展起来的。礼仪是约定俗成的，随着社会的发展和人们观念的变化也会逐渐改变。例如，我们在商务会面时常用的握手礼来源于最初的摸手礼。据说当时人们在路上遇到陌生人时，如果双方均无恶意就会放下手中东西，伸出自己的一只手（通常是右手），手心朝前，向对方表明自己手中没有武器，两人走近再互相抚摸掌心，以示友好。这一习惯沿袭推广，就成了现在广泛适用的握手礼。

（三）差异性

虽然不同民族、不同地域、不同宗教的礼仪及规范有许多相通之处和共同特征，但民族差别、地域差异、文化差异和宗教区别也是非常普遍的。由于国家、地区、宗教、民族、时间、对象等差异，商务礼仪的规范和方式有很多不同之处，礼仪存在着民族性和地域性。例如，西方国家亲朋好友见面时一般行拥抱礼和亲吻礼，以示热情友好；日本人则以鞠躬礼为主；我国旧时一般行拱手礼，现在以握手礼较为常见。可见，不同民族、不同国家有着截然不同的礼仪习俗和规范。

（四）发展性

商务礼仪规范会随着社会的发展、时代的变迁而不断发展更新。一方面，由于社会的进化使礼仪不断发展和完善；另一方面，随着国际交往的扩大，各国的政治、经济、思想、文化等因素的渗透，商务礼仪被赋予的新内容增加，礼仪的改革受到重视，简洁、实用、文明的礼仪活动形式是发展的总趋势。

二、商务礼仪的作用

商务礼仪的核心是一种行为的准则，用来约束我们日常商务活动的方方面面。商务礼仪的核心作用是为了体现人与人之间的相互尊重。我们可以用一种简单的方式来概括商务礼仪，即商务礼仪是商务活动中对人的仪容仪表和言谈举止的普遍要求。随着市场经济的深入发展，各种商务活动日趋繁多，商务礼仪也在其中发挥着越来越大的作用。

（一）规范行为

礼仪最基本的功能就是规范各种行为。在商务交往中，人们相互影响、相互作用、相互合作，如果不遵循一定的规范，双方就缺乏协作的基础。在众多的商务规范中，礼仪规范可以使人明白应该怎样做、不应该怎样做、哪些可以做、哪些不可以做，有利于树立自我形象、尊重他人、赢得友谊。

（二）传递信息

礼仪是一种信息，通过这种信息可以表达出尊敬、友善、真诚等感情，使别人感到温暖。在商务活动中，恰当的礼仪可以获得对方的好感、信任，进而有助于事业的发展。

（三）增进感情

在商务活动中，随着交往的深入，双方可能都会产生一定的情绪体验。这种情绪体验表现为两种情感状态：一种是感情共鸣，另一种是情感排斥。礼仪容易使双方互相吸引，增进感情，导致良好的人际关系的建立和发展；反之，如果不讲礼仪、粗俗不堪，那么就容易令人产生感情排斥，造成人际关系紧张，给对方造成不好的印象。

（四）树立形象

一个人讲究礼仪，就会在众人面前树立良好的个人形象；一个组织的成员讲究礼仪，就会为该组织树立良好的形象，赢得公众的赞赏。现代市场竞争除了产品竞争外，更体现在形象竞争方面。一个具有良好信誉和形象的公司或企业，就容易获得社会各方的信任和支持，从而在激烈的竞争中处于不败之地。

（五）提高素质

市场竞争最终是人员素质的竞争，对商务人员来说，商务人员的素质就是商务人员个人的修养和个人的表现。教养体现于细节，细节展示素质。所谓个人素质，就是在商务交往中待人接物的基本表现。例如，一般有教养的人在外人面前是不吸烟的；有教养的人在大庭广众之下是不高声讲话的；在商务交往中，着装中的首饰佩戴要符合身份，以少为佳。

商务人员时刻注重礼仪，既是个人和组织良好素质的体现，也是树立和巩固良好形象的需要，是企业形象、企业文化、员工修养素质的综合体现，我们只有做好应有的商务礼仪，才能将企业的形象塑造、文化表达提升到一个满意的地位。

任务 3　商务礼仪的基本原则

在开展各种商业活动时，商务礼仪应遵循以下原则：

一、尊敬原则

有人曾把商务礼仪的基本原则概括为“充分地考虑别人的兴趣和感情”，尊敬是礼仪的情感基础。在我们的社会中，人与人是平等的，尊重长辈、关心客户，这不但不是自我卑微的行为，反而是一种高尚的礼仪，说明一个人具有良好的个人素质。“爱人者，人恒爱之；敬人者，人恒敬之”“人敬我一尺，我敬人一丈”。“礼”的良性循环就是借助这样的机制而得以发展下去的。当然，礼貌待人也是一种自重，不应以伪善取悦于人，更不可因富贵而觉得高人一等。尊敬人还要做到入乡随俗，尊重他人的喜好与禁忌。总之，对人尊敬和友善，这是商务礼仪中处理人际关系的一项重要原则。

二、诚信原则

诚信，即诚实守信。诚实是指待人的真实不欺和说话客观公正；守信是指人说话算数，言行一致。古人云：“守礼者，定知廉耻，讲道义。”礼仪绝不是外表的伪饰，真正掌握商务礼仪精髓的人是发自内心地表现出对他人的尊重、友好以及表里如一。

商务人员的礼仪主要是为了树立良好的个人形象和组织形象，因此礼仪对于商务活动的目的来说，不仅仅在于其形式和手段上的意义。同时，商务活动的开展并非短期行为，从事商务活动，越来越注重讲究礼仪的长远利益。只有恪守诚信原则，着眼将来，通过长期潜移默化的影响，才能获得最终的利益。也就是说，商务人员与企业要爱惜其形象与声誉，就不应仅追求礼仪外在形式的完美，更应将其视为商务人员情感的真诚流露与表现。

三、对等原则

商务礼仪是建立在对等基础之上，并将对等作为商务礼仪的基本原则，这是商务礼仪不同于传统礼仪的根本之处。美国心理学家马斯洛的需求层次理论认为，每个人都有由低至高五个层次的需求：生理、安全、社交、自尊、受到尊重及自我价值的实现。商务交往中礼仪的运用同样要遵循这一理论。

四、自律原则

商务礼仪的自律原则是指在商务交往中，在没有任何监督的情况下，商务人员都能依据礼仪规范要求自我、约束自我、对照自我、自我反省、自我检查。在商务交往中，言语不失礼、行动不出格、仪态不失态，要善于自律原则，“非礼勿视，非礼勿听，非礼勿言，非礼勿动”。

五、谦和原则

谦就是谦虚，和就是和善、随和。谦和既是一种美德，又是社交成功的重要条件。《荀子·劝学》有言：“故礼恭，而后可与言道之方；辞顺，而后可与言道之理；色从，而后可言道之致。”也就是说，只有举止、言谈、态度都是谦恭有礼时，才能从别人那里得到教诲。谦和在社交中表现为平易近人、热情大方、善于与人相处、乐于听取他人的意见，显示出虚怀若谷的胸襟。

当然，我们此处强调的谦和并不是指过分的谦和、无原则的妥协和退让，更不是妄自菲薄。应当认识到，过分的谦和其实是社交的障碍，尤其是在和西方人的商务交往中，不自信的表现会让对方怀疑你的能力。

六、宽容原则

宽即宽待，容即相容，宽容就是心胸坦荡、豁达大度，能设身处地为他人着想，谅解他人的过失，不计较个人的得失，有很强的容纳意识和自控能力。宽容是待人的一般原则，也是商务礼仪所必须遵循的基本原则。宽容原则就是既要严于律己，更要宽以待人。

中国传统文化历来重视并提倡宽容的道德原则，并把宽以待人视为一种为人处世的基本美德。从事商务活动，也要求宽以待人，在人际纷争问题上保持豁达大度的品格或态度。在商务活动中，出于各自的立场和利益，难免出现冲突和误解。遵循宽容原则，凡事想开一点，眼光看远一点，善解人意、体谅别人，才能正确对待和处理好各种关系与纷争，争取到更长远的利益。

七、“适度”原则

人际交往中要注意各种不同情况下的社交距离，也就是要善于把握沟通时的感情尺度。古话有云：“君子之交淡若水，小人之交甘若醴。”在人际交往中，沟通和理解是建立良好的人际关系的重要条件，但如果不善于把握沟通时的感情尺度，即人际交往缺乏适度的距离，结果会适得其反。例如，在一般交往中，既要彬彬有礼，又不能低三下四；即要热情大方，又不能轻浮谄谀。所谓适度，就是要注意感情适度、谈吐适度、举止适度。只有这样才能真正赢得对方的尊重，达到沟通的目的。

掌握并遵行礼仪原则，在人际交往、商务活动中，才有可能成为待人诚恳、彬彬有礼之人，才能受到别人的尊敬和尊重。一个人的谈吐和礼仪往往也代表着公司的形象，个人的素质高低也是客户对企业评分的标准之一。

【案例分析】

放错位置的国旗

张先生是市场营销专业本科毕业生，就职于某大公司销售部，工作积极努力，成绩显著，3 年后升职销售部经理。一次，公司要与美国某跨国公司就开发新产品问题进行谈判，公司将安排接待的重任交给张先生负责，张先生为此也做了大量的、细致的准备工作。经过几轮艰苦的谈判，双方终于达成协议。可就在正式签约的时候，美方代表团一进入签字厅就拂袖而去，是什么原因呢？原来在布置签字厅时，张先生错将美国国旗放在签字桌的左侧。项目告吹，张先生也因此被调离岗位。

分析：中国传统的礼宾位次是以左为上，以右为下，而国际惯例的座次位序则是以右为上，以左为下。在涉外谈判时，应按国际通行的惯例来做。否则，哪怕是一个细节的疏忽，也可能会导致功亏一篑、前功尽弃。

模块 2　商务人员的基本礼仪

【模块速览】

任务 1　仪容礼仪
任务 2　着装的基本礼仪
任务 3　男装礼仪
任务 4　女装礼仪
任务 5　饰物礼仪
任务 6　仪态礼仪
任务 7　表情礼仪

【案例导入】

维护好个人形象

郑伟是一家大型国有企业的总经理。有一次，他获悉一家著名的德国企业的董事长正在本市进行访问，并有寻求合作伙伴的意向。于是他想尽办法，请有关部门为其与对方牵线搭桥。

让郑伟欣喜若狂的是，对方也有兴趣同郑伟的企业进行合作，而且希望尽快与郑伟见面。到了双方会面的那一天，郑伟对自己的形象刻意地进行了一番修饰，他根据自己对时尚的理解，上穿夹克衫，下穿牛仔裤，头戴棒球帽，足蹬旅游鞋。无疑，郑伟希望自己能给对方留下精明强干、时尚新潮的印象。

然而事与愿违，郑伟自我感觉良好的这一身时髦的“行头”，却偏偏坏了他的大事。郑伟与德方的第一次见面属国际交往中的正式场合，应该穿正装，即穿西服或传统中山服，以示对德方的尊敬。郑伟没有这样做，德方认为：此人着装随意，个人形象不合常规，给人的感觉是过于前卫，尚欠沉稳，与之合作之事当再作他议。

任务1　仪容礼仪

一、商务人员仪容基本要求

仪容通常是指人的外观、外貌。其中的重点则是指人的容貌。在人际交往中，每个人的仪容都会引起交往对象的特别关注，并将影响到对方对自己的整体评价。

仪容仪表的塑造对各个行业来说，都非常重要，商务人士的个人形象是该企业或该单位的形象展示，因此注重个人形象是商务人士应该具备的一项基本素质，也是尊重他人的重要表现。

仪容的基本要素有面部、头发、肢体，基本要求是面要净、发要齐、体要雅、味要佳。

（一）面要净

面要净的基本要求：清洁无异物、健康无疮破、清新而自然。

1. 清洁无异物

职场人员面部修饰的第一要务是干净清爽。要做到这一点，必须养成平时勤洗脸的好习惯。每天仅在早上起床后洗一次脸是远远不够的。午休后、劳动出汗后等都应自觉及时地洗脸，并且要耐心细致、洗得干净清爽。

对于职场女性来说，每次清洗完面部之后，还要注意适当地化妆修饰。对于职场男性来说，不蓄须是基本从业要求（有特殊宗教信仰与民族习惯者除外）。胡子拉碴面对任何人而言都是失礼的行为，所以还要养成每天上岗之前修面剃须的好习惯。

2. 健康无疮破

职场人员给服务对象的总体印象应该是健康有活力且精力充沛的。若面部或肢体裸露部位长了皮癣、痤疮、疱疹等，必须及时医治，并且在未治愈期间不宜与服务对象进行正面接触。

3. 清新而自然

清新是仪容修饰的最佳状态，自然是仪容修饰的最高境界。清新而自然的面部会让人看起来真实而生动、大方而亲切，因此职场人士在进行面部修饰时，要注意把握分寸，不要过于做作，真正实现“秀外”与“慧中”完美结合。

（二）发要齐

发要齐的基本要求：清新自然、干净利落、端庄文雅、无灰尘、无头屑、无异味。

头发长短具体要求：男“四不”，即前不覆额、侧不掩耳、后不及领、面不留须；女“三不一要”，即前发不挡眼、后发不过肩、上岗不披发、长发要束起。

头发位于人体的制高点，常常是一个人被注视的重点。完美的形象，从头开始。职场人士进行头发修饰时，通常情况下每周应至少清洗头发2~3次。长发过肩者上岗前应束发、盘发或将头发系在工作帽内。

（三）体要雅

1. 手

“三前三后”，即上下岗前、吃饭之前、接触物前，外出归来后、弄脏手后、去完洗手间后，都要注意手的清洁。手部通常露在服饰之外，比较容易受到细菌和污垢的污染，一定要注意保持手部清洁。职场工作人员还要注意用手的不雅动作，在工作岗位上不宜用手揉眼睛、抠鼻孔、掏耳孔、挠头发、剔牙齿、抓痒等。在特殊服务岗位，为了卫生保洁，还必须戴上干净的手套。

2. 指甲

指甲应三天一修剪、五天一检查，保证指甲规范。职场人士无论男女，都不宜留长指甲，应该自觉养成“三天一修剪，五天一检查”的好习惯。修剪指甲的同时还应注意清除指甲两边的死皮。对于女性从业者来说，为增加指甲的光洁度和色泽感，可适当涂抹无色或者自然肉色等浅色指甲油。彩色指甲油、艺术指甲，包括刺字、纹身等是绝对不允许的。

3. 腋

腋毛不外露、外露剃干净。在工作中，腋毛外露是极不雅观的，也是对服务对象的不尊重，因此职场人士在工作中要保证腋毛不外露。

4. 腿脚

远看头、近看脚；不露腿、不露脚。一般来说，男性要穿着长裤，穿皮鞋；女性要穿长裤或裙装，着裙装时必须配以肉色透明丝袜，穿皮鞋。不允许光脚穿鞋，也不能穿“空前绝后”的凉鞋或者拖鞋，否则会显得不正式，或者过于散漫，引起客人反感。

（四）味要佳

味要佳的基本要求：无异味、无异物、克服异响。

要勤刷牙、多漱口、防异味、展微笑。勤刷牙是保证口腔卫生的首要环节。刷牙时要注意采用正确而科学的方法，每天刷牙次数是早、中、晚三次，每次的刷牙时间应至少三分钟，养成吃完食物及时漱口的习惯。上岗前要照照镜子，检查牙缝里是否有异物。如果有异物，可使用牙签到无人的地方处理。为防止因食物原因而产生口腔异味，在工作时间应避免食用一些气味过于刺鼻的食物，如葱、蒜、韭菜、腐乳、虾酱等，同时禁止饮酒和吸烟。还应有意识地呵护自己的唇部，用心保养，防止唇部起皮、干裂或生疮。天气干燥的秋冬季，可适当使用滋润唇膏。除此之外，还要保持勤洗澡、勤换衣的好习惯。

二、商务人员的美发礼仪

根据职业要求，选择发型时要既能体现服务工作的性质，又能展示个人的风格，从而给别人留下美好的形象。在发型的选择上，应注意协调性。

（一）发型与脸型相协调

发型对人的脸部有极强的修饰作用，不同的脸型在选择发型时要注意扬长避短。

例如，长脸型适宜用“刘海”遮住额头，加大两侧头发的厚度，以使脸部丰满起来；圆脸型适宜将顶部头发梳高，两侧头发适当遮住两颊，使脸部有被“拉长”的效果。

（二）发型与体型相协调

发型选择的得当与否，会对体型的整体美产生极大的影响。例如，体型瘦高的人，适宜留长发；体型矮胖者，适宜留有层次感的短发。

（三）发型与服饰相协调

为体现个人形象的整体美，发型必须根据服饰的变化而改变。例如，穿着礼服或制服时，女性可选择盘发或短发，以显得端庄秀丽；穿着轻便服装时，女性可选择适合自己脸型的轻盈发式。

特别要注意的是，目前流行的染烫发大受年轻人的青睐，服务行业的人员要按照行业要求谨慎行事，不应盲目追赶时髦和标新立异。若要染发，宜选择自然色系的彩油，切忌颜色过于夸张怪异；若要烫发，宜选择自然大方的发型，切忌过于时髦个性。

三、商务人员的化妆礼仪

（一）基本要求

1. 基本原则

（1）淡雅端庄。职场的工作妆要符合角色定位，要自然大方、素净雅致，没有明显的修饰痕迹，这样才能与自己的身份相称，才会被别人接受和认可。

（2）简洁大方。职场的工作妆要以简洁大方为本，通常修饰的重点主要是面部、眼部和唇部，其他部位可以不予考虑。

（3）整体协调。职场的工作妆各部位要整体协调，要注意使用同一色系的色彩，并要在不同时间、不同场合、做不同工作时化不同的工作妆。

2. 妆后要求

（1）左右是否对称。化妆完成后，务必检查脸、眉、腮、唇等部位，看两边的形状、大小、弧度是否对称，色彩浓度是否一致。

（2）过渡是否自然。化妆完成后，务必检查脸部与脖子、鼻梁与两侧、腮红与脸色、眼影颜色等的过渡是否自然。

（3）整体是否协调。化妆完成后，应在镜前半米处审视自己，对脸部整体平衡做出正确评估，并去掉残留物。

3. 基本过程

（1）妆前准备。①束发。化妆前，应先用宽发带或毛巾将头发束起来或包起来，使脸部轮廓更加清晰，防止散发妨碍化妆，也可防止化妆时弄脏头发。②活肤。选用适合自己肤质的洗面奶去除脸上的油污、灰尘和汗渍，注意最好用温水清洁面部。③护肤。选用适合自己肤质的爽肤水和面霜轻轻拍在面颊上，保证皮肤滋润和保湿。为防止眼部皮肤干燥，可取用适合的眼霜，用无名指由内向外轻抹在眼睛周围，并做适当按摩。为有效保护皮肤，建议护肤后涂抹隔离霜。目前市场上很多隔离霜产品还有修正肤色的作用，可以调整不均匀的肤色，能为展现好的皮肤状态打下基础。

（2）化妆过程。①脸部。选择与肤色相近的粉底，用手指或海绵少而均匀地向外推开，做到轻薄通透。而后用粉扑蘸取少量蜜粉，轻轻按压在面部，起到定妆的作用。面部打底时，切忌粉底过白，那样会显得妆很浓艳。还要特别注意脸与脖子的衔接，“白脸黑脖”面对其他人是非常失礼的。②眼部。一是描画眼线。眼线可以使眼睛显得明亮而有神采。职业妆的眼线，可用眼线笔或眼线膏沿着睫毛根部轻轻描画较细的线条，填补睫毛的缝隙即可。二是涂抹眼影。职业妆的眼影一般涂在双眼皮褶皱处或单眼皮睁开后露出 1~2 毫米的区域；颜色以内敛的咖啡色系或清晰的湖蓝色系为首选。三是刷睫毛膏。适度卷翘的睫毛能让人看起来更加精神。可先用睫毛夹使睫毛“上翘”，再轻轻涂上睫毛膏。为使睫毛更长更密，可等睫毛膏干后再刷第二遍、第三遍，不过事后一定要用眉刷上的小梳子梳开，以防出现“苍蝇腿”。四是描画眉毛。为提高化职业妆的速度，建议妆前修好合适的眉形。若眉形较好，可选用眉粉顺着眉形轻刷即可；若眉形不太完整，可用眉笔顺着眉毛生长方向轻轻填补，之后再用眉刷刷匀。③唇部。化职业妆时，对唇部的修饰只需选用与装面颜色协调的唇膏或唇彩轻轻涂抹即可。若嘴唇干裂或脱皮，可先使用润唇膏，之后再上妆。④腮红。腮红可以增加面部的红润感，同时可适当修饰面部的轮廓。其选择的颜色要和整个妆面协调一致。一般的涂抹方法是以微笑时脸上的笑肌为起点，朝斜上方轻轻抹开。

（3）适时补妆。一般来说，妆面残缺待人是不礼貌的。如果妆容脱落，就需要及时补妆。特别要提醒的是，女性从业者化妆或补妆时，一定要遵循个人修饰的避人原则，不要在公共场合或异性面前化妆。

【拓展阅读】

不同年龄阶段的化妆技巧

1. 少女怎样化妆

少女妆的特点应在于自然，予人以青春朝气和不加修饰之感。由于少女的皮肤细腻、娇嫩而富有弹性和光泽，在化妆时宜突出两颊和嘴唇处，不宜描眉、涂眼影和上较夸张的粉底。在技巧上，应清淡自然、似有若无，切忌浓妆艳抹，反倒失去自然美。

具体方法：清洁皮肤，一定要彻底洗净，因为青春期皮肤油脂分泌较多，若不保持清洁易生粉刺等；涂上润肤剂，以轻拍方式施以化妆水，以整理肌肤；涂上一层薄薄的浅色调的粉底，双颊扫以淡淡的棕红色胭脂；唇部画好唇形后，宜涂上粉红色、橙色等富有朝气色彩的唇膏；睫毛上可涂上淡淡的黑色睫毛膏，强调明亮的双眼；在整个以粉红色和棕色为基调的脸部，还可略施薄薄的透明状松粉，更显露出柔和鲜艳的肤色。清新而艳丽是少女化妆的目标。

2. 少妇怎样化妆

有人说，女性最令人着迷的阶段就是少妇时期，因为这时她们身上既保持着青春，又添加了成熟之美。此话确有道理，但女性到了这一时期，皮肤已或多或少地出现细小的皱纹，肤色也不如少女时红润和有光泽，因而要展示成熟的美感，需掌握化妆的技巧。

少妇化妆的原则是白天讲究化妆的整体淡雅，晚间则可稍微浓重一些。具体操作时则应视五官不同情况强调优点、掩饰缺点。选择的粉底应是稍带粉红色调的，以增添面部的青春气息；使用的香粉应是淡紫色调的，可令皮肤色泽更柔和白皙。涂搽胭脂时，宜面对镜子做微笑状，找出脸颊鼓起的最高处施以胭脂，胭脂的色调宜与自然肤色相近，以求淡雅效果。少妇化妆时，最忌效仿少女妆，而应重在展现其青春风韵犹存、成熟之美初生的风姿。

3. 中年妇女怎样化妆

由于中年妇女面部普遍布有皱纹，因此化妆重在掩饰。可选用稍暗色调的粉底，在有皱纹的地方轻轻涂抹，应沿着皱纹纹路的起向轻涂，否则垂直涂抹粉底会使之存留于皱纹之中，使皱纹更为明显。粉底宜涂得薄而均匀。为进一步掩饰皱纹，必须降低皮肤的亮度，因此应用质好细腻的香粉扑面。选用胭脂时应视面部的不同情况而定。液状胭脂有湿润作用，粉状胭脂则能掩饰粗大的毛孔。中年妇女的化妆宜突出自然、优雅之感。

4. 50 岁以上妇女怎样化妆

50 岁以上的妇女，尤其是年龄过了 60 岁的妇女，已步入老年行列。我国的老年妇女大多不爱打扮，认为人老珠黄再美容化妆会惹人说笑，但这是极为错误的观念。其实即使是老年人，也可借助巧妙的化妆技巧来美化自己，展现“黄昏”之美，白发红颜更予人强烈的美感。老年妇女应选用接近自然肤色的粉底，过深或过浅色调的粉底反而会使皱纹更为显眼；眼影不可选用油质的或带有闪光的，否则会使眼部油腻无神而显浮肿；唇膏宜选用颜色柔和的，忌用过于艳丽的色彩，在涂唇膏时不宜画唇线；在修正眉形时，可将眉毛稍稍描一下。老年妇女的装饰应上下统一而协调，给人高雅之感。在穿衣时，最好将皱纹较多、肌肉松弛的颈部掩饰住，使面部化妆效果更为明显。

（二）具体要求

1. 皮肤的清洁

皮肤的类型有中性皮肤、油性皮肤、干性皮肤、干燥油性皮肤（见图 2-1）。皮肤具有保护、吸收、分泌、调节体温、代谢、感觉、免疫等功能，皮肤保养的方法有彻底清洁、保湿、防晒等。

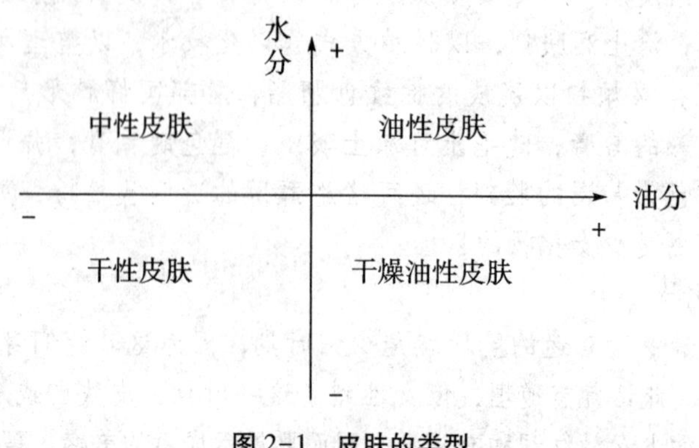

图 2-1 皮肤的类型

（1）彻底清洁。洁面产品的选择最关键是温和没有刺激，不但对皮肤没有刺激，对眼睛也没有刺激。另外，洁面产品应清洁能力强且容易清洗干净，残留极少；残留物对皮肤没有伤害。高级的洁面产品除了肤感出色、涂抹轻柔、泡沫细软外，不能有拉丝和啫哩状的感觉；还要有营养和保湿的功效，清洗后皮肤清爽而不紧绷。使用洗面奶或洁面凝露一般建议用温水洗脸，大概 37℃左右。因为当皮肤有一定温度和湿度时，护肤品的吸收最好，冷水清洁皮肤后，护肤品吸收会慢，而热水清洁皮肤会造成一定的损伤。很多痘痘是因为清洁不当、毛孔堵塞而引起的，所以一定要学会正确的清洁皮肤的方法。最好选用温和、纯净的有效清洁护肤品，不含任何刺激性清洁剂、色素、添加剂和防腐剂的低过敏产品则比较理想。使用时，最好能配合同一系列的爽肤水来使用，既有再次清洁的作用，又能补充水分、调理皮肤油脂。要养成良好的生活习惯，很多不良的生活习惯都会导致痘痘的生长。比如经常熬夜，导致内分泌系统紊乱，容易出现痘痘；经常吃刺激性的、油炸的食物容易出现痘痘；心情紧张烦躁，会增加油脂的分泌，容易长痘痘。要想彻底和痘痘说再见，必须坚持良好的生活习惯和作息规律，保证充足的睡眠；少吃刺激性的食物，多吃清淡的滋补性的食物；每天都保持开朗愉快的心情。

（2）保湿。洗脸的水不能太热，用洁面乳洗过脸后，用爽肤水、护湿乳液滋润皮肤是每天都要做的功课，这有助于进一步补充水分；如果有化妆的习惯，在化妆前涂上保湿用品的话还有使妆容更持久的效果。面对着空调和电脑，皮肤中的水分也一点点地流失了。在这种情况下，小巧的保湿喷雾可以帮助解决“给皮肤喝水”的难题，只需要直接喷在皮肤上，轻轻按摩一下就可以了。多喝水也是最好的补充水分的方法，治标又治本，一定要坚持。晚间皮肤的护理最好在晚上 10 点以前进行，因为夜晚 11 点至凌晨 2 点是肌肤细胞最为活跃的时候，此时应运用功效高的保养品以达到深层滋养修护的目的。

（3）防晒。防晒从来都是不分季节的。研究显示，日晒可能导致皮肤癌变，日光灯对皮肤也具有同样的损害，还可能导致对眼睛的损害（如白内障），损害人体免疫系统功能，在脸上留下难看的晒斑、皱纹及皮革样的皮肤。身体的光损害是由不可见的紫外线（UV）引起的，皮肤晒斑就是光损害的一种类型。晒黑皮肤的其他方法也是与紫外线发生反应而引起的皮肤色素改变，然而这种情况下常常缺乏有效的皮肤保护。防水的防晒霜在皮肤上停留的时间较长，不防水的防晒霜需要反复多次涂抹。

【拓展阅读】

不同季节的化妆技巧

1. 夏季化妆

夏季的化妆品宜用耐汗和不怕水的，以褐色色调为主色调。粉底宜选用较肤色低一至二度的色调，可用海绵搽涂。比较容易出汗的皮肤及油性皮肤还可扑上暗色彩的香粉。双颊宜用乳霜状或粉状的褐色胭脂搽涂。用褐色系唇笔描出唇形，宜用褐色或桔黄色、红色的唇膏。可用蓝、绿、紫色眼影与夏季服装的华美色彩配合。上眼睑中央、下眼睑可用褐色眼影，眼角宜用绿色。眼线的颜色宜与眼影相同，眉毛宜保持自然形状。

2. 冬季化妆

冬季万物凋零，人们的衣着打扮也以暗色调为主，因而冬季的化妆不宜过于艳丽，应与衣着的颜色、风格相一致。宜选用暗色调的粉底，薄薄施上一层；宜选用有防止水分、油脂丢失作用的润肤剂。双颊可用玫瑰红、明亮的桃红色或琥珀色、肉色胭脂涂抹，前者可产生温暖感，后者则有严峻之感。嘴唇可选用既有防干裂作用又有美化作用的稍暗色调的唇膏。眼线用黑色较好。眉毛宜保持自然形状。

2. 眼睛的护理

眼睛的护理的基本要求是清洁健康、炯炯有神、绽放光彩。

（1）眼部的清洁。眼睛是心灵的窗户，为给对方留下良好的第一印象，首先要注意眼部卫生，及时清除眼角的分泌物。

（2）眼病的防治。职场中要注意预防“沙眼”“红眼病”等传染性眼病，尤其是商务人士，一旦患病，必须及时治疗。

（3）眼镜的佩戴。一般来说，商务场合不宜佩戴框架眼镜，避免目光交流的障碍，若佩戴眼镜，也应注意以下三点：

①眼镜的选择。选择眼镜时，除了考虑实用性之外，还必须注意其质量和款式。

②眼镜的清洁。佩戴框架眼镜，一定要及时擦拭眼镜以保持镜片清洁，必要时还应定期清洁框架。

③墨镜的佩戴。墨镜的主要作用是防止紫外线伤害眼睛，商务场合应及时取下。

3. 眉毛的修饰

彩妆专业人士曾说：没有任何东西比眉毛更能够改变一个人的脸了！

（1）眉毛的组成。眉毛由眉头、眉峰、眉尾组成。眉毛修饰的基本要求是眉长自鼻翼至眼尾斜上去45度的延长线上，眉头与眉尾必须在同一水平线上，位于眼头的垂直上方；眉峰位于眼睛直视之眼球外侧上方距眉头约2/3处（依表情而易动的地方，见图2-2）。

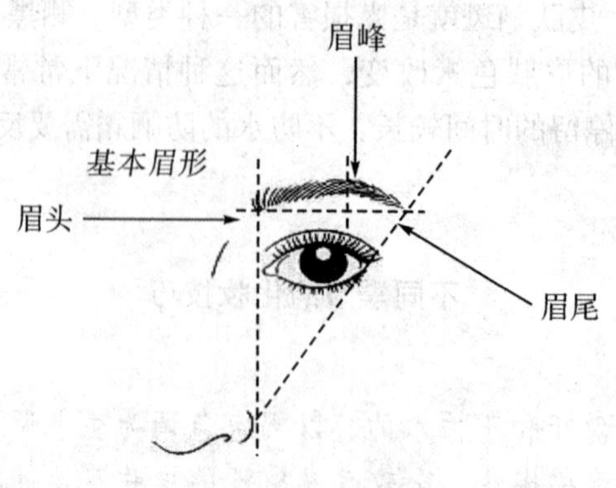

图2-2　眉毛的修饰

（2）眉毛的作用。

眉峰的作用如下：

眉峰越高，显脸越长；眉峰越低，显脸越短。

眉峰越靠近眉头，显脸越窄；眉峰越靠近眉尾，显脸越宽。

眉毛长度的作用：长眉会使脸看起来纤细；短眉会使脸看起来变大。

眉毛宽度的作用：粗眉会使脸看起来较瘦；细眉会使脸看起来变大。

几种眉形的作用与效果如图 2-3 所示：

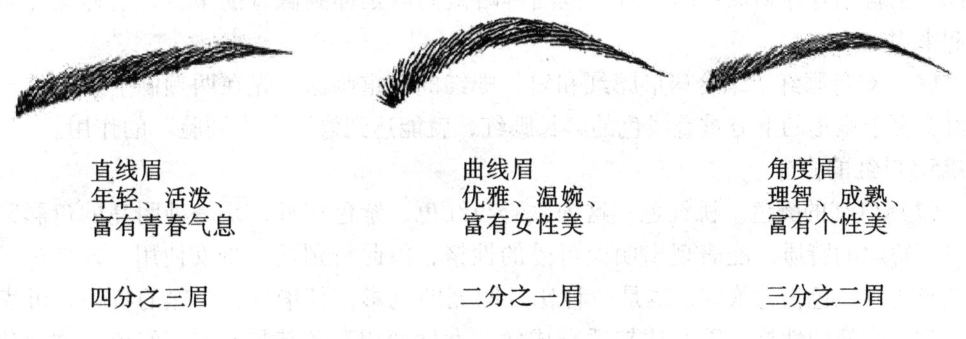

图 2-3　不同眉形的作用与效果

（3）修眉的步骤。第一步，两眼之间的正常距离为一只眼睛的距离；第二步，先逆刷；第三步，再顺刷；第四步，定出眉头、眉峰、眉尾的位置；第五步，用眉刀倾斜 45 度修去眉心多余的眉毛；第六步，把眉毛上面多余的杂眉毛修掉；第七步，用眉剪把眉头过长的眉毛修短。

（4）眉笔的颜色选择。根据年龄选择眉笔的颜色：中老人宜用灰黑色；年轻人宜用咖啡色。根据头发选择眉笔的颜色：咖啡色系头发宜用咖啡色；黑色及紫色系头发宜用灰黑色。根据服饰选择眉笔的颜色：冷色系用灰黑色；暖色系用咖啡色。

（5）眉笔的色彩的注意事项以色彩区域最大的作为基准，选择与之相符的同色系；靠近脖子的区域（丝巾、纽扣等）作为眉笔的挑选基准，如果是花色，则选择底色作为主要色彩；生活妆切忌黑色的眉毛，因为它会使人看起来不自然。

（6）脸形与眉形。圆形脸：修眉时，要将眉峰抬高，可使脸部具有拉长的功效。长形脸：适合直线眉。棱角分明的脸形：眉峰不应该有角度，也不能太高，眉形要稍圆。

4. 腮红的修饰

腮红又称为胭脂，使用后会使面颊呈现健康红润的颜色。如果说眼妆是脸部彩妆的焦点，口红是化妆包里不可或缺的要件，那么腮红就是修饰脸型、美化肤色的最佳工具。

腮红的画法具有很强的时尚性。腮红是用来塑造立体感的，就像服装想要展现个性时，会佩戴上皮手环，将橘棕色腮红刷在颧骨上也能展现妆感的个性；想要展现甜蜜感时，就戴上糖果色手环，刷上粉色圆腮红也可让妆感瞬间变得可爱甜美。

腮红修饰的类型如下：

（1）圆形腮红。这是最常见、最简单的腮红画法。只要对着镜子微笑，在两颊凸起的笑肌位置，以画圆的方式刷上腮红即可。不过这款腮红的妆效比较甜美可爱，淑女风格就不适宜这种腮红类型。

（2）扇形腮红。这款腮红的面积较大，不仅能修饰脸形，也能烘托出好气色。腮红的位置是太阳穴、笑肌、耳朵下方三者构成的扇形，注意刷腮红时的方向，要从颊侧往两颊中央上色，才能让最深的腮红颜色落在颊侧的位置，达到修饰脸形的目的。

（3）颊侧腮红。如果觉得自己的脸形太圆润，不妨试试颊侧腮红画法，可让脸形看起来较瘦长。颊侧腮红的技巧是选择较深色的腮红，如砖红、深褐色，刷在脸颊的外围，也就是耳际到颊骨的位置，范围可略微向内延伸到颧骨的下方，这样会让脸形看起来更立体。

（4）双色腮红。结合扇形腮红和斜长腮红的双重画法，先在两颊刷上深色的扇形腮红，再于扇形的上方重叠浅色的斜长腮红，就能达到修饰“大圆脸”的作用。

5. 口红的修饰

（1）口红的颜色。桃红色：这种色彩与红色、紫色相近，是一种明亮的色彩，其浪漫、娇嫩的特质，能表现出明朗可爱的性格，因此特别适合少女使用。玫瑰色：这种色彩比桃红色稍为浓些，也是一种比较明亮的色彩，其华丽、成熟的特性，可表现出奔放、成熟的性格，因此比较适合成熟的女性使用，尤其是新娘。红色：这种色彩是口红的代表色，应用极广，可显出热情、高贵、耀眼的性格。橙色：这种色彩是红色与黄色所混合出的明亮色彩，让人显得健康、年轻，可表现出健康、乐观、青春的韵味。褐色：这种色彩实际上是加浓的橙色，可展现出稳重、干练、个性化的特质，然而由于颜色接近紫色，而紫色唇膏较不受一般妇女喜爱，因此只有舞台表演者较常使用。豆沙色：这种色彩虽不华丽，却能表现出自然、朴实、友善的性格，极适合中年妇女使用。浅粉红色：这种色彩是一种优美的色彩，很适合端庄、文静的女孩使用。紫色系：这种色彩富有神秘、高贵、浪漫的气质。

（2）唇色与性格。清纯可爱型选择以粉色为主的淡雅色系，如珍珠粉红、粉桔、粉紫等，能很好地流露少女的纯情与活泼，切忌浓艳和强烈的色彩；艳丽妖媚型选择大红、薰紫的唇色，冷艳剔透，散发热情性感的魅力；高雅秀丽型选择玫瑰红、紫红或棕褐色的唇色，成熟柔美中又予人知性、优雅的高贵感觉。

（3）根据肤色选择唇色。皮肤白皙的选择冷色系（带蓝色）的唇色，如紫红、玫红、桃红等，可使人焕发出青春浪漫的神采；选择暖色系（带黄色）的唇色，如暖茶红、肉桂色等，则洋溢着成熟的优雅气息。皮肤暗黄的只宜选择暖色系中偏暗的红色，如褐红、梅红、深咖等，以使肤色显得白皙透明；不宜擦浅色或含银光的口红，因为浅色口红会与皮肤形成对比，而使皮肤显得更为暗淡。

（4）根据年龄选择唇色。年轻而皮肤较白嫩者，口红色彩可略鲜明些，如淡红、变色口红及桃红色。中年妇女应选用深红、土红等庄重的色彩。

（5）脸形与唇形。倒三角脸形下颚线给人舒服美感，所以描上唇时要将唇峰描尖、薄，但嘴角须稍向上描画，下唇则描出明显的船底形。菱形脸上唇颜色稍淡，整个唇形保持丰满，唇峰圆润。圆形脸将嘴唇涂得小又满，一条细线会让圆脸的人看起来像一个快乐的纽扣。方形脸应将下嘴唇画成略带倒三角形状以和方形宽下巴对应。三角形脸勿将唇形描小，否则反而会强调出脸部的宽度，描画时以带有光泽为佳。

（三）仪容的修饰的注意事项

1. 仪容要干净

要勤洗澡、勤洗脸，脖颈、手都应干干净净，并经常注意去除眼角、口角及鼻孔的分泌物。要勤换衣服，消除身体异味。有狐臭要搽药品或及早治疗。

2. 仪容应当整洁

整洁，即整齐洁净、清爽。要使仪容整洁，重在持之以恒，这一条与自我形象的优劣关系极大。

3. 仪容应当卫生

讲究卫生是公民的义务，应注意口腔卫生，早晚刷牙，饭后漱口，不能当着客人面嚼口香糖。指甲要常剪，头发要按时理，不得蓬头垢面、体味熏人，这是每个人都应当自觉做好的。

4. 仪容应当简约

仪容既要修饰，又忌讳标新立异，简练、朴素最好。

5. 仪容应当端庄

仪容庄重大方、斯文雅气，不仅会给人以美感，而且易于使自己赢得他人的信任。相比之下，将仪容修饰得花里胡哨、轻浮怪诞，是得不偿失的。

【拓展阅读】

正确使用香水

香水是美容的化妆品之一，香水不仅能除臭、添香、止痒、消炎、防止蚊叮虫咬等，而且还能刺激大脑，使人兴奋，消除疲劳。但使用香水亦有讲究，主要如下：

第一，最好将香水洒在手腕、颈部、耳后、太阳穴、臂弯里、喉咙两旁、膝头等不完全暴露的部位，这样香味随着脉搏跳动、肢体转动而飘溢散发。为避免香水对皮肤的刺激，可洒在衣领、手帕处。千万不要将香水搽在面部，那样会加速面部皮肤老化。

第二，不要在毛皮衣服上洒香水，因为香水的酒精成分会使毛皮失去光泽。如果将香水洒在浅色衣服上，日晒后会出现色斑。因此，尽量避免将香水直接洒在衣服上。

第三，不可将香水喷在首饰上，应该先搽香水，等完全干后，再戴项链之类的饰物。否则会影响饰物的颜色及光泽。

第四，香水不宜洒得太多、太集中，最好在离身体 20 厘米处喷射。如果在 3 米以外还可以嗅到身上的香水味，则表明用得太多。

第五，搽用香水后不宜晒太阳，因为阳光的紫外线会使搽过香水的部位发生化学反应，严重的会引起皮肤红肿或刺痛，甚至诱发皮炎。

第六，不要同时将不同牌子的香水混用，因为那样会使香水变味或无效。

第七，夏日出汗后不宜再用香水，否则汗味和香味混杂在一起，给人留下污浊、不清新的感觉。因此，多脂、多汗处忌洒香水，以免怪味刺鼻。

第八，患有支气管哮喘或过敏性鼻炎的人，最好不要用浓香型的香水。

任务2　着装的基本礼仪

仪表，即人的外表，包括容貌、举止、姿态、风度等。在人际交往中，一个人的仪表不但可以体现他的文化修养，也可以反映他的审美趣味。穿着得体，能赢得他人的信赖，给人留下良好的印象。相反，穿着不当、举止不雅，往往会降低自己的身份，损害自己的形象。由此可见，仪表是一门艺术，既要讲究协调、色彩，也要注意场合、身份。同时，仪表又是一种文化的体现。仪表具体来说，就是着装要得体。

一、职场着装的基本原则

（一）"TPO"原则

"TPO"是西方人提出的服饰穿戴原则，即英文"时间（Time）""地点（Place）""场合（Occasion）"。穿着的TPO原则，要求人们在着装时以时间、地点、场合三项因素为准。

1. 时间原则

时间既指每一天的早、中、晚三个时间段，也包括每年春夏秋冬的季节更替，以及人生的不同年龄阶段。时间原则要求着装考虑时间因素，做到随"时"更衣。例如，通常人们在家中或进行户外活动，着装应方便、随意，可以选择运动服、便装、休闲服。而工作时间的着装则应根据工作特点和性质，以服务于工作、庄重大方为原则。

另外，服饰还应当随着一年四季的变化而更替变换，不宜标新立异，打破常规。夏季以凉爽、轻柔、简洁为着装格调，在使自己凉爽舒服的同时，让服饰色彩与款式给予他人视觉和心理上的好感受。在夏天，层叠皱折过多、色彩浓重的服饰使人燥热难耐。冬季应以保暖、轻便为着装原则，既要避免臃肿不堪，也要避免"要风度不要温度"，为形体美观而着装太单薄。

2. 地点原则

地点原则是指地方、场所、位置不同，着装应有所区别，特定的环境应配以与之相适应、相协调的服饰，才能获得视觉和心理的和谐美感。例如，穿着只有在正式的工作环境才合适的职业正装去娱乐、购物、休闲、观光，或者穿着牛仔服、运动衣、休闲服进入办公场所和社交场地，都是环境不和谐的表现。我们无法想象在静谧严肃的办公室穿着一身很随意的休闲服，脚穿拖鞋；或者在绿草如茵的运动场上穿一身笔挺的西装，脚穿皮鞋——这样的人肯定会被讥讽为不懂穿衣原则。

3. 场合原则

不同的场合有不同的服饰要求，只有与特定场合的气氛相一致、相融合的服饰，才能产生和谐的审美效果，实现人景相融的最佳效应。例如，在办公室或外出处理一般类型的公务，服饰应是符合一般的职业正装要求。在庄重场合，如参加会议、庆典仪式、正式宴会、商务或外事谈判、会见外宾等隆重庄严的活动，服饰应当力求庄重、典雅。凡是请柬上规定穿礼服的，可以按规定办事。在国外，按礼仪规范，有一般礼服、社交礼服、晨礼服、大礼服、小礼服的区分。在我国，一般以中山装套装、西服套装、旗袍等充当礼服。庄重场合，一般不宜穿夹克衫、牛仔裤等便装，更不能穿短裤或背心。

正式场合应严格符合穿着规范。男子穿西装，一定要系领带，西装里面有背心的话，应将领带放在背心里面。西装应熨得平整，裤子要熨出裤线，衣领和袖口要干净，皮鞋锃亮等。女子不宜赤脚穿凉鞋，如果穿长筒袜子，袜子口不要露在衣裙外面。

（二）和谐原则

美的最高法则是和谐，穿着与形体肤色应协调。人的身材有高矮胖瘦之分，肤色有深浅之差，这往往是我们不能选择的，但我们可以选择服饰的质地、色彩、图案、造型工艺，引起别人的各种错觉，达到美化自己的目的。

例如，胖人穿横条衣服更会显得肥胖，身材矮小者适宜穿造型简洁、色彩明快、小花形图案的服装；脖子短的人穿低领或无领衣可以使脖子显得稍长。

另外，中国人的皮肤颜色大致可以分为白净、偏黑、发红、黄绿和苍白等几种，穿着必须与肤色在色彩上相协调。例如，肤色白净者，适合穿各色服装；肤色偏黑或发红者，忌穿深色服装；肤色黄绿或苍白的人，最适合穿浅色服装。

（三）服饰的色彩哲学与搭配原则

色彩因其物理特质，常对人的生理感觉形成刺激，诱发人们的心理定式和联想等心理活动。色彩还具有某种社会象征性，许多色彩象征着某种性格、情感、追求等。例如，黑色象征神秘、悲哀、静寂、死亡，或者刚强、坚定、冷峻等；白色象征纯洁、明亮、朴素、神圣、高雅，或者空虚、无望等；黄色象征炽热、光明、庄严、明丽、希望、高贵、权威等；大红象征活力、热烈、激情、奔放、喜庆、福禄、爱情、革命等；粉红象征柔和、温馨、温情等；紫色象征高贵、华丽、庄重、优越等；橙色象征快乐、热情、活力等；褐色象征谦和、平静、沉稳、亲切等；绿色象征生命、新鲜、青春、新生、自然、朝气等；浅蓝象征纯洁、清爽、文静、梦幻等；深蓝象征自信、沉静、平稳、深邃等；灰色象征中立、和气、文雅等。

服饰的色彩搭配的基本方法一般包括同色搭配法、相似搭配法和主辅搭配法三种。同色搭配法是指把同一颜色按深浅、明暗不同进行搭配。例如，浅灰色配深灰色、墨绿色配浅绿色等。相似搭配法是指邻近色的搭配。例如，橙色配黄色、黄色配草绿色、白色配灰色等。主辅搭配法是指以一种色彩为整体的基调，再适当辅以一定的其他色的搭配。无论如何，服饰配色都要坚持一条最为基本的原则，即调和。一般来说，黑、白、灰三色是配色中的最安全的颜色，最容易与其他色彩搭配以取得调和的效果。

值得注意的是，服饰色彩还应与一个人的身材、肤色等协调一致。例如，深色有收缩感，适宜肥胖者搭配；浅色有扩张性，身材瘦小者穿上后有丰腴的效果。

二、制服的基本规范

（一）制服穿着要合体挺括

为确保合身，在选择和穿着制服时要注意“四长”和“四围”。“四长”，即袖长至手腕，衣长至腰下，裤长至脚面，裙长至膝盖。“四围”，即领围以可以插入一指为宜，胸围、腰围和臀围以可以加一件羊毛衣裤为宜。

（二）制服要干净整洁

制服的干净整洁既能突出精神面貌，也能反映其企业的管理水平和卫生状况。穿制服要特别注意领口和袖口的清洁，做到衣裤无油渍、无污垢、无异味，鞋袜无灰尘、无污渍、无破损。同时，也要注意穿着时制服整齐不起皱，做到上衣平整、裤线笔挺、线条流畅。

任务3　男装礼仪

一、男士西装的选择

西装是一种国际性服装，穿起来给人一种彬彬有礼、潇洒大方的深刻印象，因此现在越来越多地被用于正式场合。在商务交往中以及正式社交场合，男士着西装可以体现自身的身份和品位。

（一）西装的款式

按西装的件数来划分，有套装西装和单件西装。其中，套装西装又分为两件套（上装和下装）和三件套（上装、下装、西装背心）。

按西装的纽扣来划分，有单排扣西装（1粒、2粒、3粒）和双排扣西装（2粒、4粒、6粒）。

按适用场合不同来划分，有正装西装和休闲西装。

（二）西装的衬衫

与西装配套的衬衫应为正装衬衫。一般来讲，正装衬衫具有以下特征：

1. 面料

面料应为高织精纺的纯棉、纯毛面料，或以棉、毛为主要成分的混纺衬衫。条绒布、水洗布、化纤布、真丝、纯麻衬衫皆不宜选。

2. 颜色

颜色必须为单一色。白色为首选，蓝色、灰色、棕色、黑色亦可；杂色、过于艳丽的颜色（如红、粉、紫、绿、黄、橙等色）有失庄重，不宜选择。

3. 图案

以无图案为最佳，有较细竖条纹的衬衫有时候在商务交往中也可以选择。但是切忌竖条纹衬衫配竖条纹西装或方格衬衫配方格西装。

4. 领形

以方领为宜，扣领、立领、翼领、异色领不宜选择。衬衫的质地有软质和硬质之分，穿西装要配硬质衬衫，尤其是衬衫的领头要硬实挺括，要干净，不能太软，否则最好的西装也会被糟蹋。

5. 衣袖

正装衬衫应为长袖衬衫。

6. 穿法讲究

（1）衣扣：衬衫的第一粒纽扣，穿西装打领带时一定要系好，否则松松垮垮，给人极不正规的感觉。相反，不打领带时，一定要解开，否则给人感觉好像忘记了打领带似的。打领带时衬衫袖口的扣子一定要系好，而且绝对不能把袖口挽起来。

（2）袖长：衬衫的袖口一般以露出西装袖口以外1.5厘米为宜。这样既美观又干净，但要注意衬衫袖口不要露出太长，那样就是过犹不及了。

（3）下摆：衬衫的下摆不可过长，而且下摆要塞到裤子里。我们经常见到某些服务行业的女员工，穿着统一的制式衬衫，系着领结，衬衫的下摆却没有塞到裤裙中去，给人一种不伦不类、很不正规的感觉。

（4）不穿西装外套只穿衬衫、打领带仅限室内，正式场合是不允许的。

（三）领带

领带是男士在正式场合的必备服装配件之一，是男士西装的重要装饰品，对西装起着画龙点睛的重要作用。因此，领带通常被称为“男子服饰的灵魂”。

1. 面料

质地一般以真丝、纯毛为宜，档次稍低点就是尼龙的了。绝不能选择棉、麻、绒、皮革等质地的领带。

2. 颜色

一般来说，服务人员尤其是酒店从业者应选用与自己制服颜色相称、光泽柔和、典雅朴素的领带为宜，不要选用那些过于显眼和花哨的领带。领带颜色一般选择单色（蓝、灰、棕、黑、紫色等较为理想），多色的则不应多于三种颜色，而且尽量不要选择浅色、艳色。

在涉外场合，我们与不同国家友人交往时应注意不同的礼仪。一般来讲，与英国人交往时，不要系带条纹的领带。另外，阿拉伯人从来不买绿色领带，荷兰人从来不戴橙色领带，法国人不戴红、白、蓝三色混合的领带。

3. 图案

领带图案的选择要坚持庄重、典雅、保守的基本原则，一般为单色无图案，宜选择蓝色、灰色、咖啡色或紫色，或者选择点状或条纹等几何图案。

4. 款式

不能选择简易式领带。

5. 质量

领带应选择外形美观、平整、无挑丝、无疵点、无线头、衬里毛料不变形、悬垂挺括、较为厚重的。

6. 打法讲究

（1）注意场合：打领带意味着郑重其事。

（2）注意性别：领带为男性专用饰物，女性一般不用，除非制服和作为装饰用。

（3）长度：领带的长度以自然下垂最下端（即大箭头）至皮带扣处为宜，过长过短都不合适。领带系好后，一般是两端自然下垂，宽的一片应略长于窄的一片，绝不能相反，也不能长出太多。如穿西装背心，领带尖不要露出背心。

（4）领带夹：领带夹有各种型号款式，用法虽然各异，功能却一致，无非是固定领带。选择领带夹时，一定要用高质量的，质地粗劣的廉价品不但会损坏领带，而且会降低自己的身份。

正确使用领带夹，要注意夹的部位。一般来讲，五粒扣的衬衫，将领带夹夹在第三粒与第四粒纽扣之间；六粒扣的衬衫，将领带夹夹在第四粒与第五粒扣子之间。还有一条规则需要注意，就是系上西装上衣的第一粒纽扣尽量不要露出领带夹。在西方，现在越来越多的白领人士不用领带夹，他们选择把窄的一片领带放到宽的一片领带背部的商标里。因为无论多么高级的领带夹，使用不当都有可能损坏领带。

（5）结法：挺括、端正、外观呈倒三角形。

（6）注意与之配套的服装：西装套装非打领带不可，夹克等则不能打领带。

（四）西裤

因为西装讲究线条美，所以西裤必须要有中折线。西裤长度以前面能盖住脚背、后边能遮住 1 厘米以上的鞋帮为宜。不能随意将西裤裤管挽起来。

（五）皮鞋和袜子

1. 皮鞋

穿整套西装一定要穿皮鞋，不能穿旅游鞋、便鞋、布鞋或凉鞋，否则是会令人发笑的，显得不伦不类。在正式场合穿西装，一般穿黑色或咖啡色皮鞋较为正规。需要注意的是，黑色皮鞋可以配任何颜色的西装套装，而咖啡色皮鞋只能配咖啡色西装套装。白色、米黄色等其他颜色的皮鞋均为休闲皮鞋，只能在游乐、休闲的时候穿着。

2. 袜子

穿整套西装一定要穿与西裤、皮鞋颜色相同或较深的袜子，一般为黑色、深蓝色或藏青色，绝对不能穿花袜子或白色袜子。

（六）西装的扣子

西装的扣子有单排扣与双排扣之分。单排扣有 1 粒、2 粒、3 粒；双排扣有 2 粒、4 粒和 6 粒。

穿着单排扣的西装时可以敞开不扣扣子，也可以扣上扣子。照规矩，西装上衣的扣子在站着的时候应该扣上，坐下时才可以敞开。单排扣西装的扣子并不是每一粒都要系好的，1 粒单排扣的西装扣与不扣都无关紧要，但正式场合应当扣上；2 粒单排扣的西装应扣上上面的一粒，底下的一粒为样扣，不用扣。对于 2 粒单排扣的西装有这么四句话，可以帮助我们记忆：扣上面一粒是正规，不扣是潇洒，两个都扣上是土气，只扣下面一粒是流气。3粒扣子的单排扣西装扣中间一粒，上下各一粒不用扣。

双排扣的西装要把扣子全扣上。双排扣西装最早出现于美国，曾经在意大利、德国、法国等欧洲国家很流行，不过现在已经不多见了。现在穿双排扣西装比较多的应当数日本了。

西装背心的扣子有6粒扣与5粒扣之分。6粒扣的最底下的那粒可以不扣，而5粒扣的则要全部都扣上。

（七）西装的口袋

西装讲求以直线为美，因此西装上面有很多口袋为装饰袋，是不能够装东西的。我们知道，男性也有许多小东西，如果在穿西装时不注意，一个劲地往口袋里装，弄得鼓鼓囊囊的，那么肯定会破坏西装直线的美感，这样既不美观，又有失礼仪。

穿西装尤其强调平整、挺括的外观，即线条轮廓清楚、服帖合身。这就要求上衣口袋只作装饰，不可以用来装任何东西，但必要可装折好花式的手帕。

西装左胸内侧衣袋，可以装票夹（钱夹）、小日记本或笔。右胸内侧衣袋，可以装名片、香烟、打火机等。裤兜也与上衣衣袋一样，不能装物，以求裤型美观。但裤子后兜可以装手帕、零用钱等。

千万需要注意的是，西装的衣袋和裤袋里不宜放太多的东西。把两手随意插在西装衣袋和裤袋里，也是有失风度的。如要携带一些必备物品，可以装在提袋或手提箱里，这样不但看起来干净利落，也能防止衣服变形。

二、男士西装的“三个三”原则

（一）第一个“三”——三色原则

三色原则规定：穿西装正装时，全身上下的颜色不能多于三种。

当然休闲装没有这个问题，穿休闲装逛大街、吃饭、去玩都无所谓，也没必要打领带。

（二）第二个“三”——三一定律

三一定律规定：男士在重要场合穿套装出来的时候，身上有三个要件应该是同一个颜色。

这三个要件包括鞋子、腰带、公文包。它们应该是一个颜色，并且应该首选黑色。内行看门道，外行看热闹。如果戴的是金属表带的手表，那么金属表带的颜色应该和眼镜框的颜色一样，也和皮带扣的颜色一样，这才叫协调。

（三）第三个“三”——三大禁忌

三大禁忌指的是穿西装时，有三个不能出洋相的地方。

1. 袖子上的商标不能不拆

买西装时，只要是在店里买来的西装，左边袖子的袖口上都有一个绣上去的商标，有的时候还有一个纯羊毛标志。按照严格的说法，如果去买西装，付款之后，服务员要替顾客干的头一件事，就是要把商标拆掉，等于为西装启封了。

2. 非常重要的涉外商务交往中忌穿夹克时打领带

穿夹克打领带，也有一些情况是允许的。大体上来讲，穿夹克打领带，有两种情况是允许的：一是穿制服式夹克。现在社会上，有些行业的人员，如工商人员、税务人员、警察，他们有统一的夹克式制服。二是行业领导或者单位领导。他们在自己行业之内参加内部活动时可以如此穿着。比方说，夏天天气很热，市长到工地去慰问建筑工人、到街上去慰问执勤的交警。慰问对象都在那儿挥汗如雨，市长西装革履地去了，是不是有高高在上脱离群众之感？因此，市长很可能领带也打，表示正规；但是会换一个夹克，显得平易近人，这是一种趋同，心理学上把它称为亲和效应。见和自己状态近似的人，性格、习性、讲究、打扮、语言、交谈内容相近的人，容易产生共鸣。我们的一些领导同志，在参加内部活动时，这样的情况是常有的。但对外交往时，这样穿夹克打领带是绝对不可以的。因为按照国际惯例，夹克属于休闲装，在外国人面前如果穿着夹克打领带，既不是制服，也不是行业活动，就会被取笑。

3. 忌袜子出现问题

讲究的男士在出席重要场合时，穿袜子是有说道的。有以下两种袜子是不可以穿的：

一是不穿白袜子。穿西装的时候、穿制服的时候、穿皮鞋的时候，男士有个讲究，袜子和皮鞋相同颜色最好看，浑然一体。还有一种选择就是袜子的颜色和裤子的颜色相同，也是很好看的。至少应穿深色而绝不穿浅色的或者花色的袜子，否则就会不伦不类。绝对不能穿白袜子。

二是不穿尼龙丝袜。有素质的男士不会穿尼龙丝袜，而是要穿棉袜或者毛袜。尼龙丝袜最大的问题就是不吸湿、不透气、容易产生异味，会妨碍交际，这点是非常重要的。

【小案例】

如果一位男士被邀请去吃饭，吃的是日本料理或韩国烧烤。吃日本料理、吃韩国烧烤，他能穿尼龙丝袜吗？他当众一脱鞋，里面有“别样的芬芳”，外面还有三个窟窿，其中一个露出脚趾头。那时他自己必然不舒服，人家也不舒服。因此，不穿尼龙丝袜非常重要。

三、男士西装的版型

（一）欧版西装

欧版西装实际上是在欧洲大陆，比如意大利、法国流行的。最重要的代表品牌有杰尼亚、阿玛尼、费雷。

欧版西装的基本轮廓是倒梯形，实际上就是宽肩收腰，这和欧洲男人比较高大魁梧的身材相吻合。对于那些身材比较苗条的男士来说，选西装时，对这种欧版西装，要三思而后行，因为往往自己的肩不够宽。双排扣、收腰、肩宽是欧版西装的基本特点。

（二）英版西装

英版西装是欧版西装的一个变种。英版西装是单排扣，但是领子比较狭长，和盎格鲁—萨克逊人这个主体民族有关。盎格鲁—萨克逊人的脸形比较长，因此他们的西装领子比较宽，也比较狭长。英版西装一般来说三个扣子的居多，其基本轮廓也是倒梯形。

（三）美版西装

美版西装的基本轮廓是“O 形”，宽松肥大，适合在休闲场合穿。因此，美版西装往往以单件者居多，一般都是休闲风格。如果你到过美国的话就会发现，美国人一般着装的基本特点可以用四个字来概括：宽衣大裤。强调舒适、随意，是美国人的特点。美国人的性格就是这样的，要强调个性化。欧版西装和美版西装都不大适合我们一般的中国人穿着，比较适合我们穿的是一种有东方特点的版型——日版西装。

（四）日版西装

日版西装的基本轮廓是“H 形”，适合亚洲男人的身材，没有宽肩，也没有细腰。一般而言，日版西装多是单排扣式，衣后不开衩。这样的服装穿在我们中国人身上，比较得体。

四、男士西装的件套

一般来讲，一般场合穿两件套西装就可以了。非常重要的场合，或者是地位身份非常高的人，可以选择三件套西装。

三件套西装有个好处，就是使人的形象显得更加干净利索。例如，穿衬衫要掖到裤腰里去，而有的时候动作一大，没准衬衣就出来了，就出丑了。如果穿个西装背心的话，就等于把接缝的地方挡住了。欧美男士在重要场合穿燕尾服、西式礼服的时候，都使用腰封。

五、男士礼服的基本规范

西方通常对服装的称谓有礼服和便服。西装也是礼服的一种。随着社会的进步，西装成为一种普通的职业服装。男装礼服具体类型有第一礼服、正式礼服和日常礼服。

（一）第一礼服

这是特定礼仪和社交的装束，它的搭配有相当多的规矩。第一礼服可分为夜间穿的燕尾服和白天穿的大礼服两种。

如果在正式请柬上发现“White Tie”的字样，那就该着燕尾服了。男装燕尾服就是男式的晚礼服，是男士出席晚上 6 时以后的正式活动穿的服装。

燕尾服颜色多为黑色或深蓝色。燕尾服穿着时不系扣，只在前身设双排 6 粒扣装饰。与燕尾服搭配的是 3 粒扣或 4 粒扣的方领或青果领的白色礼服背心；与礼服同料的不翻脚长裤，两侧饰有缎面条形装饰；白色双翼领礼服衬衣，胸前有胸衬；配白色领结；手套和胸前装饰巾都应为白色；穿黑色袜子和漆皮皮鞋。

（二）正式礼服

正式礼服是第一礼服的简装版本，在现代的隆重场合，人们一般用它们代替燕尾服和大礼服。正式礼服亦有日夜之分。塔士多礼服（Tuxedo Suit）与燕尾服相对，在请柬上标注为“Black Tie”。这种用于代替燕尾服的无燕尾礼服，颜色上有季节之分，除了夏季的白色礼服外都为黑色或深蓝色礼服，款式类似燕尾服去掉燕尾的短上衣。

（三）日常礼服

日常礼服用于参加日间的各种正式场合，一般指男士的黑色套装。对于较正式又没有对穿着明确要求的场合，为保险起见，可以穿着黑色套装，要求也相对宽松，可以有一点设计。

任务4　女装礼仪

商界女士所穿着的套装，大致上可以分成两种基本类型。一种是用女式西装上衣同随便的一条裙子所进行的自由搭配与组合，这被称为“随意型”。另一种是女式西装上衣和与之同时穿着的裙子为成套设计、制作而成，这被称为“成套型”或“标准型”。正规且严格地讲，套裙事实上指的仅仅是后一种类型。

一、女士职业套装七要素

（一）面料

总的说起来，套裙在面料上的选择余地远远要比西装套装大得多。其主要的要求是套裙所选用的面料最好既是纯天然质地的面料又是质量上乘的面料；上衣、裙子以及背心等，应当选用同一种面料；在外观上，套裙所选用的面料，讲究的是匀称、平整、滑润、光洁、丰厚、柔软、悬垂、挺括，不仅弹性、手感要好，而且应当不起皱、不起毛、不起球。

（二）色彩

在色彩方面，套裙的基本要求是应当以冷色调为主，借以体现出着装者的典雅、端庄与稳重。用常人的眼光来看，套裙的色彩应当清新、雅气而凝重。因此，不应为其选鲜亮抢眼的色彩。与此同时，还必须使之与此时此刻正在流行一时的各种“流行色”保持一定的距离，以示自己的传统与稳重。

具体而言，标准而完美的套裙的色彩不仅要兼顾着装者的肤色、形体、年龄与性格，而且更要与着装者从事商务活动的具体环境彼此协调一致。在一般情况之下，各种加入了一定灰色的色彩，比如藏青、炭黑、烟灰、雪青、茶褐、土黄、紫红等稍冷一些的色彩，往往都是商界女士可以考虑的。由此可知，同商界男士所穿的西装套装相比，商界女士所穿的套裙不一定非得是深色的不可，而且其选择范围也远远不止于蓝、灰、棕、黑等寥寥几种。

有时即使是穿着上衣下裙同为一色的套裙，也可以采用与其色彩所不同的衬衫、领花、丝巾、胸针、围巾等衣饰，来加以点缀，以便使之生动而活跃一些。此外，还可以采用不同色彩的面料，来制作套裙的衣领，兜盖、前襟、下摆，这样也可以“搞活”套裙的色彩。

（三）图案

选择套裙，讲究的是朴素而简洁。因此，考虑套裙图案问题时，也必须注意到这一点。按照常规，商界女士在正式场合穿着的套裙，可以不带有任何图案。如果本人喜欢，以各种或宽或窄的格子、或大或小的圆点、或明或暗的条纹为主要图案的套裙，大都可以一试。其中，采用以方格为主体图案的格子呢所制成的套裙，穿在商界女士的身上，可以使人静中有动，充满活力。因此，多年以来，该图案的套裙一直盛行不衰、大受欢迎。

一般认为，套裙不应以花卉、宠物、人物、文字、符号为主体图案。一名白领丽人假如穿着那样的套裙行走于商界，不但过分地引人注目，而且看起来也会让人感到头晕目眩。总而言之，绘有此类图案的面料，在本质上与套裙的风格是水火不相容的。

（四）点缀

在一般情况之下，套裙上不宜添加过多的点缀，否则极有可能会使其显得琐碎、杂乱、低俗和小气。有的时候，点缀过多还会使人认为穿着者有失稳重。

一般而言，以贴布、绣花、花边、金线、彩条、扣链、亮片、珍珠、皮革等加以点缀或装饰的套裙，穿在商界女士的身上都不会有多么好的效果。通常这一类的套裙往往是不为人们所接受的。

不过，并非所有带有点缀的套裙均应遭到排斥。有些套裙上适当地采用厂装饰扣、包边、蕾丝等点缀之物，实际效果其实也不错。重要之处在于，套裙上的点缀宜少不宜多、宜精不宜糙、宜简不宜繁。

女士职业装色彩搭配如表 2-1 所示：

表 2-1　　女士职业装色彩搭配

希望给人的感觉	可以穿的中性色	可以穿的点缀色
权威	黑、深灰、海军蓝	红
自信	黑、深灰、海军蓝	红、黄、橙、深蓝
高雅	黑	紫
诚恳	深灰、海军蓝、白	粉红、蓝
智慧、理性	灰、海军蓝	绿、蓝
成功	黑、深灰、海军蓝	红
亲切友善	咖啡	粉红、绿、橙、淡蓝
热情	无	红、橙、黄
温柔、甜美、浪漫	无	粉红、蓝、紫、奶黄
年轻、开朗	白	粉红、橙、黄、浅蓝

（五）尺寸

从具体的尺寸来讲，套裙可谓变化无穷。不过从根本上来看，套裙在整体造型上的变化，主要表现在它的长短与宽窄两个方面。

一般说来，在套裙之中，上衣与裙子的长短是没有明确而具体的规定的。以前，在欧美主要国家，商界女士的套裙曾被要求上衣不宜过长、下裙不宜过短。相比较而言，人们对于裙子的长度似乎关注得更多一些。传统的观点是：裙短则不雅，裙长则无神。裙子的下摆恰好抵达着装者小腿肚子上的最为丰满之处，乃是最为标准、最为理想的裙长。然而在现实生活之中，依旧墨守此规者实在是并不多见。目前，套裙之中的裙子，有的是超短式，有的是及膝式，有的则是过膝式。商界女士在选择时，主要考虑的是个人偏好、身材特点以及流行时尚。

（六）造型

套裙的造型具体是指它的外观与轮廓。从总体上来讲，造型可以大致上分为“H”形、“X”形、“A”形、“Y”形四种类型。

“H”形造型套裙的主要特点是上衣较为宽松，裙子亦多为筒式。这样一来，上衣与下裙便给人以直上直下，浑然一体之感。它既可以让着装者显得优雅、含蓄和帅气，也可以为身材肥胖者遮丑。

“X”形造型套裙的主要特点是上衣多为紧身式，裙子则大多是喇叭式。实际上，它是以上宽与下松来有意识地突出着装者的腰部的纤细。此种造型的套裙轮廓清晰而生动，可以令着装者看上去婀娜多姿、楚楚动人。

“A”形造型套裙的主要特点是上衣为紧身式，裙子则为宽松式。此种上紧下松的造型，既能体现着装者上半身的身材优势，又能适当地遮掩其下半身的身材劣势。不仅如此，它还在总体造型上使着装者显得松紧有致、富于变化和动感。

“Y”形造型套裙的主要特点是上衣为宽松式，裙子多为紧身式，并且以筒式为主。它的基本造型实际上就是上松下紧。一般来说，这种造型的套裙意在遮掩着装者上半身的短处，同时表现出下半身的长处。此种造型的套裙往往会令着装者看上去亭亭玉立、端庄大方。

（七）裙子

作为套裙的主角，裙子的式样也不乏变化。就最常见者而言，西装裙、一步裙、围裹裙、筒式裙等，款式端庄、线条优美；百褶裙、旗袍裙、开衩裙、“A”字裙、喇叭裙等，飘逸洒脱、高雅漂亮。它们都是大受欢迎的式样。

二、女士礼服的基本规范

女士礼服主要是根据穿着时间、场合的不同，划分为日礼服、晚礼服、婚礼服、鸡尾酒会礼服等种类。

（一）日礼服

日礼服是白天出席社交活动时的正规穿着，如开幕式、宴会、婚礼、游园、正式拜访等场合穿用的礼服。日礼服不像晚礼服那样规范严谨，显得更为随便、活泼、浪漫，是以表现着装者良好的风度为目的的。像外观端庄、郑重的套装均可作为日礼服。日礼服通常表现出优雅、端庄和含蓄的特点，多采用毛、棉、麻、丝绸或有丝绸感的面料。小配件应选择与服装相应的格调。

（二）晚礼服

晚礼服也叫夜礼服或晚装，是晚上 10 点以后在礼节性活动中穿用的正式礼服，也是女士礼服中档次最高、最具特色和能充分展示个性的穿着样式。源于欧洲着装习俗的晚礼服，最早盛行于宫廷贵妇们的穿着，后来经过设计师的不断推陈出新，最终演变发展成为女性出席舞会、音乐会、晚宴、夜总会等活动必备的完美服装。

晚礼服的形式有两种：一种是传统的晚装，形式多为低胸、露肩、露背、收腰和贴身的长裙，适合在高档的、具有安全感的场合穿用；另一种是现代的晚礼服，讲求式样及色彩的变化，具有大胆创新的时代感。

1. 传统晚礼服

传统晚礼服更强调女性窈窕的腰肢，夸张臀部以下裙子的重量感，多采用袒胸、露背、露臂的衣裙式样，以充分展露女性身体的肩、胸、臂部分，也为华丽的首饰留下表现的空间。传统晚礼服经常采用低领口设计，通过镶嵌、刺绣、领部细褶、华丽花边、蝴蝶结、玫瑰花的装饰手段突出高贵优雅的着装效果，给人以古典、正统的服饰印象。在面料使用上，为迎合夜晚奢华、热烈的气氛，传统晚礼服多选用丝光面料、闪光缎、塔夫绸、金银交织绸、雪纺、蕾丝等一些华丽、高贵的材料，并缀以各种刺绣、褶皱、钉珠、镶边、襻扣等装饰。工艺上的精细缝制，更凸显了传统晚礼服的精湛不凡和华贵高档之感。

传统晚礼服注重搭配，以考究的发型、精致的化妆、华贵的饰物以及精美的手套、鞋等的装扮，表现出沉稳秀丽的古典倾向。饰品可选择珍珠、蓝宝石、祖母绿、钻石等高品质的配饰，如果脚趾外露，就得与面部、手部的化妆同步加以修饰。穿戴晚礼服还常搭配华丽、浪漫、精巧、雅致的晚礼服包，它多采用漆皮、软革、丝绒、金银丝等混纺材料，用镶嵌、绣、编等工艺制作而成。

2. 现代晚礼服

现代风格的晚礼服受到各种现代文化思潮、艺术风格及时尚潮流的影响，不过分拘泥于程式化的限制，注重式样的简捷亮丽和新奇变化，极具时代的特征与生活的气息。而与传统晚礼服相比，现代晚礼服在造型上更加舒适实用、经济美观。例如，西装套装式、短上衣长裙式、内外两件组合式甚至长裤的合理搭配也成为现代晚礼服的穿着。

（三）婚礼服

结婚嫁娶是人一生中的重大事情，为了显示其特殊意义，表达婚者及其亲朋好友的欢快与祝福的心声，人们往往要举办隆重热烈的仪式以示庆贺。在整个婚礼的仪式中，婚礼服是其中必不可少的着装内容，涉及了新娘、新郎、伴娘、伴郎及伴童的穿着种类。新娘穿的婚礼服为所有婚服中最具豪华漂亮的衣装形式和婚礼亮点，通过其优雅的面料、式样及精致的做工，反映出婚者炽热纯真的恋情和对未来美好生活的憧憬，体现了婚礼仪式的规模程度。婚礼服根据款式的风格，可分为西式婚礼服与中式婚礼服。

1. 西式婚礼服

西式婚礼服源于欧洲的服饰习惯，在多数西方国家中，人们结婚时要到教堂接受神父或牧师的祈祷与祝福，新娘要穿上白色的婚礼服表示真诚与纯洁，并配以帽子、头饰、披纱和手捧花，来衬托婚礼服的华美。伴娘则穿着用来陪衬并与新娘婚礼服相配的相关礼服。伴童作为天使的象征则穿着女式白色短款迷你裙。

西式婚礼服在造型、色彩、面料上也都有一些约定俗成的规定。造型上多为“X”形合体长裙，上身前片设有公主线，后片打省，裙腰做多褶处理，裙样可有层叠的形式。衣裙的领、腰及下摆可根据设计需要添置类似花结、花边的装饰，为显示婚礼服的造型，裙内要用尼龙网、绢网、尼龙布、薄纱等材料做裙撑。色彩上西式婚礼服通常为白色，象征着真诚与纯洁。面料一般采用塔夫绸、绉缎、丝绸、纱、薄纱等。配饰则为白披头（白婚纱）、白手套、白缎高跟鞋等，其中白披头可用刺绣、白纱丝缎和串珠来制作。

2. 中式婚礼服

中式新娘婚礼服以传统的短袄长裙或旗袍为主，造型多为修身的适体造型，带有中式立领、襻扣的样式，具有浓郁的中国传统特色。修身的裁剪结合了西式礼服的特色，能够表现出女性妩媚的身材曲线，既具有现代的时尚气息，又具有东方特有的含蓄、典雅的气质特点。色彩多以红色为主，象征喜庆、吉祥和幸福。纹样上多采用龙凤、牡丹等传统吉祥图案，表现了婚礼服的华美隆重、婚者对未来生活的憧憬和美好祝愿。面料多采用丝绸、织锦缎或薄纱等。常用刺绣、手绘、钉缀珠饰亮片等装饰手法，来表现或富丽华贵或清雅优美的风格。男士通常穿不完全相同于长袍马褂的中式制服类礼服，伴娘、伴童的穿着也相应搭配中式的礼服。

（四）鸡尾酒会礼服

鸡尾酒会礼服是指女士在鸡尾酒聚会、半正式或正式场合穿戴的，是介于日礼服与晚礼服之间的礼服。与豪华气派的晚礼服相比较，鸡尾酒会礼服更注重场合、气氛的轻松，款式上相对简化一些，更为含蓄、典雅。

鸡尾酒会礼服需袒露一些皮肤，但不像晚礼服那样大片裸露，裙长一般在膝盖上下，随流行而定，一件式连衣裙或两件式、三件式的服装都可选择。鸡尾酒会礼服的颜色以黑、白、粉、金等色彩为主，点缀水钻、亮片等。面料多采用天然的真丝绸、锦缎、合成纤维及一些新的高科技材料，素色、有底纹及小型花纹的面料也常被使用。饰品多为珍珠项链、耳钉或垂吊式耳环，三串以上为较正式场合使用。与鸡尾酒会礼服相搭配的鞋子装饰性很强，略带光泽感，更为正式的场合可选择鲜艳的颜色的鞋子，可裸露部分脚面。

三、女士职业装的禁忌

女士职业装的禁忌包括：不要“三截腿”、不要不合体、不要过分暴露、不要过分透薄、不要过分艳丽、不要颜色过乱。国外商界人士的着装，一向讲究男女有别。崇尚传统的商界人士一直坚持认为，在正式场合穿裤装的女性，大多是不务正业之徒。换而言之，商界女士在正式场合的着装，以裙装为佳，各种裤装都是不宜选择的。这种状况近年来虽稍有改变，但绝大多数人依旧持此观点。在日常生活里，将套裙穿在任何一位商界女士的身上，都无一例外地会使之立即精神倍增、神采奕奕，会使着装者看起来精明、干练、成熟、洒脱。

任务5　饰物礼仪

饰物是指能够起到装饰点缀作用的物件，主要包括服装配件（如帽子、领带、手套等）和首饰配件（如戒指、胸花、项链、眼镜等）两类。我们这里主要讲的是商务人士饰物佩戴的基本原则。

一、饰物佩戴的基本原则

饰物佩戴总的原则——符合身份，以少为佳。

（一）数量原则

选择佩戴饰品应当是起到锦上添花、画龙点睛的作用，而不应是过分炫耀、刻意堆砌，切忌画蛇添足。

（二）质色原则

人际交往中，女士佩戴两种或两种以上的首饰时怎样表现出自己的品位和水准呢?应做到同质同色，即质地和色彩相同。

（三）搭配原则

饰物的佩戴应讲求整体的效果，要和服装相协调。一般穿着考究的服装时，才佩戴昂贵的饰物；服装轻盈飘逸，饰物也应玲珑精致；而穿运动装、工作服时不宜佩戴饰物。饰物的佩戴还应考虑所处的季节、场合、环境等因素。这些因素不同，饰物佩戴方式和佩戴取舍也不同。例如，春秋季可选戴耳环、别针，夏季可选戴项链和手链，冬季则不宜选戴太多的饰品，因为冬天衣服过于臃肿，饰物过多反而不佳；上班、运动或旅游时以不戴或少戴饰物为好，只有在交际应酬的时候佩戴饰物才合适，即展示自己时尚、个性、有魅力的一面。

（四）扬长避短原则

饰物的佩戴应与自身条件相协调，如体形、肤色、脸形、发型、年龄、气质等。

（五）习俗原则

饰物佩戴要注意寓意和习俗。例如，戒指、手镯、玉坠等的佩戴应注意不同的寓意和习俗。

二、男士饰物佩戴

讲究的男士在重要场合佩戴的饰物要少而精。

穿西装时，手表与包是最重要的饰物。如果要选饰物的话，还可以选装饰性的袖扣。装饰性袖扣配法式衬衫，法式衬衫是翻边的，它实际上是将翻边的衬衫下面固定了之后把袖扣穿上去，这是比较好看的。因为男士在办公桌前，两只手放在桌上，这个装饰袖扣正好露出来，堂而皇之地展示自己与众不同的独特品位。领带夹可用可不用，一般时尚的穿法是不用领带夹的。只有两种人常用领带夹：其一，穿制服的人，如像工商人员、税务人员、警察、军人以及航空公司等大型企事业单位员工用领带夹，他们领带夹上有国徽、警徽、航空公司徽标。其二，重要人士，如高级官员、高级将领、重量级商业人士。

三、女士饰物佩戴

女士的饰物主要包括戒指、耳饰、项链、手链和围巾等，在佩戴时要注意搭配。

（一）脸形与饰物

1. 正三角形脸的首饰搭配

此种脸形的人应选择“下缘小于上缘”的耳环、坠子，这样才能达到平衡下颚宽度、创造柔美脸部线条的功效。若是佩戴有坠子的耳环，要特别注意坠子的长度，最好避免不长不短地结束在下颚，因为坠子长度结束的地方，刚好就是人们眼光停留的焦点。此外，角度十分明显的首饰，如三角形、六角形首饰应避免佩戴；项链选择“下缘大于上缘”的坠子，再加上在胸前所呈现出的“V”形线条，会将佩戴者雍容典雅的气质衬托得淋漓尽致

2. 菱形脸的首饰搭配

此种脸形的人最适合的耳环、坠子，莫过于“下缘大于上缘”的形状了，如水滴形、栗子形等。此种脸形的人应避免佩戴像菱形、心形、倒三角形等坠饰。任何戴起来有“圆效果”的项链都适合菱形脸的人。

3. 鹅蛋脸的首饰搭配

对于鹅蛋脸的人来说，耳环、坠子等任何适合自己脸部皮肤色调、脸形大小、个人风格的饰物都可尽情佩戴。项链等只要适合自己穿着打扮的风格，不论什么形状戴起来都很好看。

要让脸形趋于完美，除了要讲究首饰的形状、线条与设计外，双下巴和脖子的长短也要加以修饰。例如，有双下巴的人，应避免佩戴圆形感觉的耳环、坠子和项链。另外，脖子较短的人应留意项链的长度，最佳的长度是在锁骨到胸部中间

4. 瓜子脸的首饰搭配

瓜子脸的人下巴比较尖，适合佩戴“下缘大于上缘”的耳环与坠子，如水滴形、葫芦形以及角度不是非常锐利的三角形等。任何戴起来能够产生圆效果的项链，都可以增加瓜子脸的人下巴的美感，让脸部线条看起来比较圆润。

5. 长脸的首饰搭配

长脸的人可佩戴形如圆形、方形等横向设计的珠宝首饰，它们圆润、方正、弧线优美的特色，能够巧妙地为长脸的人增加脸的宽度、减少脸的长度。长脸的人比较适合佩戴具有“圆效果”的项链。

6. 圆脸的首饰搭配

圆脸的人为了塑造出脸部长度增加、宽度减少的视觉效果，应选择如长方形、水滴形等耳环和坠子，它们能让圆脸的人丰腴的脸部线条柔中带刚，更添几番英俊挺拔之气。圆脸的人可利用项链的“V”形效果装饰，拉长脸部线条，展现温婉中的清静与典雅。

（二）戒指的佩戴

1. 戒指的含义

几乎世界各国都有佩戴戒指的不同含义。一般而言，不同手指佩戴戒指的含义如下：

大拇指：暂无。

食指：未婚。

中指：热恋。

无名指：已婚。

小拇指：独身。

另外，有一种关于戴戒指的说法：戴于右手小指意味着不谈恋爱；戴于右手无名指意味着热恋中；戴于右手中指意味着名花有主；戴于右手食指意味着单身贵族；戴于左手小指意味着不婚族；戴于左手无名指意味着已结婚；戴于左手中指意味着已订婚；戴于左手食指意味着未婚。戴于大拇指都是代表权势的意思，也可以理解为自信。

2. 戒指与偏好

除了以上关于佩戴戒指的含义外，还有一种说法是关于戒指与个人的性格偏好，即喜戴在食指者，性格较偏激倔强；喜戴在右手中指者，崇尚中庸的人生观念；喜戴在左手中指者，有责任感、重视家庭；喜戴在小拇指者，有自卑感。

任务6　仪态礼仪

仪态是人的举止行为的统称，是人的内在气质的外在表现，也是现代人的职业文明标志。仪态是人在行为中的姿势和风度，虽属小节，但能以小见大。仪态从细微处见精神，透过现象看本质，对建立和维系良好的人际关系有不可小觑的作用。

仪态属于人的行为美学范畴，既依赖于人的内在气质的支撑，同时又取决于个人是否接受过规范和严格的体态训练。在人际沟通与交往过程中，仪态用一种无声的体态语言向人们展示出一个人的道德品质、礼貌修养、人文学识、文化品位等方面的素质与能力。仪态的美丑往往还是鉴别一个人是高雅还是粗俗、是严谨还是轻浮的标准之一。仪态的许多方面，不仅是待人接物、为人处世的礼节规范要求，同时也将一个人的风度尽在其中。因此，商务人员无论在工作岗位，还是在社交场合，都应注重仪态美。

一、站姿礼仪

站立是人们生活交往中的一种最基本的举止。站姿是人静态的造型动作，优美、典雅的站姿是发展人的不同动态美的基础和起点。优美的站姿能显示个人的自信，衬托出美好的气质和风度，并给他人留下美好的印象。

（一）基本站姿

基本站姿要领：脚跟并拢，脚尖分开（女士 30 度左右，男士 45 度左右），收腹挺胸，提臀挺腰，双臂下垂（自然贴于身体两侧），虎口向前，宽肩下沉，头正颈直，下颌微收，目光平视。

男性与女性通常根据各自不同的性别特点，在遵守基本站姿的基础上，还可以各有一些局部的变化，主要表现在其手位与脚位有时会存在一些不同。

男性在站立时，要力求表现阳刚之美。具体来讲，男性在站立时，可以将一只手（一般为右手）握住另一只手的外侧面，叠放于腹前，或者相握于身后。双脚可以叉开，大致上与肩部同宽，为双脚叉开后两脚之间相距的极限。

女性在站立时，要力求表现阴柔之美，在遵守基本站姿的基础上，可将双手虎口相交叠放于腹前。

要特别注意的是，不论是男性还是女性，站立时一定要正面面对对象，切不可将自己的背部对着对方。

1. 正确的站姿要领

正确的站姿要领包括：头正、肩平、提臀、挺躯、并腿，身体重心主要支撑于脚掌、脚弓上；微收下颌，两眼平视前方；嘴微闭，表情自然，稍带微笑；从侧面看，头部肩部、上体与下肢应在一条垂直线上。

2. 站立时的手位

站立时的手位包括：双手置于身体两侧；右手搭在左手上叠放于体前；双手叠放于体后；一手放于体前一手背在体后。

3. 站立时的脚位

站立时的脚位包括：呈“V”形或小“丁”字形；双脚平行分开不超过肩宽。

（二）男、女常用站姿

1. 男士的基本站姿

（1）身体立直，抬头挺胸，下颌微收，双目平视，嘴角微闭，双手自然垂直于身体两侧，双膝并拢，两腿绷直，脚跟靠紧，脚尖分开呈“V”形。

（2）身体立直，抬头挺胸，下颌微收，双目平视，嘴角微闭，双脚平行分开，两脚间距离不超过肩宽，一般以 20 厘米为宜，双手手指自然并拢，右手搭在左手上，轻贴于腹部，不要挺腹或后仰。

（3）身体立直，抬头挺胸，下颌微收，双目平视，嘴角微闭，双脚平行分开，两脚之间距离不超过肩宽，一般以20厘米为宜，双手在身后交叉，右手搭在左手上，贴于臀部。

2. 女士的基本站姿

（1）身体立直，抬头挺胸，下颌微收，双目平视，嘴角微闭，面带微笑，双手自然垂直于身体两侧，双膝并拢，两腿绷直，脚跟靠紧，脚尖分开呈“V”形。

（2）身体立直，抬头挺胸，下颌微收，双目平视，嘴角微闭，面带微笑，两脚尖略分开，右脚在前，将右脚跟靠在左脚脚弓处，两脚尖呈“V”形，双手自然并拢，右手搭在左手上，轻贴于腹前，身体重心可放在两脚上，也可放在一脚上，并通过重心的移动减轻疲劳。

（三）站立禁忌

1. 东倒西歪

工作时东倒西歪，站没站相，坐没坐相，无精打采，懒散地倚靠在墙上、桌子上，很不雅观。

2. 耸肩勾背

耸肩勾背或者懒洋洋地倚靠在墙上或椅子上，这些将会破坏自己和企业的形象。

3. 双手乱放

将手插在裤袋里，随随便便，悠闲散漫，这是不允许的。双手交叉在胸前，这种姿势容易使客人有受压迫之感，倘若能将手臂放下，用两手相握在身前，立刻就能让对方感受轻松舒适多了。此外，双手抱于脑后、双肘支于某处、双手托住下巴、手持私人物品皆不可取。

4. 脚位不当

人字步、蹬踏式、双腿交叉都是不允许的，注意两脚之间的距离不可过大，不要挺腹翘臀。

5. 做小动作

下意识地做小动作，如摆弄打火机和香烟盒、玩弄衣服和发辫、咬手指甲等，这样不但显得拘谨，给人以缺乏自信的感觉，而且有失仪表的庄重。

（四）站姿训练

第一，背靠墙。身体背着墙站好，使后脑、肩、臀部及足跟均能与墙壁紧密接触，这说明站立姿势是正确的；假若无法接触，那就是站立姿势不正确。

第二，两人背靠背。

第三，头顶书本，练习站立的稳定性。

第四，对镜训练，自我纠正。

二、走姿礼仪

（一）走姿的基本要点

1. 走姿的规范要求

走姿的规范要求包括：上身挺直，双肩平稳，目光平视，下颌微收，面带微笑；挺胸、收腹，使身体略微上提；手臂伸直放松，手指自然弯曲，双臂自然摆动。摆动时，以肩关节为轴，上臂带动前臂，双臂前后摆动时，摆幅以30~35度为宜，肘关节略弯曲，前臂不要向上甩动；步幅不要太大，跨步时两脚间的距离适中，以一个脚长为宜，步速保持相对稳定，既不要太快，也不能太慢（60~100步/分钟）；女士行走时，走直线交叉步，上身不要晃动，尽量保持双肩水平。

2. 职业装的走姿规范要求

（1）穿西装的走姿要求。西服以直线为主，应当走出穿着者的挺拔、优雅的风度。穿西装时，后背保持平正，两脚立直，走路的步幅可略大些，手臂放松，伸直摆动，手势简洁大方。行走时男士不要晃动，女士不要左右摆髋。

（2）穿西服套裙的走姿要求。西服套裙多以半长筒裙与西装上衣搭配，因此着装时应尽量表现出干练、洒脱的风格特点，走姿要求步履轻盈、敏捷、活泼、步幅不宜过大，可用稍快的步速节奏来调和，以使走姿活泼灵巧。

（3）穿旗袍的走姿要求。旗袍作为东方晚礼服的杰出代表，在世人眼里有着经久不衰的美丽。因此，酒店行业通常将其作为迎宾、引位或者中式宴会的职业服装。着这款服装，最重要的是要表现出东方女性温柔、含蓄的柔美风韵以及身材的曲线美。穿旗袍时要求身体挺拔，胸微含，下颌微收；塌腰撅臀是着旗袍的大忌。旗袍必须搭配高跟或中跟皮鞋才走得出这款服装的韵味。行走时，走交叉步直线，步幅适中，步子要稳，双手自然摆动，髋部可随着身体重心的转移，稍有摆动，但上身决不可跟着晃动。总之，穿旗袍应尽力表现出一种柔和、妩媚、含蓄、典雅的东方女性美。

3. 穿高跟鞋的走姿要求

女士在正式场合经常穿着黑色高跟鞋，行走要保持身体平衡。具体要求直膝挺腰、收腹收臀、挺胸抬头。为避免膝关节前屈导致臀部向后撅的不雅姿态，行走时一定要把踝关节、膝关节、髋关节挺直，只有这样才能保持挺拔向上的形体。行走时步幅不宜过大，每一步要走实、走稳，这样步态才会有弹性并富有美感。

（二）走姿的注意事项

1. 切忌身体摇摆

行走时切忌晃肩摇头，上体左右摆动，给人以庸俗、无知和轻薄的印象，脚尖不要向内或向外，晃着“鸭子”步，或者弯腰弓背，低头无神，步履蹒跚，给人以压抑、疲倦、老态龙钟的感觉。

2. 双手不可乱放

工作时，无论男女走路的时候，不可把手插在衣服口袋里，尤其不可插在裤袋里，也不要叉腰或倒背着手，因为这样不美观。走路时，应两臂前后均匀随步伐摆动。

3. 目光注视前方

走路时应眼睛注视前方，不要左顾右盼，不要回头张望，不要老是盯住行人乱打量，更不要一边走路，一边指指点点地对别人评头论足，这不仅有伤大雅，而且不礼貌。

4. 脚步干净利索

走路脚步要干净利索，有鲜明的节奏感，不可拖泥带水，抬不起脚来，也不可重如打夯，砸得地动楼晃。

5. 有急事莫奔跑

如果碰到急事，可以加快脚步，但切忌奔跑，特别是严禁在楼里奔跑。

6. 同行不要排成行

几个人在一起走路时，不要勾肩搭背，不要拍拍打打。多人在一起走的话，不要排成横行，让其他人无路可走。

7. 走路要用腰力

走路时腰部松懈，会有吃重的感觉而不美观，拖着脚走路更显得难看。走路的美感产生于下肢的频繁运动与上体稳定之间所形成的对比和谐以及身体的平衡对称。要做到举步和落脚时脚尖都正对前方，抬头挺胸，迈步向前。

（三）走姿的训练

1. 正确的走姿要求

正确的走姿要求头正、肩平、躯挺、步位直、步幅适度、步速平稳。

2. 基本动作训练

基本动作训练包括摆臂训练、步位步幅训练、稳定性训练、协调性训练。

3. 变向时的行走规范

（1）后退步。向他人告辞时，应先向后退两三步，再转身离去。退步时，脚要轻擦地面，不可高抬小腿，后退的步幅要小。转体时要先转身体，头稍候再转。

（2）侧身步。当走在前面引导来宾时，应尽量走在宾客的左前方。髋部朝向前行的方向，上身稍向右转体，左肩稍前，右肩稍后，侧身向着来宾，与来宾保持两三步的距离。当走在较窄的路面或楼道中与人相遇时，也要采用侧身步，两肩一前一后，并将胸部转向他人，不可将后背转向他人。

三、坐姿礼仪

（一）坐姿的规范要求

坐姿大有讲究。中国古代就有端坐、危坐、斜坐、跪坐和盘坐之分。现代没有太多的讲究，但是坐正是非常必要的。从医学角度来说，正确的坐姿有利于健康；从交际角度来讲，正确的坐姿有利于个人的形象；从礼仪角度来看，正确的坐姿是对自己、对别人的尊重。

人保持正确的坐姿，在其身后没有任何倚靠时，上身应正直而稍向前倾，头平正，两肩放松，下巴向内收，脖子挺直，胸部挺起，并使背部与臀部成一直角，双膝并拢，双手自然地放在双膝上，或放在椅子上。这样显得比较精神，但不宜过于死板、僵硬。

背后有倚靠时，在正式社交场合里，也不能随意地把头向后仰靠，显出很懒散的样子。

（二）工作中几种常用的坐姿

1．“正襟危坐”式

适用于最正规的场合。这种坐姿的主要要求是上身与大腿、大腿与小腿都应当形成直角，小腿垂直于地面。双膝、双脚包括两脚的跟部，都要完全并拢。

2．垂腿开膝式

这种坐姿多为男性所用，亦较为正规。这种坐姿的主要要求是上身与大腿、大腿与小腿皆为直角，小腿垂直于地面，双膝分开，但不得超过肩宽。

3．双腿斜放式

这种坐姿适于穿裙子的女士在较低处就座所用。这种坐姿的主要要求是双腿首先并拢，然后双脚向左或向右侧斜放，一般使斜放后的腿部与地面呈 45 度夹角。

4．双脚交叉式

这种坐姿适用于各种场合，男女皆可选用。这种坐姿的主要要求是双膝先要并拢，然后双脚在踝部交叉。需要注意的是，交叉后的双脚可以内收，也可以斜放，但不宜向前方远远地伸出去。

（三）女士坐姿的类型

1．标准式

轻缓地走到座位前，转身后两脚成小丁字步，左前右后，两膝并拢的同时上身前倾，向下落座。如果穿的是裙装，在落座时要用双手在后边从上往下把裙子拢一下，以防坐出皱折或因裙子被打折坐住，而使脚部裸露过多。

坐下后，上身挺直，两肩平正，两肩自然弯曲，两手交叉叠放在两腿中部，并靠近小腹。两膝并拢，小腿垂直于地面，两脚保持小丁字步。

2．侧点式

两小腿向左斜出，两膝并拢，右脚跟靠拢左脚内侧，右脚掌着地，左脚尖着地，头和身躯向左斜。注意大腿小腿要成 90 度，小腿要充分伸直，尽量显示小腿长度。

3．前交叉式

在前伸式坐姿的基础上，右脚后缩，与左脚交叉，两踝关节重叠，两脚尖着地。

4．后点式

两小腿后屈，脚尖着地，双膝并拢。

5．曲直式

右脚前伸，左小腿屈回，大腿靠紧，两脚前脚掌着地，并在一条直线上。

6．侧挂式

在侧点式的基础上，左小腿后屈，脚绷直，脚掌内侧着地，右脚提起，用脚面贴住左踝，膝和小腿并拢，上身右转。

7. 重叠式

重叠式也叫“二郎腿”或“标准式架腿”等。在标准式的基础上，两腿向前，一条腿提起，脚窝落在另一条腿的膝关节上边。要注意上边的腿向内收，贴住另一条腿，脚尖向下。重叠式还有正身、侧身之分，手部也可交叉、托肋、扶把手等多种变化。

“二郎腿”一般被认为是一种不严肃、不庄重的坐姿，尤其是女子不宜采用。其实，这种坐姿常常被采用，因为只要注意上边的小腿往回收，脚尖向下这两个要求，不仅外观优美文雅、大方自然、富有亲切感，而且还可以充分展示女子的风采和魅力。

（四）男士坐姿的类型

1. 标准式

上身正直上挺，双肩平正，两手放在两腿或扶手上，双膝并拢，小腿垂直地落在地面，两脚自然分开成45度。

2. 前伸式

在标准式的基础上，两小脚前伸一脚的长度，左脚向前半脚，脚尖不要翘起。

3. 前交叉式

小腿前伸，两脚踝部交叉。

4. 交叉后点式

两小腿交叉向左斜出，上体向右倾，右肘放在扶手上，左手扶把手。

5. 曲直式

左小腿回屈，前脚掌着地，右脚前伸，双膝并拢。

6. 重叠式

右腿叠在左腿膝上部，右小腿内收，贴向左腿，脚尖自然地向下垂。

（五）坐姿手臂位置的摆放

1. 放在两条大腿上

双手各自放在一条大腿上，双手叠放或双手相握。

2. 放在一条大腿上

侧身与人交谈时，宜将双手置自己所侧一方的那条大腿上，可双手叠放，也可双手相握。

3. 放在皮包文件上

当穿短裙的女士面对男士而坐，而身前没有屏障时，为避免“走光”，一般可将自己随身携带的皮包或文件放在并拢的大腿上。随后，即可将双手或扶、或叠、或握于后置于其上。

4. 放在身前桌子上

双手平扶在桌子边沿上，或者双手相握置于桌上，或者双手叠放在桌上。

（六）入座的要求

1. 先请对方入座

先请对方入座是待人以礼的表现。

2. 在适当之处就座

在大庭广众之处就座时，要注意座位的尊卑并且主动将上座相让于人。

3. 从座位左侧就座

假若条件允许，在就座时最好从座椅的左侧接近座椅。这样做是一种礼貌，而且也易于就座。

4. 毫无声息地就座

就座时，要减慢速度，放松动作，尽量不要坐得座椅乱响，噪音扰人。

5. 坐下后调整体位

为使自己坐得舒适，可在坐下之后调整一下体位或整理下衣服，但是这一动作不可与就座同时进行。

(七) 离座的要求

1. 先有表示

离开座椅时，身旁如有人在座，须以语言或动作向其先示意，随后方可站起身来。一蹦而起，有时会令人受到惊扰。

2. 注意先后

与他人同时离座，须注意起身的先后次序。地位低于对方时，应稍后离座；地位高于对方时，可首先离座；双方身份相似时，可同时起身离座。

3. 起身缓慢

起身离座时，最好动作轻缓，避免弄响座椅，或将椅垫、椅罩弄得掉在地上。

4. 从左离开

有可能时，起身后，宜从左侧离去。与“左入”一样，“左出”也是一种礼节。

【拓展阅读】

坐姿注意事项

(1) 入座轻缓，起座稳重。入座时走到座位前再转身，转身后右脚略向后退，轻稳入座。着裙装的女士入座时，应将裙子向前拢一下；站立时，右脚先向后收半步，然后站起（“左入左出”原则）。

(2) 女子落座双膝必须并拢，双手自然弯曲放在膝盖和大腿上。如坐在有扶手的沙发上，男士可将双手分别搭在扶手上，而女士最好只搭一边，以示高雅。

(3) 不要坐满椅子。可就座的人员，无论坐在椅子上或沙发上，最好不要坐满，只坐满椅子的一半或三分之二，注意不要坐在椅子边上。在餐桌旁就座，注意膝盖不要顶着桌子。

(4) 切忌脚尖朝天。最好不要随意跷“二郎腿”，即使跷“二郎腿”，也不要跷得太高，脚尖朝天。这在泰国会被人认为是有意将别人踩在脚下，是盛气凌人，是一种侮辱性举止。

(5) 切忌坐椅子时前俯后仰、东倒西歪。

(6) 不可摇腿、抖脚。坐立时，腿部不可上下抖动、左右摇晃。这是非常不礼貌的。

(7) 忌双脚直伸出去。

(8) 忌以手触摸脚部。

(9) 忌自脱鞋袜。

(10) 忌将脚放上桌椅。

(11) 忌手部置于桌下，双手应在身前，有桌时置于其上。

(12) 忌手夹于两腿间或双手抱在腿上。

(13) 忌肘部支于桌上。

(14) 忌头部靠于椅背。

(15) 坐的时间长了而想靠在沙发背上是可以的，但不可把脚一伸，半躺半坐，更不可歪歪斜斜地瘫坐在沙发上。

四、蹲姿礼仪

在工作中通常不采用蹲姿，只有遇上了比较特殊情况，才允许酌情采用蹲的姿势。确有必要采用蹲姿时，通常可以采用高低式蹲姿。主要要求是：下蹲之时，左脚在前，右脚稍后。左脚应完全着地，小腿基本上垂直于地面；右脚则应脚掌着地，脚跟提起。此刻右膝须低于左膝，右膝内侧可靠于小腿的内侧，形成左膝高、右膝低之态。女性应夹紧两腿，男性则可适度地将其分开。臀部向下，基本上以右腿支撑身体。

常见蹲姿有交叉式和半蹲式两种。

五、手势礼仪

手是传情达意的最有力的手段，正确适当地运用手势，可以增强感情的表达。手势是工作中必不可少的一种体态语言，手势的运用应当规范适度，且符合礼仪。

(一) 手势的基本原则

手势是指人类用语言中枢建立起来的一套用手掌和手指位置、形状的特定语言系统。很多手势都可以反映人的修养、性格。因此，要注意手势的幅度、次数、力度等。

1. 使用规范化的手势

谈到自己的时候，不要用大拇指指自己的鼻头，应用右手按自己的左胸，那样才会显得端庄、大方、可信；谈到别人的时候，不要用手指指点他人，因此在清点客人时，应采用掌心向上的方式用右手掌来数人数。

2. 注意区域性的差异

注意不同的地域、民族“手语”的差异。

3. 适度

手势大小应适度，宜少忌多。在社交场合，应避免手势的幅度过大。手势的上界一般不应超过对方的视线，下界不应低于自己的胸区，左右摆的范围不要太宽，应在人的胸前或右方进行。与客人交谈时，手势不宜单调重复，也不能做得太多。要给人一种优雅、含蓄和彬彬有礼的感觉。

(二) 常见的手势

1. 垂放

双手自然下垂向内，掌心叠放或相握于腹前；双手伸直下垂，掌心向内，分别贴于大腿内侧（男士握手腕、女士握手掌）。

2. 持物

既可用一只手，又可用双手拿东西时动作要自然，五指并拢，用力均匀（即使是女性也不要翘起无名指与小指，以避免作态之嫌）。

3. 递物、接物

递物、接物双手为宜（至少用右手），递于手中，主动上前（主动走近接物者，坐着时应站立），方便接拿。

4. 举手致意手势

举手致意也叫挥手致意，用来向他人表示问候、致敬、感谢。此时应掌心向外、面向对方、指尖朝向上方，千万不要忘记伸开手掌。

(1) 招手。向远距离的人打招呼时，伸出右手，右胳膊伸直高举，掌心朝着对方，轻轻摆动（不可以向上级和长辈招手）。

(2) 打招呼。英国人在路上打招呼，常常要摘下帽子表示致意。现一般已简化为抬一下帽子，甚至只是摸一下帽檐儿。

5. 指示手势

指示手势是用以引导来宾、指示方向的手势。手掌自然伸直，掌心向内、向上，手指并拢，拇指稍稍自然分开，手腕伸直，使手与小臂成一直线，肘关节自然弯曲，大小臂的弯曲以 140 度左右为宜。

6. 鼓掌

鼓掌是表示欢迎、祝贺、支持的一种手势。右手掌心向下，有节奏地拍击掌心向上的左手，采取左手较被动、右手较主动的方式。

(三) 引导及指示的手势

1. 横摆式

横摆式，即手臂向外侧横向摆动，抬至腰部或齐胸的高度，指尖指向被引导或指示的方向。横摆式多适用于请人行进或为人指示方向。以右手为例，将五指伸直并拢，手心不要凹陷，手与地面呈 45 度角，手心向斜上方；腕关节微屈，腕关节要低于肘关节；手从腹前抬起，至横膈膜处，然后以肘关节为轴向右摆动，到身体右侧稍前的地方停住；双脚形成右丁字步，左手下垂，目视来宾，面带微笑。这是在入口处常用的谦让礼的姿势。

2. 直臂式

直臂式要求右手臂向外侧横向摆动，指尖指向前方。与横摆式不同的是，直臂式要将手臂抬至肩高，而非齐胸。直臂式适用于引导方位或指示物品所在之处。

3. 曲臂式

曲臂式的做法是手臂弯曲，由体侧向体前摆动，手臂高度在胸以下。当一只手拿着东西，扶着电梯门或房门，同时要做出“请”的手势时，可采用曲臂式手势。以右手为例，五指伸直并拢，从身体的侧前方向上抬起，至上臂离开身体的高度，然后以肘关节为轴，手臂由体侧向体前摆动，摆到手与身体相距20厘米处停止，面向右侧，目视来宾。

4. 斜臂式

斜臂式手势的手臂由上向下斜伸摆动，多适用于请人就座。请来宾入座时，手势要斜向下方。先用双手将椅子向后拉开，然后一只手曲臂由前抬起，再以肘关节为轴，前臂由上向下。

以上四种形式，一般都使用右手，并且五指自然并拢，掌心向上。左手臂此时最佳的位置，应为垂在身体一侧，或背于身后。

（四）递接物品的手势

接取物品时，主要应注意的是应当目视对方，而不要只顾注视物品，一定要用双手或右手，绝不能单用左手。必要时，应当起身而立，并主动走近对方。递送物品时，应注意的问题如下：

1. 双手为宜

双手递物与人最佳。不方便双手并用时，也要采用右手。以左手递物，通常被视为失礼之举，尤其是对亚洲国家的客人而言。

2. 递于手中

递给他人的物品，以直接交到对方手中为好。不到万不得已时，最好不要将所递的物品放在他处。

3. 主动上前

若双方相距过远，递物者理当主动走近接物者。假如自己坐着的话，还应尽量在递物时起身站立。

4. 方便接拿

在递物与人时，应为对方留出便于接取物品的地方，不要让其感到接物时无从下手。将带有文字的物品递交他人时，还须使物品正面面对对方。

5. 尖、刃向内

将带尖、带刃或其他易于伤人的物品递与他人时，切勿以尖、刃直指对方。合乎服务礼仪的做法是，应当使尖、刃朝向自己，或是朝向他处。

（五）敬茶的手势

敬茶时应双手，右手握住杯耳，左手垫于杯底，把茶杯置于客人座位的右上方，并注意把杯耳朝向客人的右边，同时右手五指并拢，指尖朝下，做一个“请用茶”的示意。

（六）展示物品的手势

在工作中如需要将物品向他人进行展示时，有以下三点注意事项：

1. 便于观看

要将被展示之物正面面对对方，举至一定的高度，并令其所用的时间能让观众感到满足。当四周皆有观众时，展示物品还必须变换不同角度。

2. 操作标准

展示物品时，不论是口头介绍还是动手操作，均应符合有关标准。解说时，要口齿清晰、语速舒缓。动手操作时，则应手法干净、利索，速度适宜，并经常进行必要的重复。

3. 手位正确

在展示物品时，手位的共同之处是应使物品在身体一侧展示，不宜挡住本人头部。具体而言，一是将物品举至高于双眼之处。这一手位适于被人围观时采用；二是将物品举至双臂横伸时，自肩至肘之处，其上不过眼部，其下不过胸部，这一手位易于给人以安定感，便于他人看清展示之物。

（七）常见的引领

1. 陪同引领

走在客人左前方、步伐适中；转弯、电梯口、楼梯口定下，待客跟上，再前行引领。

2. 进门引领

外开门，在前拉开门，站在门旁引领，莫挡路；内开门，在前推开门，站在门口引领。

3. 上下楼引领

右侧通行，走侧前方引领，莫挡路。

4. 进电梯引领

先出后入，候于电梯两侧，莫挡路。

5. 上车引领

上车引领时，引领员首先明晰不同的身份的人乘坐不同类型的汽车时，应该坐在什么位置；然后为领导和客人打开车门，左手固定车门，右手护住车门的上沿（左侧下车相反），防止领导或客人碰到头部，确认领导和客人身体安全进车后轻轻关上车门。

【拓展阅读】

不同汽车类型座次安排的差别

乘坐小轿车：如果是专职司机驾车，则贵宾专座应为后排右座，后排左座次之；如果是朋友亲自驾车，客人应坐在副驾驶位置以示对主人的尊重。

乘坐出租车：客人数量不满 3 人时，应坐在后排。

乘坐面包车：以司机后面的座位最为尊贵，后面座位的尊贵程度从前往后依次降低。也就是说，司机后面靠窗的位子为主座。安全原则优先考虑，哪怕是紧急刹车，领导也不至于被甩出去。大家都知道，普通面包车的右侧为过道，最右侧靠门座位实际上是辅助座位，既不舒适，也不安全。

乘坐商务车：商务车乘坐原则是司机后排为尊，离门近者为主座（司机后排右边靠门的座位为主座)，由前向后，由右往左，离门越近，位置越高。

乘坐吉普车：上座是副驾驶座，因为吉普车底盘高、功率大，主要功能是越野，减震及悬挂太硬，坐在后排颠簸得厉害。

乘坐主人驾驶车：如果由主人亲自驾驶，以驾驶座右侧为首位，后排右侧次之，左侧再次之，而后排中间座为末席，前排中间座则不宜再安排客人。主人夫妇驾车时，则主人夫妇坐前座，客人夫妇坐后座，男士要服务于自己的夫人，宜开车门让夫人先上车，然后自己再上车。

乘坐其他车：应一只脚先踏入车内，不要爬进车里。需先站在座位边上，把身体降低，让臀部坐到位子上，再将双腿一起收进车里，双膝一定保持并拢的姿势 。上下车的基本礼仪原则是“方便客人，突出客人”，上车时，领导和客人先上，自己后上；下车时，自己先下，领导和客人后下。

(八) 手势的忌讳

与人交谈时，讲到自己不要用手指指自己的鼻尖，而应用手掌按在胸口上。谈到别人时，不可用手指别人，更忌讳背后对人指点等不礼貌的手势。初见新客户时，避免抓头发、玩饰物、挖鼻孔、剔牙齿、抬腕看表、高兴时拉袖子等粗鲁的手势动作。避免交谈时指手画脚、手势动作过多和过大。

【拓展阅读】

不同手势的含义

一般而言，南欧地区的国家如意大利、西班牙、希腊等国的手势运用频繁且夸张；中西欧的国家如德国、英国、荷兰等次之；北欧诸国则又次之，因为他们几乎不会使用手势来表达任何信息。

1. 竖大拇指，余指握拳

这一手势，大多数是表示自己对某句话或某件事的欣赏；也表示对他人举动的感谢，感激他人为自己所做的事；还表示准备妥当。例如，篮球比赛时裁判会一手执球一手竖大拇指表示一切就绪，比赛可以进行了，这是源自飞机驾驶员在飞机升空待发时，由于引擎声音巨大，飞行员无法与地勤人员沟通，于是就以竖大拇指的方式表示“I am ready”(我已经准备好了)。

2. 食指刮下巴

以食指背刮下巴，有如刮胡子一般，这是法国人特有的手势，女性对不喜欢的追求者表示拒绝时常用。常可在咖啡厅见到法国美女一面微笑一面以手指刮下巴，非常迷人可爱，而追求者一见，也多会识趣地走开。这个动作原始意思就是“令人厌烦的”，因为在法语中“剃刀”与“厌烦”同义，所以巧妙地以剃刀表达了自己的不喜欢之意。

3. “V”字手势

这一手势早已成了世界语了，源自英国，因为“V”字在英国代表“Victory”(胜利)，所以用“V”来表达胜利的欢欣，用此手势时需以手指背向自己。但在希腊用此手势则必须把手指背向对方，否则就表示侮辱、轻视对方之意。

4. 耸肩

耸肩以美国人最流行，表示无能为力、无可奈何以及爱莫能助的意思。这一姿势搭配着瞪大眼睛、双手一摊的附加动作，更为传神。

5. “OK”手势

毫无疑问，这一手势也是世界语了，以英语字母“O”与“K”连结而成，表示“没问题”“准备妥当”“一切就绪”；也表示“我很好”“没事”“谢谢你的关心”之意。但是在法国南部地区，“OK”手势则表示“零”“某件事不值一提”“不赞成”。

6. 暂停手势

一般情况下，这一手势用的人比较多。使用这一手势时，右手平放，左手伸出一个手指顶在右手手心（惯于使用左手的人另议）。

任务 7　表情礼仪

表情神态指的是人通过面部形态变化所表达的内心的思想感情和表现出来的神情态度。有的心理学家和行为学家通过研究，发现了一个信息传递的比例，如图 2-4 所示：

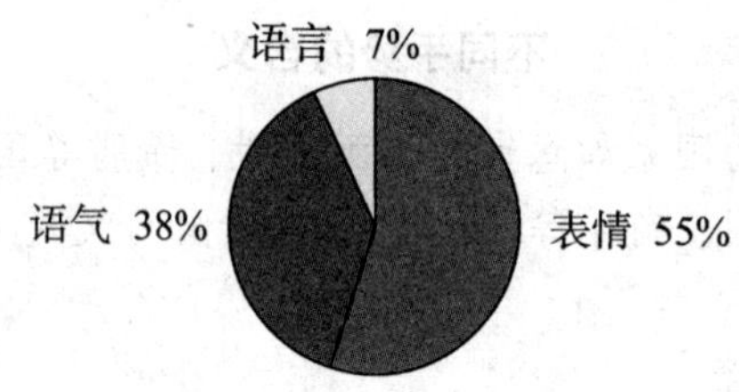

图 2-4　信息传递的比例

一、微笑

微笑是人类最基本的动作。微笑应该是人类一种独特的微妙表情、是人类的体态语言、是一种不确切的语言、是一种无声的感召、是一种抚慰心灵的药剂。微笑可以因时因事而来，也可以无意识、下意识地产生，而且会瞬间消失。

国际标准微笑是别人在离你 3 米时就可以看到你绝对标准迷人的微笑，面容和祥，嘴角微微上翘，露出上齿的八颗或六颗牙齿。注意要保持牙齿的清洁以表示尊重。

（一）微笑的种类

（1）礼仪的微笑：陌生人相见微微点头的招呼式、应酬式的笑容，平时谦恭的、文雅的、含蓄的、深沉的或带有其他礼仪成分的浅笑。

（2）职业的微笑：服务行业或其他一些临时性宣传、表演职业，保持微笑是起码的要求，无论心情好坏，无论自己有没有微笑的动因，都需要自觉地面带笑容，这是领导的要求、职业的需要，长期也可能形成了习惯；有时竞技场上负于对手也需要高雅的职业姿态的微笑。

（3）真诚的微笑：具有人性化的、发自内心的、真实感情自然流露的一笑。

（4）信服的微笑：带有信任感、敬服感的内心情怀的面部表示，或是双方会心的淡淡一笑。

（5）友善的微笑：亲近和善的、友好的、原谅的、宽恕的、诙谐的轻轻一笑。

（6）爱恋的微笑：男女之间的、依恋相爱的、欲火烧心的甜蜜一笑。

（7）喜悦的微笑：成功或胜利后的高兴、愉悦心情自然流露的一笑。

（8）娇羞的微笑：羞答答、粉面含羞、浅笑似花。

（9）苦涩的微笑：内心的莫大酸楚或伤痛不愿意渲染外泄，只有挂在嘴边的一丝苦笑才能真正表达深刻。

（10）无奈的微笑：失意时、失败时无所求助、无所寄托、无可奈何的窘迫、尴尬、困惑、忍受、忍耐的勉强笑容。

（11）虚假的微笑：不实在、无诚心、假意、做作，带有令人不可信任的笑眯眯的表情；有些时候，虚假的笑也带有良善的意味，以对亲人掩饰真实的失望和痛苦。

（二）微笑的特征

微笑具有普遍性、时效性、示意性、感召性、美感性、不稳定性、可交换性、超凡洒脱性、缓解缓冲性等。

（1）微笑不分高低贵贱，不分雅俗，凡是智力正常的人皆可有之。

（2）微笑是人自然生成、自然消失、十分神秘的临时性表情。

（3）微笑是做来容易、保持却又很难的一种心情表达。

（4）微笑是给予别人、映衬自己的心灵语言，是人们感情上的美好，更是人与人之间的心领神会、互动感应。

（5）微笑是理智的潜能，是人与人之间交往的通行证，是协调关系的润滑剂，是生活情调的添加剂，也是一些窗口服务单位的名片。

（6）微笑是沉默、幽默的伙伴，是智慧的使者，是无声的语言，是美好的象征，是感情的副产品。

（7）微笑是自信、自豪的象征，是胜利者发自内心的喜悦，是内存博大、涵养深沉的象征，是失意者掩饰的苦涩表情，是沟通的象征，是人与人之间的招呼、友善、信任、依恋、默许的一种既简单又快捷的表达方式。

（8）微笑具有隐性演化的特征，有时是高傲、鄙视、虚伪、狡诈心态的一种缓冲形式。

（9）微笑表现在脸部，起因于内心，因此需要感情作为支柱。富有真情实感的微笑，是真善美的直接表达。否则，微笑就会因曲意、隐饰、虚伪而变得不自然、不美丽。

（三）微笑的作用

微笑是社交场合最富有吸引力、最有价值的面部表情。微笑表现着人际关系友善、诚信、谦恭、和蔼、融洽等最为美好的感情因素，因此已成为各国宾客都理解的心理性“语言”。

微笑可以调控自我情绪。微笑有助于防止情绪的大幅度波动，能很好地缓解情绪。微笑不仅是献给别人的，也要给予自己，因为微笑本身就是一种自我调控心境的手段。

微笑是良好的润滑剂。微笑是一种礼貌和涵养的表现。人际交往中偶尔会出现一些可能引起不愉快的事，在此情况下，为避免出现更大的摩擦，最好的办法是微笑面对。怒拳不打笑脸人，微笑的好处自是不言而喻。

（四）微笑的训练

第一阶段——放松肌肉。放松肌肉训练又名“哆来咪练习”，嘴唇肌肉放松运动是从低音哆开始，到高音咪，大声地、清楚地说三次每个音。不是连着练，而是一个音节一个音节地发音，为了正确地发音应注意嘴型。

第二阶段——给嘴唇肌肉增加弹性。形成笑容时最重要的部位是嘴角。锻炼嘴唇周围的肌肉，能使嘴角的移动变得更干练好看，也可以有效地预防皱纹。伸直背部，坐在镜子前面，反复练习嘴角最大幅度的收缩或伸张。

张大嘴使嘴周围的肌肉最大限度地伸张。张大嘴能感觉到颚骨受刺激的程度，并保持这种状态 10 秒钟。

闭上张开的嘴，拉紧两侧的嘴角，使嘴唇在水平上紧张起来，并保持 10 秒钟。

使嘴角紧张的状态下，慢慢地聚拢嘴唇。出现圆圆的卷起来的嘴唇聚拢在一起的感觉时，保持 10 秒钟。保持微笑 30 秒钟。反复进行这一动作 3 次左右。

用门牙轻轻地咬住木筷子。把嘴角对准木筷子，两边都要翘起，并观察连接嘴唇两端的线是否与木筷子在同一水平线上。保持这个状态 10 秒钟。在第一种状态下，轻轻地拔出木筷子之后，练习维持那种状态。

第三阶段——形成微笑。这是在放松的状态下，练习笑容的过程，练习的关键是使嘴角上升的程度一致。如果嘴角歪斜，表情就不会太好看。练习各种笑容的过程中，就会发现最适合自己的微笑。

小微笑，把嘴角两端一齐往上提。给上嘴唇拉上去的紧张感，稍微露出 2 颗门牙。保持 10 秒钟之后，恢复原来的状态并放松。

普通微笑，慢慢使肌肉紧张起来，把嘴角两端一齐往上提。给上嘴唇拉上去的紧张感，露出 6 颗左右上门牙，眼睛也笑一点。保持 10 秒钟后，恢复原来的状态并放松。

大微笑，一边拉紧肌肉，使之强烈地紧张起来，一边把嘴角两端一齐往上提，露出 10 颗左右上门牙，也稍微露出下门牙。保持 10 秒钟后，恢复原来的状态并放松。

第四阶段——保持微笑。一旦寻找到满意的微笑，就要进行至少维持那个表情 30 秒钟的训练。

第五阶段——修正微笑。虽然认真地进行了训练，但如果笑容还是不那么完美，就要寻找其他部分是否有问题。如果能自信地笑，就可以把缺点转化为优点，不会成为大问题。

【拓展阅读】

有缺点的微笑

缺点 1：嘴角上升时会歪。

意想不到的是两侧的嘴角不能一齐上升的人很多，这时利用木制筷子进行训练很有效。刚开始会比较难，但若反复练习，就会在不知不觉中使两边嘴角一齐上升，形成干练的微笑。

缺点 2：笑时露出牙龈。

笑的时候露出很多牙龈的人，往往笑的时候没有自信，不是遮嘴，就是腼腆地笑。自然的笑容可以弥补笑时露出牙龈的缺点，但由于本人太在意，所以很难展示自然亮丽的笑。露出牙龈时，通过嘴唇肌肉的训练可以弥补弱点。

以各种形状尽情地试着笑，在其中挑选最满意的笑容，然后确认能看见多少牙龈。大概能看见 2 毫米以内的牙龈，就很好看。照着镜子，试着笑出前面所选的微笑。在稍微露出牙龈的程度上，反复练习美丽的微笑。

第六阶段——修饰有魅力的微笑。如果认真练习，就会发现自己拥有魅力的微笑，并能展现那种微笑。伸直背部和胸部，用正确的姿势在镜子前面边微笑，边修饰自己的微笑。

二、眼神

（一）眼神的基本要素

眼睛是心灵的窗户，为此眼神的作用对于礼仪而言非常重要。如果说微笑是人的第一重要表情，则眼神就是人的第二重要表情。眼神构成要素如下：

（1）眼球转动方向——平视、斜视、仰视、俯视、白眼等。

（2）眼皮瞳孔开合大小——大开眼皮、大开瞳孔（开心、欢畅、惊愕）；大开眼皮、小开瞳孔（愤怒、仇恨）；小开眼皮、大开瞳孔（欣赏、快乐）；小开眼皮、小开瞳孔（算计、狡诈）。

（3）眼睛眨动速度快慢——快，意味着不解、调皮、幼稚、活力、新奇；慢，意味着深沉、老练、稳当、可信。

（4）目光集中程度——集中，意味着认真、动脑思考；分散，意味着漠然、木讷；游移不定，意味着心不在焉。

（5）目光持续长短——长，意味着深情、喜欢、欣赏、重视、疑惑；短，意味着轻视、讨厌、害怕、撒娇。

（二）眼神的训练方法

1. 定眼

（1）正定法：在前方 2~3 米远的明亮处，选一个点。点的高度与眼睛或眉基本相平，最好找一个不太显眼的标记。进行定眼训练，眼睛要自然睁大，但眼轮匝肌不宜收得太紧。双眼正视前方目标上的标记，目光要集中，不然就会散神。注视一定时间后可以双眼微闭休息，再猛然睁开眼，立刻盯住目标，进行反复练习。

（2）斜定法：要求与正定法相同，只是所视目标与视者的眼睛成25度斜角，训练要领同正定法。

2. 定向转眼

眼球由正前方开始，移到左眼角，再回到正前方，然后再移到右眼角，如此反复练习。眼珠由正前方开始，由左移到右，由右移到左，反复练习。眼球由正前方开始，眼球移到上方（不许抬眉），回到前；移到右，回到前；移到下，回到前；移到左，回到前，反复练习。眼球由正前方开始，由上、右、下、左各做顺时针转动，每个角度都要定住，眼球转的路线要到位，然后再做逆时针转动，反复练习。

（1）左转：眼球由正前方开始，由上向左快速转一圈后，眼球立即定在正前方。

（2）右转：同左转，方向相反。

（3）慢转：眼球按同一方向慢转，在每个位置、角度上都不要停留，要连续转。

（4）快转：方向同慢转，不同的是速度加快。

以上训练开始时，一拍一次，再一拍二次，逐渐加快，但不要操之过急，正反方向都要练。

3. 扫眼

眼睛如同扫把一样，视线经过路线上的东西都要全部看清。

（1）慢扫眼：在离眼睛2~3米处，放一张画或其他物品。头不动而眼睑抬起，由左向右，做放射状缓缓横扫，再由右向左，四拍一次，进行练习。视线扫过的所有东西尽量一次全部看清。眼球转到两边位置时，眼球一定要定住。逐渐扩大扫视长度，两边可增视斜25度，头可随眼动，但要平视。

（2）快扫眼：要求同慢扫眼，但速度加快，由两拍到位加快至一拍到位，两边定眼。

初练时，眼睛稍有酸痛感。这些都是练习过程中的正常现象，其间可闭目休息两三分钟。眼睛肌肉适应了，这些现象也就消失了。

（三）人际交往中的注视范围

与人交谈时，目光应该注视着对方，但应使目光局限于上至对方额头，下至对方衬衣的第二粒纽扣以上，左右以两肩为准的方框中。在这个方框中，一般有以下三种注视方式：

一是公务注视，一般用于洽谈、磋商等场合，注视的位置在对方的双眼与额头之间的三角区域。

二是社交注视，一般在社交场合，如舞会、酒会上使用，注视的位置在对方的双眼与嘴唇之间的三角区域。

三是亲密注视，一般在亲人之间、恋人之间、家庭成员等亲近人员之间使用，注视的位置在对方的双眼和胸部之间。

（四）注视的角度

在工作中，既要方便服务工作，又不至于引起服务对象的误解，就需要有正确的注视角度。

1. 正视对方

这也就是在注视他人的时候，与之正面相向，同时还要将身体前部朝向对方。正视对方是交往中的一种基本礼貌，其含义表示重视对方。

2. 平视对方

在注视他人的时候，目光与对方相比处于相似的高度。在服务工作中平视服务对象可以表现出双方地位平等和不卑不亢的精神面貌。

3. 仰视对方

在注视他人的时候，本人所处的位置比对方低，就需要抬头向上仰望对方。在仰视对方的状况下，往往可以给对方留下信任、重视的感觉。

4. 兼顾多方

在工作岗位上，服务人员为互不相识的多位客人服务时，需要按照先来后到的顺序对每个客人多加注视，又要同时以略带歉意、安慰的眼神环视等候在身旁的客人。巧妙地运用这种兼顾多方的眼神，可以对每一位服务对象给予兼顾，表现出善解人意的优秀服务水准。

（五）注视时间的长短

注视时间应当是总交谈时间的三分之一长。

【拓展阅读】

语言礼仪

俗话说："一句话使人笑，一句话使人跳。"这句话形象地概括了使用礼貌用语的作用和要求。商务人员要善于运用这一有用的交际工具。

一、礼貌用语的基本准则。

1. 言辞礼貌性

敬语包括尊敬语、谦让语和雅语三个方面的基本内容。

说话者直接表示自己对听话者敬意的语言叫尊敬语。尊敬语常用的场合：比较正规的社交场合；与师长或身份、地位较高的人交谈；初次打交道或会见不太熟悉的人；会议、谈判等公务场合；接待场合。例如，与对方交流时，以"请"字开头，以"谢谢"收尾，"对不起"常挂在嘴边，常用"您"称呼身份、地位较高的人等。常用的尊敬语还有"对不起，让您久等了""请问""劳驾"。尊敬语的最大特点是彬彬有礼，热情而庄重。使用尊敬语时，一定要注意时间、地点和场合，使用的语调要甜美、柔和。尊敬语只是一种语言形式，不一定都是表示敬意。例如，若对某顾客的言行不太满意，不管自己心里怎么想，语言表达形式一定要用尊敬语。使用尊敬语时，要注意用"您"而不用"你"来称呼服务对象，这是尊重顾客的需要。为了搞好服务工作，还需尽快地记住客人的姓氏和身份，不该冒失地直呼其名，如要称“布朗先生”，而不要称“布朗”。因为这样可使客人感到对他们的尊重，从而尽快地消除生疏感，增加亲切感。

另外，寒暄语是尊敬语的入门，寒暄语的使用，往往能使顾客产生良好的印象。

谦让语是说话者通过自谦从而表示对听话者敬意的语言。例如，称自己“愚”或“敝人”，称自己的见解为“愚见”等。“自谦”体现着一种精神，即以敬人为先导，以退让为前提，是一种典型的礼仪待人的人际沟通方式（“退让以敬人”的精神）。

雅语是指用一种比较委婉、含蓄的方式表达双方都知道、理解但不愿点破、不便直言的事。例如，在接待宾客时，用“几位”代替“几个人”，用“哪一位”代替“谁”，用“贵姓”代替“你姓什么”，用“不新鲜”“有异味”代替“发霉”“臭了”，用“我去方便一下”或“去一趟洗手间”代替“去上厕所”，用“需不需要加一些主食”代替“要不要饭”，用“这件衣服不太适合您”代替“您穿这件衣服很难看”，用“发福”代替“发胖”等。雅语的使用不是机械的、固定的，需要根据不同场合、不同人物、不同时间灵活运用。

2. 措辞修饰性

在交流时要充分尊重顾客的人格和习惯，决不能讲有损顾客自尊心的话，这就要求我们注意措辞。用语的措辞修饰性，主要表现在经常使用的谦谨语和委婉语两方面。谦谨语是谦虚、友善的语言，表现出充分尊重对方，常用征询式、商量式的语气进行。委婉语用好听的、含蓄的、使人少受刺激的代词，代替禁忌的词语，用曲折的表达来提示双方都知道的但不愿点破的事物。

3. 语言生动性

语言不能呆板，不要机械地回答问题。应该认识到，生动幽默的语言能使气氛和谐、感情融洽。幽默是一种微笑的艺术。一段幽默的对话能使人产生诙谐的情趣，使人在笑意中有所领悟，令人在轻松愉快的同时又能理解深刻的主题。

4. 表达随意性

在沟通交流时，还须注意察言观色，善于观察对方的反应。针对不同的场合、不同的对象，说不同的话，有利于沟通和理解，这样做往往会避免矛盾的出现或使矛盾得到缓和。每一个商务人士都需要学习和研究工作语言，并在实践中努力提高自己的语言应变力，注意培养随机性和灵活性，以便适应工作的需要。

二、常用礼貌用语口诀

与人相见说“您好”，问人姓氏说“贵姓”，问人住址说“府上”。

仰慕已久说“久仰”，长期未见说“久违”，求人帮忙说“劳驾”。

向人询问说“请问”，请人协助说“费心”，请人解答说“请教”。

求人办事说“拜托”，麻烦别人说“打扰”，求人方便说“借光”。

请改文章说“斧正”，接受好意说“领情”，求人指点说“赐教”。

得人帮助说“谢谢”，祝人健康说“保重”，向人祝贺说“恭喜”。

老人年龄说“高寿”，身体不适说“欠安”，看望别人说“拜访”。

请人接受说“笑纳”，送人照片说“惠存”，欢迎购买说“惠顾”。

希望照顾说“关照”，赞人见解说“高见”，归还物品说“奉还”。
请人赴约说“赏光”，对方来信说“惠书”，自己住家说“寒舍”。
需要考虑说“斟酌”，无法满足说“抱歉”，请人谅解说“包涵”。
言行不妥“对不起”，慰问他人说“辛苦”，迎接客人说“欢迎”。
宾客来到说“光临”，等候别人说“恭候”，没能迎接说“失迎”。
客人入座说“请坐”，陪伴朋友说“奉陪”，临分别时说“再见”。
中途先走说“失陪”，请人勿送说“留步”，送人远行说“平安”。

【案例分析】

浓妆淡抹总相宜

王芳是某高校文秘专业高才生，毕业后就职于一家公司做文员。为适应工作需要，上班时，王芳毅然放弃了“清纯少女妆”，化起了整洁、漂亮、端庄的“白领丽人妆”：不脱色粉底液，修饰自然、稍带棱角的眉毛，与服装色系搭配的灰度高、偏浅色的眼影，紧贴上睫毛根部描画的灰棕色眼线，黑色自然型睫毛，再加上自然的唇型和略显浓艳的唇色，虽化了妆，却好似没有化妆，整个妆容清爽自然，尽显自信、成熟、干练的气质。

在公休日，王芳又给自己来了一个大变脸，化起了久违的“青春少女妆”：粉蓝或粉绿、粉红、粉黄、粉白等颜色的眼影，彩色系列的睫毛膏和眼线，粉红或粉橘的腮红，自然系的唇彩或唇油，看上去娇嫩欲滴、鲜亮淡雅，整个身心都倍感轻松。心情好，自然工作效率就高。

分析：王芳以自己得体的外在形象、勤奋的工作态度和骄人的业绩，赢得了公司同仁的好评。

模块3　商务交往礼仪

【模块速览】

任务1　商务会见礼仪
任务2　商务宴请、赴宴礼仪
任务3　商务馈赠礼仪
任务4　商务通信礼仪

【案例导入】

无心之失

某公司新建的办公大楼需要添置一系列的办公家具，价值数百万元。公司的总经理已做了决定，向A公司购买这批办公家具。

这天，A公司的销售部负责人打电话来，要上门拜访这位总经理。总经理打算等对方来了，就在订单上盖章，定下这笔生意。

不料对方比预定的时间提前了2个小时来，原来A公司听说这家公司的员工宿舍也要在近期内落成，希望员工宿舍需要的家具也能向他们购买。为了谈成这件事，销售部负责人提前来了，还带来了一大堆资料，摆满了台面。总经理没料到对方会提前到访，刚好手边又有事，便请秘书让对方等一会。没想到这位销售负责人等了不到半小时，就开始不耐烦了，一边收拾起资料一边说："我还是改天再来拜访吧。"

这时，总经理发现对方在收拾资料准备离开时，将自己刚才递上的名片不小心掉在了地上，对方却并没发觉，走时还无意地从名片上踩了过去。但这个不小心的失误，却令总经理改变了初衷，结果A公司不仅没有机会与对方商谈员工宿舍的家具购买，连几乎已经到手的数百万元办公家具的生意也告吹了。

人要生存和发展，就不能置身于人际交往之外。没有交往就难以合作，没有合作就难以生存和发展。人际交往能力是衡量一个人能否适应现代开放社会的标准之一，是一个人获得事业成功的必要条件。在各种商务场合中得体、正确的礼仪，不但令人愉快与信任，还有助于与商业伙伴建立广泛、牢固的合作关系。在人与人的交往中，礼仪越周到越保险，运气也越好，谦恭有礼，人人欢迎。若想驰骋商场、事业成功，就必须学会商务交往礼仪，掌握商务交往的技巧。

任务1 商务会见礼仪

一、商务拜访礼仪

（一）拜访前的准备

有句古话说得好："不打无准备之仗。"商务拜访前同样需要做好充分的准备。

1. 预约不能少

拜访之前必须提前预约，这是最基本的礼仪。一般情况下，应提前 3 天给拜访者打电话，简单说明拜访的原因和目的，确定拜访时间，经过对方同意以后才能前往。

2. 明确目的

拜访必须明确目的，出发前对此次拜访要解决的问题应做到心中有数。例如，需要对方解决什么问题、对对方提出什么要求、最终要得到什么样的结果等，这些问题的相关资料都要准备好，以防万一。

3. 礼物不可少

无论是初次拜访还是再次拜访，礼物都不能少。礼物可以起到联络双方感情、缓和紧张气氛的作用。因此，在礼物的选择上还要下一番苦功夫。既然要送礼就要送到对方的心坎里，了解对方的兴趣、爱好及品位，有针对性地选择礼物，尽量让对方感到满意。

4. 自身仪表不可忽视

肮脏、邋遢、不得体的仪表，是对被拜访者的轻视。被拜访者会认为来访者不把他放在眼里，对拜访效果有直接影响。一般情况下，登门拜访时，女士应着深色套裙、中跟浅口深色皮鞋配肉色丝袜；男士最好选择深色西装配素雅的领带，外加黑色皮鞋、深色袜子。

（二）拜访过程

商务拜访过程中的礼仪众多，主要有以下几点：

1. 具备较强的时间观念

拜访他人可以早到却不能迟到，这是一般的常识，也是拜访活动中最基本的礼仪之一。早到可以借富裕的时间整理拜访时需要用到的资料，并正点出现在约定好的地点。而迟到则是失礼的表现，不但是对被拜访者的不敬，也是对工作不负责任的表现，被拜访者往往会对此产生看法。

值得注意的是，如果因故不能如期赴约，必须提前通知对方，以便被拜访者重新安排工作。通知时一定要说明失约的原因，态度诚恳地请对方原谅，必要时还需约定下次拜访的日期和时间。

2. 先通报后进入

到达约会地点后，如果没有直接见到被拜访对象，拜访者不得擅自闯入，必须经过通报后再进入。一般情况下，前往大型企业拜访，首先要向负责接待人员交代自己的基本情况，待对方安排好以后，再与被拜访者见面。当然，生活中不免存在这样的情况，被拜访者身处某一宾馆，如果拜访者已经抵达宾馆，切勿鲁莽地直奔被拜访者所在房间，而应该由宾馆前台接待人员打电话通知被拜访者，经同意以后再进入。

3. 举止大方，温文尔雅

见面后，打招呼是必不可少的。如果双方是初次见面，拜访者必须主动向对方致意，简单地做自我介绍，然后热情大方地与被拜访者行握手之礼。如果双方已经不是初次见面了，主动问好致意也是必需的，这样可显示出诚意。说到握手不得不强调一点，如果对方是长者、职务级别高者或女性，自己绝对不能先将手伸出去，这样有抬高自己之嫌，同样可视为对他人的不敬。

见面礼行过以后，在主人的引导之下，进入指定房间，待主人落座以后，自己再坐在指定的座位上。

4. 开门见山，切忌啰嗦

谈话切忌啰嗦，简单的寒暄是必要的，但时间不宜过长。因为，被拜访者可能有很多重要的工作等待处理，没有很多时间接见来访者，这就要求谈话要开门见山，简单的寒暄后直接进入正题。

当对方发表自己的意见时，打断对方讲话是不礼貌的行为。应该仔细倾听，将不清楚的问题记录下来，待对方讲完以后再请求就不清楚的问题给予解释。如果双方意见产生分歧，一定不能急躁，要时刻保持沉着冷静，避免破坏拜访气氛，影响拜访效果。

5. 把握拜访时间

在商务拜访过程中，时间为第一要素，拜访时间不宜拖得太长，否则会影响对方其他工作的安排。如果双方在拜访前已经设定了拜访时间，则必须把握好已规定的时间，如果没有对时间问题做具体要求，那么就要在最短的时间里讲清所有问题，然后起身离开，以免耽误被拜访者处理其他事务。

（三）拜访结束

拜访结束时，如果谈话时间已过长，起身告辞时，要向主人表示“打扰”的歉意。出门后，回身主动与主人握别，说“请留步”。待主人留步后，走几步再回首挥手致意，说“再见”。

商务拜访是当今最流行的一种办公形式，也是对礼仪要求最多的活动之一。掌握好上述礼仪要领，将有助于商务工作顺利进行。

二、商务接待礼仪

迎来送往是社会交往接待活动中最基本的形式和重要的环节，是表达主人情谊、体现礼貌素养的重要方面。尤其是迎接，这是给客人良好第一印象的最重要工作。给对方留下好的第一印象，就为下一步深入接触打下了基础。

（一）商务接待准备

1. 了解情况

接待的准备工作是为接待好客人而做的。要想使我们的接待工作做好，就必须事先详细了解客人的情况。这主要是要弄清客人来访的目的、性别比例、职务级别、人数、是否有夫妇同行等。客人来访都是有目的而来、有备而来的，我们要事先了解客人来访的目的是什么，以便于做好充分的准备工作。弄清客人的人数和性别比例以及是否有夫妇同行，可以为我们安排交通工具和食宿做好准备。了解客人的职务级别，也便于我们安排接待规格。

2. 掌握时间

作为接待者，无论是因公接待，还是接待自己的朋友，事先一定要弄清、记住客人来访的具体日期和时间。然后在客人来访前做好各方面的准备工作。如果客人事先没有通知而“不期而至”，作为主人，无论工作多么繁忙也要放下手中的工作，热情接待客人。如果室内卫生需要整理，可以请客人在门外稍候，陪对方说几句话，并道歉，不要冷冷地下逐客令。

3. 布置场所

接待场所就是通常所说的会客室。在客人到达前，要根据不同情况，把会客室精心布置一番。一般情况下，应先打扫卫生，整理摆放桌椅，适当准备一些水果、饮料、茶具、香烟等。如果是商业或其他公务会谈，还要准备一些文具用品和可能用得上的相关资料以及电话、传真等，还要检查卫生设施是否能正常使用。同时，还可以在会客室里摆上一些鲜花。主人的精心、周到，能给客人以宾至如归的感觉。如果会客室物品乱放乱堆，不讲卫生，给人的第一印象就是心不诚、办事不认真。

4. 交通、食宿

在客人到来之前，要事先了解客人是乘什么交通工具来的，如果客人是带车来访，只要在门口做好准备即可；如果客人是乘火车、轮船、飞机、汽车而来，要做好接站的准备。另外，还要安排好客人的吃住。其原则是：一方面，要尽可能招待得好一些；另一方面，也不可脱离实际而一味追求高档豪华，给人华而不实的感觉。

（二）待客有方

随着市场经济的蓬勃发展，彼此往来的商务活动日益频繁，接待工作也应越来越规范。要文明待客、礼貌待客、热情待客，接待工作在礼仪方面应做到严谨、热情、周到、细致。

1. 文明待客

文明待客主要以主人的语言、举止和态度来体现，即来有迎声、问有答声、去有送声。

2. 礼貌待客

礼貌待客应注意礼貌用语的使用，如问候语、请求语、感谢语、道歉语、道别语。

3. 热情待客

热情待客要注意三个操作环节：

（1）眼到。眼睛注视对方，并且要平视，表示尊重。

（2）口到。讲话内容要切合对方实际情况，明确表达心中所思，准确把握对方的话题倾向，给出合理反应。

（3）意到。讲话时意思明确，态度平和、友善，意会他人言中之意，反应迅速、准确。

4. 一杯香茶暖人心

我国自古就有客来敬茶的传统礼仪，中国人在办公室、家里接待客人时，茶水是必备的。专门举行茶会来招待来宾也是商务活动中常见的。

（1）茶到。为客人沏茶之前先洗手，并洗净茶杯；茶杯要无破损、无裂纹、无茶锈；茶杯以陶瓷制品为宜。

（2）茶叶。沏茶前，可事先征求客人的意见来选择茶叶。

（3）泡茶。泡茶不要太浓或太淡，倒茶倒八成满即可。

（4）上茶。主人向客人上茶时，应起立，并用双手把茶杯递给客人，然后说一声“请”。客人亦应起立，以双手接过茶杯，道以“谢谢”。

（5）喝茶。喝茶时只宜小口仔细品尝，不可大口喝水，发出响声；漂浮在水面上的茶叶，不可用手从杯中捞出，也不要吃茶叶。

在迎接客人时具体应注意以下事项：

第一，对前来访问、洽谈业务、参加会议的外国、外地客人，应首先了解对方到达的车次、航班，安排与客人身份、职务相当的人员前去迎接。若因某种原因，相应身份的主人不能前往，前去迎接的主人应向客人做出礼貌的解释。

第二，主人到车站、机场去迎接客人，应提前到达，恭候客人的到来，决不能迟到而让客人久等。客人看到有人来迎接，内心必定感到非常高兴，若迎接来迟，必定会给客人心里留下阴影，事后无论怎样解释，都无法消除这种失职和不守信誉的印象。

第三，接到客人后，应首先问候“一路辛苦了”“欢迎您来到我们这个美丽的城市”“欢迎您来到我们公司”等，然后向对方进行自我介绍，如果有名片，可送予对方。

（三）送客有道

送客时，应提醒客人带好随身物品，对即将离去的客人说些客气的话，使客人愉快地离去。基本原则是送到客人离开视线为止。和上司一起送客，要比上司稍后一步。商务会面后告别语的使用如下：

第一，主客之间的告别语。客人向主人告别时，常伴以“请回”“请留步”等语言，主人则以“慢走”“恕不相送”等语回应。如果客人是远行，主人可说“祝你一路顺利”“一路平安”“代问××好”等告别语。

第二，熟人之间的告别语。可说“有空再来”“有时间来坐坐”“有空来喝茶”等，也可说“代问家人好”以示礼貌。

第三，“再见”是当今比较时兴的告别语，适用于大部分场合的告别。

三、商务介绍礼仪

在当今竞争激烈的国际商务舞台上，如能熟练而恰当地运用商务介绍礼仪知识，就有可能对业务产生事半功倍的效果。介绍是商务交往的序曲，是人与人沟通的桥梁。规范、有序的介绍，有助于扩大交际圈，广交合作伙伴。

（一）自我介绍

自我介绍是一种毛遂自荐的介绍方式。在商务活动中，如果想结识某些人或某个人，而又无人引见，可以视情况将自己介绍给对方。但如果有介绍人在场，自我介绍则被视为不礼貌的。为使自我介绍得体而有效，应注意时机适当、繁简适度、内容真实。时机适当，即选在对方有空闲、情绪较好、有兴趣时，进行自我介绍；繁简适度，即自我介绍应简洁，一般以半分钟为宜，特殊情况也不宜超过一分钟；内容真实，即自我介绍要实事求是、真实可信，不可自吹自擂、夸大其词。自我介绍的内容通常包括本人姓名、工作单位及部门、职务（或职业）等，如“您好！我叫李勇，是太阳公司公关部经理”“您好！我叫张锋，在大华公司负责销售”。

（二）他人介绍

1. 谁是介绍人

介绍人通常是社交活动中的东道主；家庭聚会中的主人；公务交往中的礼仪专职人员；正式活动中地位、身份较高者；熟悉被介绍的双方，又应一方或双方的要求，也可充当介绍人。

2. 介绍的顺序

在为他人进行介绍时，谁先谁后是一个比较敏感的礼仪问题。根据规范，必须遵守“尊者优先了解情况”的规则。在为他人介绍前，先要确定双方地位的尊卑，然后先介绍位卑者，后介绍位尊者。这样可使位尊者先了解位卑者的情况。具体情况如下：

（1）介绍年长者与年幼者认识时，应先介绍年幼者，后介绍年长者。

（2）介绍长辈与晚辈认识时，应先介绍晚辈，后介绍长辈。

（3）介绍老师与学生认识时，应先介绍学生，后介绍老师。

（4）介绍女士与男士认识时，应先介绍男士，后介绍女士。

（5）介绍已婚者与未婚者认识时，应先介绍未婚者，后介绍已婚者。

（6）介绍同事、朋友与家人认识时，应先介绍家人，后介绍同事、朋友。

（7）介绍来宾与主人认识时，应先介绍主人，后介绍来宾。

（8）介绍社交场合的先至者与后来者认识时，应先介绍后来者，后介绍先至者 。

（9）介绍上级与下级认识时，应先介绍下级，后介绍上级。

（10）介绍职位、身份高者与职位、身份低者认识时，应先介绍职位、身份低者，后介绍职位、身份高者。

介绍的顺序应注意场合。例如，严肃的工作场合，要按照职位高低来判断，把职位低的人介绍给职业高的人。对于公司客户，就算是公司总裁面对一个普通客户，也要把总裁介绍给客人，客户永远是上帝。

3. 介绍的内容

一般介绍双方姓名、单位、职务，如“我来介绍一下。这位是长远公司总经理赵国华先生，这位是海华集团公关主任王有宾先生。”

四、商务名片礼仪

一般来说，名片是商务人员对外交往时发送的自己的“身份档案”，是让对方记住自己、能找到自己的小广告。名片是自己的象征，也是自己所在企业的象征。

在社交场合，没有名片的人是一个没有现代意识的人，不会使用名片的人也是一个没有现代意识的人。名片是商务人员个人形象和企业形象的有机组合。没有名片对方会对你产生怀疑：这是真的吗？你说了算吗？以后还能找到你吗……同时，有名片但不会使用名片无异于形象的“自残”。在商务交往中，特别是在对外交往中，名片有“三不准”：第一，不准涂改；第二，不准提供两个以上的头衔；第三，不准提供私人联络方式，公私有别、内外有别。

（一）名片的内容与分类

名片的基本内容一般有姓名、工作单位、职务、职称、通信地址等，也有把爱好、特长等情况写在上面，选择哪些内容由需要而定，但无论繁、简，都要求信息新颖，形象定位独树一帜。一般情况下，名片可分为以下两类：

1. 交际类名片

这类名片除基本内容之外，还可以印上组织的徽标，或可在中文下面用英文写，或在背面用英文写，便于与外国人交往。

2. 公关类名片

这类名片可在正面介绍自己，背面介绍组织，或宣传经营范围。公关类名片有广告效应，使组织得到更大的社会效益和经济效益。

（二）名片的设计

名片的制作的规格、尺寸、色彩有自己的标准化要求。商务人员名片的国际标准规格是6厘米×10厘米，国内商务交往的名片的通用规格是5.5厘米×9厘米，艺术界人士另当别论。一般比较专业的名片还是纸质的，而且是再生纸的比较好。色彩上，商务交往中的名片一般色彩淡雅，要单色而不要花色，通常选择浅白色的、浅黄色的、浅灰色的、浅蓝色的。商务人员名片上一般可以有企业标志、单位所处位置、企业的标志性建筑和主打产品。特别不主张在名片上印照片。名片上的文字字体用标准的印刷体和楷体，中文和外文要两面印刷，不要印名人警句之类的内容。名片上的文字一般简明清晰、实事求是、传递个人的基本情况，从而达到彼此交际的目的。

（三）名片的放置

一般说来，应把自己的名片放于容易拿出的地方，不要将名片与杂物混在一起，以免要用时手忙脚乱，甚至拿不出来。若穿西装，宜将名片置于左上方口袋；若有手提包，可将名片放于包内伸手可得的部位。不要把名片放在皮夹内、工作证内，甚至裤袋内，这是一种很失礼的行为。另外，不要把别人的名片与自己的名片放在一起，否则一旦慌乱中误将他人的名片当作自己的名片送给对方，是非常糟糕的。

(四）出示名片的礼节

1. 出示名片的顺序

名片的递送先后虽说没有太严格的礼仪讲究，但也是有一定的顺序的。一般是地位低的人先向地位高的人递名片，男性先向女性递名片。当对方不止一人时，应先将名片递给职务较高或年龄较大者；或者由近至远处递名片，依次进行，切勿跳跃式地递名片，以免对方误认为有厚此薄彼之嫌。

2. 出示名片的细节

向对方递送名片时，应面带微笑，稍欠身，注视对方，将名片正对着对方，用双手的拇指和食指分别持握名片上端的两角送给对方。如果是坐着的，应当起立或欠身递送，递送时可以说“我是××，这是我的名片，请笑纳”“我的名片，请你收下”“这是我的名片，请多关照”之类的客气话。在递名片时，切忌目光游移或漫不经心。出示名片还应把握好时机。当初次相识，自我介绍或别人代为介绍时可出示名片；当双方谈得较融洽，表示愿意建立联系时就应出示名片；当双方告辞时，可顺手取出自己的名片递给对方，以示愿结识对方并希望能再次相见，这样可加深留给对方的印象。

(五）接受名片的礼节

接受他人递过来的名片时，应尽快起身或欠身，面带微笑，用双手的拇指和食指接住名片的下方两角，态度也要毕恭毕敬，使对方感到你对名片很感兴趣。接到名片时要认真地看一下，可以说“谢谢”“能得到您的名片，真是十分荣幸”等。然后郑重地放入自己的口袋、名片夹或其他稳妥的地方。切忌接过对方的名片一眼不看就随手放在一边，更不要在手中随意玩弄别人的名片，不要将别人的名片随便拎在手上，不要将别人的名片拿在手中搓来搓去，否则会伤害对方的自尊，影响彼此的交往。

五、商务握手礼仪

握手礼是一切商务场合最常用、使用范围最广的见面礼节，是全世界最通用的致意礼节，见面、离别、迎来、送往、庆贺、感谢、慰问、鼓励等场合均可施行。

(一）握手的规则

握手一般讲究“尊者决定”的原则，即由身份尊贵的人决定双方有无握手的必要。

握手的顺序是：上级、长辈、女士、已婚者、职位高者伸出手来之后，下级、晚辈、男士、未婚者、职位低者方可伸出手与之相握。宾主之间，客人来访时，主人先伸手；告辞时，客人先伸手。若一人与多人握手时，应讲究先后次序，由尊而卑，即先上级，后下级；先长辈，后晚辈；先主人，后客人；先女士，后男士。在商务场合，握手时伸手的先后次序主要取决于职位、身份，而在社交、休闲的场合则主要取决于年龄、性别、婚否。

（二）握手的具体要求

1. 握手的姿态

握手时，两人相距为一步，两足立正，上身稍向前倾，伸出右手，四指并拢，拇指张开，双方的手掌与地面垂直相握，微微上下抖动。

2. 握手的时间

握手时间要恰当，长短要因人而异。在通常情况下，握手的时间不宜过短或过长，一般持续 2~3 秒。但若遇老友或敬慕已久的客人，为表示特别亲切，握手时间可长些。

3. 握手的力度

握手时用力应适度，不轻不重，恰到好处。若过于用力，会让人产生粗鲁无理之感；若过于无力，则会给人缺乏热情或敷衍之感。

4. 握手的方式

一般而言，握手主要有以下三种标准方式：

（1）平等式握手，即单手握。这是最为普通的握手方式，握手时双方同时伸出手，手心向着左方。平等式握手适用于商务场合中的初次见面或交往不深的人。

（2）手扣手式握手。主动握手者用右手握住对方的右手，再用左手握住对方右手的手背。在西方国家，手扣手式握手被称为“政治家的握手”。

（3）拍肩式握手。右手相握，左手扶对方右臂。拍肩式握手适用于情投意合或感情极为密切的人。

（三）握手的禁忌

第一，忌用左手握手。左手相握是严重失礼的行为。第二，忌三心二意握手。握手时，忌讳目光游移、漫不经心。第三，忌戴手套握手。握手时，一般不能戴手套。女士若身着礼服、礼帽，与他人握手可以不摘手套，因为手套也是礼服的一部分。第四，忌交叉握手。当两人握手时，应避免与另外两人相握的手形成交叉状，否则就会构成西方人认为最不吉利的十字图案。第五，忌不平等握手。若多人在场，只同一个人握手而对其他人视而不见，是非常失礼的。

任务 2　商务宴请、赴宴礼仪

一、宴请礼仪

（一）设宴及邀请礼仪

邀请的形式有两种：一种是口头的，另一种是书面的。

头邀请就是当面或者通过电话把活动的目的、名义以及邀请的范围、时间、地点等告诉对方，然后等待对方答复，对方同意后再进行活动安排。

书面邀请有两种方式：一种是比较普遍的发“请帖”；另一种是写“便函”，这种方式目前使用较少。

（二）宴请筹备礼仪

1. 掌握好发送邀请时间

国内邀请按被邀请人的远近，一般以提前 3~7 天为宜。过早，客人可能会因日期长久而遗忘；太迟，使客人措手不及，难以如期应邀。

2. 发请帖的方法

请帖上面应写明宴请的目的、名义、时间、地点等，然后发送给客人。请帖发出后，应及时落实出席情况，做好记录，以安排并调整席位，即使是不安排席位的活动，也应对出席率有所估计。

（三）开宴礼仪

1. 引客入座

作为宴请者，在开宴前，应该准备妥当、衣冠整洁、精心打扮，当客人相继到来后，面带微笑，站立于门前迎接客人。对客人态度应该热诚恳切，一视同仁，对所有的客人表示热烈欢迎，不能冷落任何一位客人。如果客人相互间有初次见面的，主人需要逐一介绍，使彼此有所了解，以增进宴会的友好气氛。然后，按预先排好的座位，依次引客入座。如果客人有坐错座位的，一般应“将错就错”或很巧妙地加以换座，要以不挫伤客人的自尊心为宜。

2. 按时开席

客人落座后，应按时开席。不能因个别客人误时而影响整个宴会的进行。如系主要客人或是主宾、到开席时尚未到达，应尽快弄清原因，根据情况采取应急措施，并向其他客人表示歉意。一般来说，宴会延迟的时间不该超过 15 分钟，万不得已时，最多也不能超过 30 分钟。等待过久，其他客人会不耐烦，同时也会冲淡宴会气氛。

3. 致辞祝酒

在宴席中，主人应是第一个敬酒的人。敬酒是敬匀全席，而不应计较对方的身份。桌次多时，应按桌敬酒，不能顾此失彼，冷落一方。祝酒时，应由主人和主宾先碰杯，碰杯时应目视对方，以示敬意。人多时可同时举杯示意，但不一定碰杯。切忌交叉碰杯。当前流行的致辞祝酒礼仪是：主人在第一道菜上来后，即举杯邀请所有客人同饮，并致以简短的祝酒辞。在祝酒辞中，应该首先感谢各位客人的光临，并说明此次宴请的原因，最后请大家同饮。受传统“酒过三巡，菜过五味”说法的影响，一般由主人领三杯酒，然后由第二主人领酒或主人与各位客人及客人与客人之间相互敬酒，敬酒要适可而止，心意到了就行。对于确实不会饮酒的人，是不宜劝其饮酒的。

二、赴宴礼仪

（一）赴宴的准备

1. 接到请柬要及时回答

接到宴会请柬应及时回复对方，以便主人准备。若不能赴宴，一定要讲明原因并向主人致歉意；接受邀请后不要随意改动，不得已无法赴宴，尤其是主宾，必须立即告知主人，讲清原因并赔礼道歉。

2. 赴宴要准时

准时赴宴是对主人的尊重，但一般不提前，身份高者可略晚，但也不能太晚。宴会结束，主宾退席后其他宾客就可陆续告辞；若确有要事须提前退席，应先与主人打招呼，届时悄悄离席，但逗留时间不能太短。

3. 参加宴会要注意着装

着装要整洁大方，若另有规定，则必须按要求着装赴宴。

（二）席间礼仪

1. 打嗝

在席间打嗝是非常不礼貌的，若真是无法控制，则可通过喝水、屏息等方式使症状减轻，若仍无效，则最好去洗手间，之后再返回座位。

2. 打喷嚏

若只是暂时性地打喷嚏当然可以以餐巾掩口方式，将“污染”减至最低。若是喷嚏不断则最好离席至他处处理，若真的无法处理则不妨先行离席。

3. 补妆

补妆应该在洗手间或是人较少之处为之，公开场合补妆就好比是在梳头发、穿衣服等一样，一般是不妥的。

4. 吸烟

几乎所有的餐厅均划分出吸烟区和非吸烟区，为了避免其他人吸二手烟，吸烟者最好尽力克制烟瘾，如果真的烟瘾太大则可利用正餐用完，在场人士已开始用甜点、咖啡时再离席前往吸烟区“吞云吐雾”，如此既不算失礼亦不会妨害别人健康。

5. 剔牙

剔牙也要注意，牙签用完放在盘中即可，千万不要口中咬着一根牙签与人交谈，似流氓无赖状，非常难看。有些人甚至用完餐后，口中仍叼着牙签到处走动，那更是离谱的举止了。

6. 刀叉掉落

进餐时若刀叉不小心掉落地面，此时只需要告之服务人员换一干净的即可，不自行清理掉落的刀叉，更不可以用餐巾擦拭过再继续使用。

7. 其他

简单地说，像挖鼻孔、抓头皮、整理服装、打哈欠等，凡是会给他人不佳感觉的事情在餐桌上都最好别做。

（三）告别礼仪

吃完饭马上离去是不礼貌的。主人应在门口为宾客送行。如果是家宴，主人应把宾客送到楼下握手道别。一般情况下，道别的顺序是男宾先向男主人道别，女宾先向女主人道别，然后再交叉道别。客人应向主人致谢，感谢主人的盛情款待，称赞主人的周到安排和精美菜肴。无论参加的宴请多么乏味，道别时都不要向主人流露出厌倦或不悦，否则是失礼的。

任务3 商务馈赠礼仪

一、赠送礼仪

商务礼品是企事业单位在商务活动中或会议、节日等社交场合为了加强与彼此之间的感情及商务交流赠送给对方的纪念性礼品。作为商务礼品的产品，一般多带有企事业单位名称和标志。

（一）礼品的选择

商务礼品是一种有目的的广告和促销手段，与大众媒体广告不同。公司无论大小，都期望他们所赠送的礼品被视为具有私人性质。

为了礼品计划能够达到预期的目的，应根据不同对象决定何种礼品、是否在礼品上刻上名字以及何时、以何种方式分发礼品等。

办公用品作为礼品最受大小公司欢迎。办公用品及办公桌装饰品多个系列，此类物品有钢笔、日记本、日历、公文包、文件夹、镇纸、通信录等。此外新潮流行的礼品也颇受推崇，在礼品行业几乎每年都有新品推出，迎合市场求新求变的心理。

礼品最能体现出公司的形象，送给外国伙伴的礼品应是高质量的，表明公司懂得质量的意义，并能提供高品质的产品，而且应尽可能与对方送的礼品价值相当。如果礼品质低价廉，不仅是对收礼方的不恭敬，还可能直接影响公司形象。

（二）商务赠礼

赠送礼品要把握时机。大多数礼品赠送者认为，选择送礼时间相当重要。据最新调查表明，对大多数公司来说，选择新春、元旦、中秋、圣诞节赠送礼品仍然是最流行的做法，但也有选择公司成立周年纪念、公司会议、公关、促销以及个人的生日等时间来赠送礼品的。有些公司习惯当面亲手把礼品送给客户，如展销会上、订货会上以及促销时。商务赠礼一般在双方谈生意前或结束时，最好不要在交易进行中进行。在决定谁该接受礼物时必须谨慎，如果只送一件礼物，要送给对方职位最高者，同时可以表明赠送这件礼物是为了对各位的帮助表示感谢。如果不止一人接受礼物，要注意对同等级别的人，送上的礼品也应该相同。

【小案例】

礼品的选择

美国某制造公司的发言人说：“我们选择与生产线有关的礼品，在客户参观工厂时，我们用礼品来吸引他们。我们送的礼品能使他们回想起参观活动，而且赠送的礼品能带回家。牛排餐刀对我们来说是极好的礼品，因为它是用我们自己生产的材料做成的。在推销订货会上我们把不锈钢钢笔作为礼品赠送，笔上刻有公司标识，这将使客户永远记住我们的公司，他们为随身带着这样一只高质量的钢笔而自豪。”

二、受赠礼仪

馈赠和接受馈赠是联系在一起的。受赠如果不讲礼节，会伤害赠送者的感情，也会影响受赠者自身形象。

（一）商务受礼

1. 慎重受赠

公务活动中收受礼品要遵守有关规定。按照规定，国家机关工作人员在国内交往中，不得收受可能影响公正执行公务的礼品馈赠，因各种原因未能拒收的礼品，必须登记上交。作为公务人员，要慎重接受馈赠，尤其对待那些可能影响公正执行公务的馈赠和作为某种交换条件或有明显意图目的的馈赠，要一律拒绝。

2. 收受有礼

对于那些不违反规定的馈赠，要表现得从容大方，不要局促慌乱、忸怩作态。接受礼物时，要双手相接，然后与赠送者握手致谢，要表现感激之情，但不能有过望之喜，更不能“多云转晴”，表情波动幅度大。

【拓展阅读】

赠送礼仪和如何受赠

受礼后，可能的话当面打开欣赏一番，并加以适当称赞。受礼后，礼物不要随手乱扔，丢在一边。应该接受的礼物，一般不能推来推去，不能说“你拿回去吧”之类的话。确实不能收受的，要接受后加以表态，并说明处置办法。

（二）拒礼礼仪

公务活动中要学会拒收礼物。对于有可能影响公正执行公务的礼物，要坚决地拒收。拒收礼物要当场进行，尽量不要事后退还。拒收时，要感谢对方的一番好意，同时说明不能接受的理由。如果当时无法当面退还，可以设法退还赠礼者。事后退礼也要说明理由，并致以谢意。

任务4　商务通信礼仪

一、接打电话的礼仪

所谓电话形象，即人们在通电话的整个过程之中的语言、声调、内容、表情、态度、时间感等的集合。电话形象能够真实地体现出个人的素质、待人接物的态度以及通话者所在单位的整体水平。

与日常会话和书信联络相比，接打电话具有即时性、经常性、简洁性、双向性、礼仪性等较为突出的特点。即时性、经常性、简洁性、双向性都不难理解，而礼仪性却是我们这里要着重强调的。

电话的礼仪性直接与前面提到过的电话形象密切相关。它是指不论是打电话还是接电话，都必须以礼待人、克己敬人。假如不注意在使用电话的过程中讲究礼貌，无形之中将会使自己的人际关系受到损害。

（一）接打电话的基本礼仪

1. 铃响三声之内接电话

要是听到电话铃响第三声还没有接，接起来第一句话必须是对不起，然后把理由告知对方，这样让对方觉得受到了尊重。

2. 接打电话时，不管对方是谁，都要先说“你好”

不管要接打电话的对方是谁，不管是领导、下属，还是朋友，都要先说“你好”。这是接打电话最起码、最根本的礼仪。可能会因为这一个细节，获得一个大的订单；可能会因为这一个细节，交到人生中的一个挚友；可能会因为这一个细节，成就一生。因为礼仪对我们来说是特别重要的，只有得到了大家的认可，才可能会成功，而被认可的第一点就是懂礼节、讲礼貌。

3. 接听电话的时候，不管谁在旁边说话，都要认真回答电话对方的人

不管谁在旁边、不管有多么重要的事情，都不要理会身边的任何人、任何事情，因为电话对面的人是在听我们讲话，看不到我们本人，更看不到我们的表情，所以对方需要我们的尊重和全神贯注。要是不能让对方感觉到我们的全神贯注，那么对方会觉得我们不尊重人。

4. 接听电话的时候，要是电话突然挂断，应该第一时间用另外一部电话通知对方

不管挂断电话的理由是什么，不管是因为没电、没信号还是如何，都要立刻用电话给对方回过去，第一表示尊重，第二则是让对方觉得我们没有出任何事情，是安全的。

5. 挂断电话的时候一定要说再见

再见、回见都是我们应该说的挂电话的礼貌用语，因为只有这样对方才知道我们挂了电话。

6. 挂电话的时候，一定要等电话的对方先挂断，才能再挂断电话

这是一条原则性的礼仪，因为挂断电话的时候，可能正是对方说话的时候。只有听到对方是“嘟嘟嘟”的结束通话的声音，再去挂断电话才好。

（二）接听电话的礼仪

1. 接听及时

电话铃声响起后，应尽快接听。不要让别人代劳，尤其不要让小孩子代接电话。也不要铃声才响一次，就拿起听筒。这样会令对方觉得突然，而且容易掉线。电话铃响了许久才接电话的话，要在通话之初向对方表示歉意。最好在铃响两次后拿起话筒。

2. 礼貌应答

拿起话筒后，即应自报家门，并首先向对方问好。通话时要聚精会神，语气应谦恭友好，不要拿腔拿调、戏弄嘲讽对方。通话终止时，要向对方道一声“再见”。

接到误拨进来的电话，要耐心地告诉对方拨错了电话，不能冷冷地说“打错了”，就把电话用力挂上。通话因故暂时中断后，要耐心等候对方再拨进来。

3. 分清主次

接通电话时不要与其他人交谈，也不能边听电话边看文件、看电视，甚至是吃东西。在会晤重要客人或举行会议期间有人打来电话，可向其说明原因，表示歉意，并承诺稍后再联系。

接听电话时，千万不要不理睬另一个打进来的电话。可对正在通话的一方说明原因，要其稍候片刻，然后立即去接另一个电话。待接通之后，先请对方稍候，或过一会儿再打进来，随后再继续方才正打的电话。不论多忙多累，都不能成为拔下电话线找清静的理由。

总之，接听电话时应注意三点：其一，要及时，铃响不过三声；其二，要礼貌，要自报家门，并问候对方；其三，要耐心，对打错电话者不要训斥。

（三）拨打电话的礼仪

日常工作中拨打电话给别人的人称为发话人。对于发话人而言，有下列四点基本礼仪必须遵守。

1. 要选择对方方便的时间

不要在他人的休息时间打电话。每日上午 7 点之前、晚上 10 点之后、午休时间和用餐时间，都不宜打电话。给海外人士打电话，先要了解一下时差，千万不能骚扰他人。

打公务电话，不要占用他人的私人时间，尤其是节日、假日时间。应避开对方的通话高峰时间、业务繁忙时间、生理厌倦时间。社交电话最好在工作之余拨打。

2. 要长话短说

通话时间一般应遵守通话“3 分钟原则”。所谓“3 分钟原则”，是指在打电话时，发话人应当自觉地、有意识地将每次通话的时间限定在 3 分钟之内，尽量不要超过这一限定。对通话的具体时间控制的基本要求是以短为佳，宁短勿长。不是十分重要、紧急、繁琐的事务一般不宜超长。

3. 要规范内容

（1）事先准备。通话之前，应做好充分准备。最好把对方的姓名、电话号码、通话要点等通话内容列出一张清单。这样可以避免出现现说现想、缺少条理、丢三落四的问题。

（2）简明扼要。电话接通后，除先要问候对方外，别忘记自报单位、职务、姓名。请人接转电话，要向对方致谢。电话中讲话一定要务实。通话时，忌讳说话吞吞吐吐、含糊不清、东拉西扯。寒暄后，就应直言主题。力戒讲空话、说废话、无话找话和短话长说。

（3）适可而止。要讲的话已说完，就应果断地终止通话。按电话礼仪，一般应该由通话双方中位高者终止通话。因此，不要话已讲完，依旧反复铺陈、再三絮叨。那样的话会让人觉得做事拖拖拉拉、缺少素养。

4. 要注意举止

打电话时，不要把话筒夹在脖子下，也不要扒着、仰着、坐在桌角上，更不要把双腿高架在桌子上，不可一边走一边打电话。

（四）常规的电话应对礼仪

常规的电话应对礼仪无论是接听还是拨打时都要注意。

1. 重点情节要重复

在商务交往中接听重要电话时，需要进行重点的必要重复。不论自己是否进行现场笔录，都需要把对方传递给自己的一些重要的信息，比如商品的规格、具体的数量、销售的价格等重要参数加以重复，以免出现记忆性错误，这是非常重要的。一定要养成在重要的商务场合重复重点通话内容的习惯。

2. 电话掉线要迅速再拨

通话时出现话音不清楚，或掉线状态时要及时中断，并尽快向对方拨打，同时说明电话之所以中断是为了避免声音不清晰而有碍接听，或者说电话临时跳线所致，否则有自己向对方示威、耍脾气之嫌。

3. 代接电话

在工作场合接听外来电话时，有的时候会出现外来电话需要找的人不在，自己成为电话的代接者。代接、代转电话时，要注意以礼相待、尊重隐私、记忆准确、及时转达等问题。

（1）以礼相待。接电话时，不要因为对方所找的人不是自己就显得不耐烦，以“不在”来打发对方。即使被找的人真的不在，也应友好地答复：“对不起，他不在，需要我转告什么吗?”

（2）尊重隐私。代接电话时，不要询问对方与其所找之人的关系。如果对方要找的人离自己较远，不要大喊大叫。别人通话时，不要旁听、不要插嘴。当对方希望转达某事给某人时，千万不要把此事随意扩散。对方要找的人不在时，应向其说明后，询问对方是否需要代为转达。如对方有此请求时，应照办。对方要求转达的具体内容，最好认真地做好笔录。

（3）记忆准确。对方讲完后，应重复验证一遍，以免误事。记录内容主要包括通话者单位、姓名、通话时间、通话要点、是否要求回电话、回电话的具体时间等。

（4）及时转达。代接电话时，先要弄清楚对方是“谁”和“找谁”两个问题。对方不愿讲第一个问题，不要勉强。对方要找的人不在，可据实相告，然后再询问对方“有什么事情”。应注意这两者的先后次序不能颠倒。若对方所找的人在，应立即去找。答应对方代为传话，就要尽快落实。不要把自己代人转达的内容，托他人转告。

（五）手机使用的礼仪

手机作为现代人的必备通信工具，使用广泛。使用手机时，更应讲究礼仪。

1. 手机的携带

携带移动通信工具，应将其放在适当的位路。总的原则是既要方便使用，又要合乎礼仪。常规位置是可以放在随身携带的公文包之内；可以放在上衣口袋之内，尤其是放在上衣内袋之内，但注意不要影响衣服的整体外观。不要在不使用手机时将其执握在手里，或是将其挂于上衣口袋之外。有时自己不方便把移动通信工具放在常规的位置，可以暂作变通。在参加会议时，可将其暂交秘书、会务人员代管。在与他人坐在一起交谈时，可将手机暂放手边、身旁、背后等不起眼之处。把手机挂在脖子上或握在手上，均不雅观。可能的话，应把手机放在手袋或口袋内。

2. 使用手机的禁忌

使用手机等移动通信工具，可以方便交际联络。同时，一定要严格遵守使用规则。否则，就会有损自己的形象。

给对方打手机时，尤其当知道对方是身居要职的忙人时，首先想到的是这个时间对方方便接听吗？并且要有对方不方便接听的准备。在给对方打手机时，注意从听筒里听到的回音来鉴别对方所处的环境。如果很静，应想到对方在会议上，有时大的会场能感到一种空阔的回声；当听到噪音时，对方就很可能在室外；开车时的隆隆声也是可以听出来的。有了初步的鉴别，对能否顺利通话就有了准备。但不论在什么情况下，是否通话还是由对方来定为好，因此“现在通话方便吗”通常是拨打手机的第一句问话。其实，在没有事先约定和不熟悉对方的前提下，我们很难知道对方什么时候方便接听电话。在有其他联络方式时，还是尽量不打对方手机好些。

3. 遵守公共秩序

使用移动通信工具时，绝对不允许扰乱公共秩序，给公众带来“听觉污染”。不应在公共场合，尤其是楼梯、电梯、路口、人行道等人来人往之处，旁若无人地使用移动通信工具。不得在要求“保持安静”的公共场所，如音乐厅、美术馆、影剧院，动不动就用大嗓门对着手机喊叫。必要时，应关机，或让其处于静音状态。不允许在上班期间，尤其是办公室、车间里，因私使用自己的移动通信工具。在开会、会见等聚会场合，不能当众使用移动通信工具。以免给别人留下用心不专、不懂礼节的坏印象。

4. 注意安全

移动通信工具的使用会分散人们对别的事情的注意力，移动通信工具本身还会产生电磁波。应注意使用移动通信工具时，必须牢记安全准则。在驾驶汽车的时候，不要使用手机通话，或者查看信息。不要在加油站、面粉厂、油库等地方使用移动通信工具，以免移动通信工具引发火灾、爆炸。不要在病房内使用移动通信工具，以免其信号干扰医疗仪器的正常运行，或者影响病人休息。不要在飞机飞行期间启用手机，以免给航班带来危险。涉及商业秘密、国家安全的事项最好不要在手机之中出现，因为手机容易出现信息外漏，产生不良事端。

二、收发传真、电子邮件的礼仪

（一）收发传真的礼仪

第一，在发传真前，要先给对方通报一下；收到传真后要给对方回个信，确认已收到；收到传真后要及时处理，使用时要考虑到图像、文字可能失真。

第二，接收或发送传真时，如果需先人工呼叫，在接通电话时首先应口齿清晰地说“你好”，然后报出自己的公司或单位的名称以及详细的部门名称等。通话时，语气要热诚，口齿要清晰，语速要平缓。电话语言要简洁、得体、准确、音调适中、态度自然。

第三，如果发送国际传真，要将国际代码和对方号码连在一起发送，或者中间加一个中横线。例如，00861058851266、0086－1058851266、00－861058851266，这三种格式都是可以的，如果使用中横线，那么中横线前面的数字不能超过四位。

第四，资料备份。传真的资料不大容易保存，因此重要的传真文件要复印备份。

（二）使用电子邮件的礼仪

1. 关于主题

（1）一定不要空白标题，这是最失礼的。

（2）标题要简短，不宜冗长。

（3）标题要能真实反映文章的内容和重要性，切忌使用含义不清的标题，如“王先生收”。

（4）一封信尽可能只针对一个主题，不在一封信内谈及多件事情，以便于日后整理。

（5）可适当用使用大写字母或特殊字符（如“＊”“！”等）来突出标题，引起收件人注意，但应适度，特别是不要随便就用“紧急”之类的字眼。

（6）回复对方邮件时，可以根据回复内容需要更改标题。

2. 关于称呼与问候

（1）恰当地称呼收件者，拿捏尺度。邮件的开头要称呼收件人，这既显得礼貌，也明确提醒某收件人，此邮件是面向他的，要求其给出必要的回应。在多个收件人的情况下可以称呼“大家”。如果对方有职务，应按职务尊称对方，如“×经理”；如果不清楚职务，则应按通常的“×先生”“×小姐”称呼，但要把性别先搞清楚。不熟悉的人不宜直接称呼英文名，对级别高于自己的人也不宜称呼英文名。称呼全名也是不礼貌的。

（2）电子邮件开头和结尾最好要有问候语。最简单的开头是写一个“你好”；结尾常见的是写个“祝您顺利”之类的也就可以了。俗话说得好：“礼多人不怪。”礼貌一些，总是好的，即便邮件中有些地方不妥，对方也能平静地看待。

3. 附件

（1）如果邮件带有附件，应在正文里面提示收件人查看附件。

（2）附件文件应按有意义的名字命名，不可随意使用文件名。

（3）正文中应对附件内容做简要说明，特别是带有多个附件时。

（4）附件数目不宜超过 4 个，数目较多时应打包压缩成一个文件。

（5）如果附件是特殊格式文件，应在正文中说明打开方式，以免影响使用。

（6）如果附件过大，应分割成几个小文件分别发送。

4. 语言的选择和汉字编码

（1）只在必要的时候才使用英文邮件。英文邮件只是交流的工具，而不是用来炫耀和锻炼英文水平的。如果收件人中有外籍人士，应该使用英文邮件交流；如果收件人是其他国家和地区的华人，也应采用英文交流。由于存在中文编码的问题，中文邮件在其他地区可能显示成为乱码。

（2）尊重对方的习惯，不主动发起英文邮件。如果对方与你的邮件往来是采用中文，请不要自作聪明地发送英文邮件；如果对方发英文邮件给你，也不要用中文回复。

（3）对于一些信息量丰富或重要的邮件，建议使用中文。发件人很难保证自己的英文表达水平或收件人中某人的英文理解水平不存在问题，而影响邮件所涉及问题的解决。

（4）选择便于阅读的字号和字体。中文宜用宋体或新宋体，英文宜用“Verdana”或“Arial”字体，字号用五号字即可。这是经研究证明最适合在线阅读的字号和字体。不要用稀奇古怪的字体或斜体，最好不用背景信纸，特别是公务邮件。

5. 回复技巧

（1）及时回复电子邮件。收到他人的重要电子邮件后，即刻回复对方一下，往往是必不可少的，这是对他人的尊重。理想的回复时间是 2 小时内，特别是对一些紧急重要的邮件。

（2）进行针对性回复。当回邮件答复问题的时候，最好把相关的问题抄到回件中，然后附上答案。不要用简单的、太生硬的答案要点，应该进行必要的阐述，让对方一次性理解，避免再反复交流，浪费资源。

（3）回复不得少于 10 个字。对方发来一大段邮件，收件人却只回复“是的”“对”“谢谢”“已知道”等字眼，这是非常不礼貌的，显示出不尊重对方。

（4）不要就同一问题多次回复讨论。如果收发双方就同一问题的交流回复超过 3 次，这只能说明交流不畅，说不清楚。此时应采用电话沟通等其他方式进行交流后再做判断。电子邮件有时并不是最好的交流方式。对于较为复杂的问题，多个收件人频繁回复，发表看法，这将导致邮件过于冗长笨拙而不可阅读。此时应及时对之前讨论的结果进行小结，突出有用信息。

（5）要区分“Reply”和“Reply All”（单独回复和回复全体）。如果只需要单独一个人知道的事，单独回复给他一个人就行了。如果对发件人提出的要求作出结论响应，应该回复全体，让大家都知道。如果对发件人提出的问题不清楚，或有不同的意见，应该与发件人单独沟通，不要当着所有人的面，不停地回复，与发件人讨论。不要向上司频繁发送没有确定结果的邮件。点击“回复全体”前，要三思而行。

6. 接收与回复电子邮件时的注意事项

（1）应当定期打开收件箱，最好是每天都查看一下有无新邮件，以免遗漏或耽误重要邮件的阅读和回复。

（2）应当及时回复公务邮件。凡是公务邮件，一般应在收件当天予以回复，以确保信息的及时交流和工作的顺利开展。若涉及较难处理的问题，则可先电告发件人已经收到邮件，再择时另发邮件予以具体回复。

（3）若由于因公出差或其他原因而未能及时打开收件箱查阅和回复时，应迅速补办具体事宜，尽快回复，并向对方致歉。

(4) 不要未经他人同意向对方发送广告邮件。

(5) 发送较大邮件需要先对其进行必要的压缩，以免占用他人信箱过多的空间。

(6) 尊重隐私权，不要擅自转发别人的私人邮件。

三、商务信函礼仪

(一) 商务信函的内容和格式

商务信函的内容一般由称谓、正文、敬语、落款和时间四部分构成。

1. 称谓

称谓是指寄信人对收信人的称呼，一般要单独顶格书写，包括收信人的姓名和职务。如果是熟悉的客户，可以直接使用大家常用的称呼。如果收信人有多个职务，要根据书信重点内容选择合适的称谓。

2. 正文

正文一般用简短的问候语作为开始，用得最多的是“您好”。格式要求另起一行，空两格写，单独成行。正文中一个问题或一件事情都应单列一段，条理清晰，语言简洁有针对性。段落之间可以空一行。最后表明希望、意愿或再联系等，要求简短自然。

3. 敬语

敬语是向对方表示祝愿、敬意或问候的话。在商务信函中，一般使用“顺颂商祺”“祝工作顺利”等敬语，格式要求另起一行，空两格或顶格写。

4. 落款和时间

商务信函的最后要写上发信人的姓名、单位和写信日期。公务信函的署名要署全名，署名要写在敬语后另起一行靠右边的位置，姓名、单位和日期要各占一行。如果是第一次通信，要在信尾详细、准确地写上自己的地址、联系电话，以便对方回信或回电。

(二) 商务信函的要求

写作商务信函并不要求使用华丽优美的词句，需要做的就是用简单朴实的语言，准确地表达自己的意思，让对方可以非常清楚地了解写信者想说什么。

1. 简单、朴实的语言

每一封信函的往来，都是写信者跟收信人彼此之间的一次交流。人都是感性的，因此需要在信函里体现感性的一面。应多用一些简单明了的语句，用“我”或“我们”作为主语，这样才能让信函读起来热情、友好，就像两个朋友之间的谈话那样简单、自然、人性化。

2. 语气语调

由于信函都是有其目的性的，因此信函里所采用的语气语调也应该符合信函的目的。在写信之前先不妨仔细考虑一下写这封信是想达到一个什么样的目的，希望对收信人产生一种怎样的影响。是带有歉意的、劝说性的，还是坚决的、要求性的。这完全可以通过信函中的语气语调来表现。

3. 直接、简洁

我们每天都要阅读大量的信函文件，客户也是一样。因此，信函一定要写得简明扼要、短小精悍、切中要点。如果是不符合主题或者对信函的目的无益的内容，应毫不留情地舍弃它们。因为这些内容不仅不能使交流通畅，反而会混淆视听，非但不能让阅读者感兴趣，反而会让他们恼火，产生反感。

4. 礼貌

我们这里所说的礼貌，并不是简单地用一些礼貌用语，比如“感谢您致电咨询”等就可以的。我们所说的礼貌是要体现一种为他人考虑、多体谅对方心情和处境的态度。如果本着这样的态度去跟别人交流，那么就算你这次拒绝了对方的要求，也不会因此失去这个朋友，不会影响今后合作的机会。

特别要注意，当双方观点不能统一时，我们首先要理解并尊重对方的观点。如果对方的建议不合理或者对我们的指责不公平时，应表现一下我们的高姿态。我们可以据理力争，说明我们的观点，但要注意讲究礼节礼貌，避免用冒犯性的语言。还要提醒一点，所谓“过犹不及”。任何事情，一旦过了头，效果反而不好。礼貌过了头，可能会变成阿谀奉承；真诚过了头，也会变成天真幼稚。因此，最关键的还是要把握好“度”，才能达到预期的效果。

5. 精准

当涉及数据或者具体的信息时，比如时间、地点、价格等，尽可能做到精确。这样会使交流的内容更加清楚，更有助于加快事务的进程。

6. 针对性

应在邮件中写上对方公司的名称，或者在信头直接称呼收件人的名字。这样会让对方知道这封邮件是专门给他的，而不是那种群发的通函，从而表示对此的重视。

7. 回复迅速及时

给客户的回复一定要迅速及时。最好收到信的当天就回信，如果回复不够及时，就可能因为抢不到先机而失去商机。

8. 标题

这一点是特别针对写电子邮件的。也许很多人都没有意识到，事实上，电子邮件的标题是很重要的一个部分，邮件给对方的第一个印象就是通过标题来完成的。首先，电子邮件要有标题。如果标题没有内容，看起来像群发的垃圾邮件的话，很多客户可能就会直接删除。其次，标题不能太长，公司邮件的标题可以写得较长，但使用其他网络邮件无法看到太长的标题。标题应该是信函主要内容的提炼，像作文的题目一样，要突出核心内容。最后，注明信件来源。写给客户的邮件，标题最好能注明此封邮件的来源，使客户能很快捕捉到重要信息。

9. 校对、检查

任何语法、拼写、标点的错误都会给人带来坏印象，因此写完邮件之后一定要检查。最基本的是要确保拼写和语法正确，然后检查一下所提供的事实、数据等是否完整、准确以及是否清楚易懂等。虽然我们都会犯错，但即使在信函里有一个极小的失误，也可能会破坏沟通方面的可信度，使对方对我们表达的其他信息有所疑虑。

此外，我们在邮件中附带附件时，要在发送前认真检查确认是否为要发送的文件，如果是错误文件，即使没有给公司业务造成损失，也会让客户对我们个人的能力和素质产生怀疑。

【案例分析】

一个废纸团的效应

小张是某公司的员工，某天正好去财务部窗口领工资。在等候的时候，他随手把手中捏着的一张无法报销的票据揉成团扔在了地上。

其他部门的同事看见了，心里说："那个××部门的人素质真差!"恰巧此时有位顾客来财务部交定金，他看到小张把纸团扔在地上，心里想："这个公司的员工如此行事，他们做的东西质量会好吗？售后服务会有保障吗？还是先别交定金了吧，回去再斟酌斟酌!"生产部经理陪着几位外商参观公司，正好路过这里，地上的纸团没有逃过大家的眼睛，结果外商指着那纸团问："这样的员工，能做出符合质量要求的产品吗?"

本来不费吹灰之力便能扔到垃圾桶里的一小团废纸，导致公司失去了数百万元的订单。

分析：在商务场合当中，你的行为举止不仅仅代表着你本人，还代表着你为之工作的部门、你的部门所属的公司、你的公司所属的集团，甚至代表你的集团所属的地区以及我们的国家。

模块4　商务活动礼仪

【模块速览】

任务1　签约仪式礼仪
任务2　开业与剪彩礼仪
任务3　新闻发布会礼仪
任务4　商务会议礼仪
任务5　展览会礼仪
任务6　商务谈判礼仪

【案例导入】

请柬发出之后

某单位定于某月某日召开总结表彰大会，发了邀请函请有关部门的领导光临，在邀请函上把开会的时间、地点写得一清二楚。

接到邀请函的几位有关部门的领导很积极，提前来到邀请函上的会场。一看会场布置不像是开表彰会的样子，经询问负责人才知道，当天同一时间礼堂开报告会，总结表彰会改换地点了。几位领导感到莫名其妙，个个都很生气：改地点了为什么不重新通知？一气之下，都回去了。

事后，会议主办单位的领导才解释说是因为秘书人员工作粗心，在发邀请函之前还没有与礼堂负责人取得联系，一厢情愿地认为不会有问题，便把会议地点写在邀请函上。开会的前一天下午才去联系，才得知礼堂早已租给别的单位用了，只好临时改换会议地点。由于邀请的单位及人员较多，来不及一一通知，结果造成了上述失误。

任务1　签约仪式礼仪

一、签约仪式的准备

签约仪式是由双方正式代表在有关协议或合同上签字并产生法律效力，体现双方诚意和共祝合作成功的庄严而隆重的仪式。因此，主办方要做好充分的准备工作。

(一) 确定参加仪式的人员

根据签约文件的性质和内容，安排参加签约仪式的人员。参加签约仪式的人员有的涉及国家部委，有的涉及地方政府，也有的涉及对方国家，因此要进行相应的安排，原则上是强调对等，人员数量上也应大体相当。一般来说，双方参加洽谈的人员均应在场。客方应提前与主办方协商自己出席签约仪式的人员，以便主办方进行相应的安排。具体签字人，在地位和级别上应要求对等。

(二) 做好协议文本的准备

签约之“约”事关重大，一旦签订即具有法律效力。因此，待签的文本应由双方与相关部门指定专人，分工合作完成好文本的定稿、翻译、校对、印刷、装订等工作。除了核对谈判内容与文本的一致性以外，还要核对各种批件、附件、证明等是否完整准确、真实有效以及译本和副本是否与样本正本相符。如有争议或处理不当，应在签约仪式前，通过再次谈判以达到双方谅解和满意方可确定。作为主办方，应为文本的准备过程提供周到的服务和方便的条件。

(三) 落实签约仪式的场所

落实举行仪式的场所，应视参加签约仪式人员的身份和级别、参加仪式人员的多少和所签文件的重要程度等诸多因素来确定。著名宾馆、饭店、政府的会议室和会客厅都可以选择。既可以大张旗鼓地宣传，邀请媒体参加，也可以选择僻静场所进行。无论怎样选择，都应是双方协商的结果。任何一方自行决定后再通知另一方，都属失礼的行为。

(四) 签约仪式现场的布置

现场布置的总原则是庄重、整洁、清静。我国常见的布置为在签约现场的厅（室）内，设一加长条桌，桌面上覆盖着深冷色台布（应考虑双方的颜色禁忌），桌后只放两张椅子，供双方签约人签字时用。礼仪规范为客方席位在右，主方席位在左。桌上放好双方待签的文本，上端分别置有签字用具（签字笔、吸墨器等）。如果是涉外签约，在签字桌的中间摆一国旗架，分别挂上双方国旗，注意不要放错方向。如果是国内地区、单位之间的签约，也可在签字桌的两端摆上写有地区、单位名称的席位牌。签字桌后应有一定空间供参加仪式的双方人员站立，背墙上方可挂上“××（项目）签字仪式”字样的条幅。签字桌的前方应开阔、敞亮，如请媒体记者，应留有空间、配好灯光。

二、签约仪式的礼仪

签约是洽谈结出的硕果。签约仪式上，双方气氛显得轻松和谐，也没有了洽谈时的警觉和自律，但签约仪式礼仪仍不可大意。

(一) 注意服饰整洁、挺括

参加签约仪式，应穿正式服装，庄重大方，切不可随意着装。这反映了签约一方对签约的整体态度和对对方的尊重。

(二) 签约者的身份和职位双方应对等

身份和职位过高或过低而不对等都会造成不必要的误会。其他人员在站立的位置和排序上也应有讲究，不可自以为是。在整个签约完成之前，参加仪式的双方人员都应平和地微笑着直立站好，不宜互相走动谈话。

(三) 签字应遵守“轮换制”的国际惯例

签字者应先在自己一方保存的文本左边首位处签字，然后再交换文本，在对方保存的文本上签字。这样可使双方都有一次机会首位签字。在对方文本上签字后，应亲自与对方签字者互换文本，而不是由助签者代办。

三、签约仪式的程序

签约仪式有一套严格的程序，大体由以下步骤构成：

第一，参加签约仪式的双方代表及特约嘉宾按时步入签字仪式现场。

第二，签约者在签约台前入座，其他人员分主、客各站一边，按其身份自里向外依次由高到低，列队于各自签约者的座位之后。

第三，双方助签人员分别站立在自己签约者的外侧。

第四，签约仪式开始后，助签人员翻开文本，指明具体的签字处，由签字人签上自己的姓名，并由助签人员将己方签了字的文本递交给对方助签人员，交换对方的文本再签字。

第五，双方保存的协议文本都签好字以后，由双方的签字人自己郑重地相互交换文本，同时握手致意、祝贺，双方站立人员同时鼓掌。

第六，协议文本交换后，服务人员用托盘端上香槟酒，双方签约人员举杯同庆，以增添合作愉快气氛。

第七，签约仪式结束后，双方可共同接受媒体采访。退场时，可安排客方人员先走，主方送客后再离开。

任务 2 开业与剪彩礼仪

一、开业典礼的准备

第一，做好舆论宣传工作。企业（公司）或店铺可运用传媒广泛发布广告，或在告示栏中张贴开业告示，以引起公众的注意。这些广告或告示内一般包括开业典礼举行的日期、地点、企业的经营范围及特色、开业的优惠情况等。

第二，精心拟定出典礼的宾客名单。邀请的宾客一般应包括政府有关部门负责人、社区负责人、知名人士、同行业代表、新闻记者、员工代表及公众代表等。对邀请出席典礼的宾客要提前将请柬送达其手中。

第三，确定典礼的规模和时间。

第四，确定致贺、答词人名单，并为本单位负责人拟写答词。

第五，确定剪彩人员，并准备用具。参加剪彩的除本单位负责人外，还应请来宾中地位较高、有一定声望的人共同剪彩。

第六，安排各项接事宜。应事先确定签到、接待、剪彩、摄影、录像等有关服务人员，这些人员要在典礼前到达指定岗位。

第七，布置环境。开业典礼一般在单位门口举行。为了烘托出热烈、隆重、喜庆的气氛，可在现场悬挂“××开业典礼”或“××隆重开业”的横幅，两侧布置一些来宾的贺匾、花篮，会场周围还可张灯结彩，悬挂彩灯、气球等。

二、开业典礼的程序

开业典礼的程序是指典礼活动的进程。一般情况下，开业典礼的程序由以下几项组成：

第一，典礼开始。主持人宣布开业典礼正式开始，全体起立，鸣放鞭炮并奏乐。

第二，宣读重要来宾名单。

第三，致贺词。由上级领导或来宾代表致贺词，主要表达对开业单位的祝贺，并寄予期望。

第四，致答词。由本单位负责人致答词，其主要内容是向来宾及祝贺单位表示感谢，并简要介绍本单位的经营特色和经营目标等。

第五，揭幕或剪彩。揭幕就是由本单位负责人和上级领导或嘉宾揭去盖在牌匾上的红布。剪彩的彩带通常是用红绸制作的，剪彩前应事先准备好剪刀、托盘和彩带。剪彩时，由礼仪小姐拉好彩带，端好托盘，剪彩者用剪刀将彩带上的花朵剪下，放在托盘内。这时场内应以掌声表示祝贺。

第六，参观座谈。

第七，欢迎首批顾客光临。

第八，举行招待酒会或文艺演出等。

以上程序可视具体情况有所增减，无须生搬硬套。总之，开业典礼的整个过程要紧凑、简洁。

三、参加开业典礼的礼仪要求

第一，参加人员要注意仪容仪表，并准时参加典礼，为主办方捧场。

第二，宾客可在典礼前或典礼进行时，送些贺礼，并写上贺词。

第三，宾客见到主人应向其表示祝贺，并说一些祝兴旺、发财等吉利话语。

第四，宾客在致贺词时，要简短精练，注意文明用语，少用含义不明的手势。

第五，在典礼进行过程中，参加人员应做一些礼节性的附和，如鼓掌、跟随参观、写留言等。

第六，典礼结束后，宾客离开时应与主办单位领导、主持人、服务人员等握手告别，并致谢意。

任务3 新闻发布会礼仪

新闻发布会简称发布会，有时亦称记者招待会，是一种主动传播各类有关的信息，谋求新闻界对某一社会组织或某一活动、事件进行客观而公正的报道的有效的沟通方式。对商界而言，举办新闻发布会，是联络、协调与新闻媒介之间的相互关系的一种最重要的手段。

新闻发布会的常规形式是由某一商界单位或几个有关的商界单位出面，将有关的新闻界人士邀请到一起，在特定的时间里和特定的地点内举行一次会议，宣布某一消息，说明某一活动，或者解释某一事件，争取新闻界对此进行客观而公正的报道，并且尽可能地争取扩大信息的传播范围。按照惯例，当主办单位在新闻发布会上进行完主题发言之后，允许与会的新闻界人士在既定的时间里围绕发布会的主题进行提问，主办单位必须安排专人回答这类提问。简言之，新闻发布会就是以发布新闻为主要内容的会议。

通常发布会上会聚集一些比较注重礼仪的人物，这时要是我们的表现不当就会给人留下不好的印象。新闻发布会礼仪一般指的就是有关举行新闻发布会的礼仪规范。对商界而言，新闻发布会礼仪至少应当包括新闻发布会的策划、会议的筹备、媒体的邀请、现场的应酬、善后的事宜五个主要方面的内容。

一、新闻发布会的策划

（一）策划发布会新闻亮点

对于媒体来说，新闻发布会也是媒体所期待的。在一次全国性的媒体调查中发现，媒体获得新闻最重要的一个途径就是新闻发布会，几乎100%的媒体都将其列为最常参加的媒体活动。由于新闻发布会现场人物、事件都比较集中，时效性又很强，并且参加新闻发布会免去了预约采访对象、采访时间的一些困扰，通常情况下记者都不会放过这些机会。因此，企业更加不能错过这样的机会。企业应该充分利用新闻发布会，宣传自己的品牌和产品。如何让媒体愿意报道企业的产品和品牌，就涉及新闻发布会地策划了。策划得当、新闻发布会有亮点，不仅现场被邀请的媒体会对企业进行积极报道，而且未到场的媒体也会对新闻稿件进行转载，为企业作免费的新闻宣传。如何策划有亮点的新闻发布会就成为众多企业关心的问题了。策划有亮点的新闻发布会可以从以下几个方面着手：

1. 邀请明星到现场助阵

媒体对公众人物从来都不会吝啬篇幅和版面，因此企业的发布会要能邀请到知名的明星或公众人物出席的话，必将起到事半功倍的宣传效果。例如，国内某知名电子游戏公司开新闻发布会的时候，就邀请了韩庚等大牌明星到现场参加活动，并吸引了大批媒体和“粉丝”的眼球，各大媒体纷纷对这次发布会进行了重点报道。

2. 结合政策导向，占据行业高点

每一个企业所在的行业都拥有丰富的传播亮点可以发掘，我们在策划新闻发布会主题的时候，不妨从行业制高点开始切入，以整个行业未来的发展或者整个行业对社会的意义这些大处着手，结合当前国家政策热点，召开行业高峰论坛，邀请政府相关部门领导和行业内知名人士参加会议，从中挖掘新闻亮点，最终传播企业品牌。例如，国内某太阳能热水器企业做策划的时候，就紧紧抓住了行业当前存在的一些问题和弊端，由此策划新闻点，塑造一个具有社会责任感、为消费者说话、推动整个行业发展的企业形象。最终这样的新闻素材获得媒体认可并进行大量转发，同时企业的形象也得到了很大的提升，很多消费者在看到新闻之后打电话给企业咨询新闻报道中关乎消费者切身利益的问题，该企业也因此获得众多消费者的信赖。

3. 社会公益性

做公益性的活动，关注民生，以促进全社会良好发展为主题的新闻发布会是企业营销的至高境界。国内很多企业的营销思维还比较落后，仅仅停留在广告等硬性宣传上。现在的市场情况是强行直入的广告信息和赤裸裸的销售信息传播已经越来越惹人讨厌，因此企业应该改变自己的推广方式，从思想上转变之前的土办法，为其品牌和产品植入更具亲和力和社会公信力的元素，让品牌产生更高的附加值。无论是常规的媒体传播还是品牌新闻发布会等推广活动，都需要将这种新型的营销思维贯穿其中，赢得更多消费者的认可与信赖。

（二）邀请重要政府部门参与或领导出席

媒体关不关注、重不重视某一新闻发布会，有时候取决于新闻发布会是不是紧跟政策，有没有国家政府部门的支持，拥有政府支持的项目媒体往往就会加大宣传力度。因此，企业新闻发布会主题最好能和政府部门的政策结合，并且在发布会当天邀请相关部门的领导出席会议，这样的会议能够在国内制造影响力，超出企业预期的宣传效果。

（三）尽量达到小活动、大传播的效果

目前很多企业在操作新闻发布会等企业营销活动的时候，缺乏传播意识，或者没有把关注重点放在对品牌媒体传播上，这种做法是不可取的，毕竟地面活动做得再好，活动现场人来得再多，活动当天现场反响再怎么热烈，这些也都只是局限在活动现场所能影响到的一小部分人群，而更多的人、更多的市场都被忽视了。开新闻发布会的目的不仅仅是造就发布会现场的影响力，而更重要的是让媒体宣传企业，让更多的人，乃至全国的人知道企业。因此，企业市场推广人员一定要有小活动、大传播的思维，将新闻发布会或者其他企业地面营销活动、公关活动的影响范围尽可能地扩大。

二、会议的筹备

筹备新闻发布会，要做的准备工作甚多。其中，最重要的是要做好主题的确定、人员的安排、时空的选择、材料的准备等具体工作。

（一）确定发布会的主题

发布会的主题大致有两类，即说明性主题和解释性主题。

在召开新闻发布会之前，首先要在舆情调研的基础上确定是否有召开发布会的必要、记者会不会对发布的主题感兴趣、能否完成准确详尽的报道等。否则，很有可能费尽周折也请不到所需的媒体到场，即使媒体到场也不做报道。

新闻发言人应该挖掘发布会主题的新闻点，既要突出自己的立场也要符合记者的需求，帮助媒体设计一个“新闻钩”，就像一个“引子”将企业的信息顺理成章地推销出去。

一场新闻发布会通常仅设置一个总的主题，围绕该主题可以提供几条重点信息。为了使记者的报道更集中、力度更大，重点信息不能太多，最好不超过3条。

（二）确定发布人和主持人

应当根据发布主题确定最适合的发布人选。一般来说，发布人职位越高、名声越响，对媒体记者的吸引力越大。但是选择发布人的第一标准应以其掌握发布内容的程度来衡量，对发布内容越熟悉、参与相关决策越多，其权威性越强，更容易应答记者提出的各种问题。此外，发布人最好是经过新闻发言人培训的人员，懂得对待记者的基本原则和回答棘手问题的技巧。发布人可由身经百战的新闻发言人自己担当，对于专业性强的主题，也可以请相关的分管领导、专家出任。

发布会的主持人一般由新闻发言人担任，主要负责把握发布会的节奏，如宣布发布会开始和结束、说明发布会主题、介绍发布人、指定记者提问。在例行新闻发布会上，新闻发言人一般兼任发布人、主持人双职，一个人完成一场新闻发布，一般以站姿发布。

（三）确定发布会的时间

确定发布会的时间包括两点：一是发布会在哪一天举行，二是在这一天的什么时候举行。

在哪一天举行主要是从发布会的效果考虑。这一天发布是否能与某相关热点事件联系起来？另外，应考虑这一天发布是否会与其他重要事件冲突，而分散了媒体的注意力。例如，世界杯足球赛期间，其他体育新闻被报道的篇幅就会减少。

在这一天什么时候举行主要考虑媒体的截稿时间。大部分新闻机构的截稿时间在中午以后，黄金时间的电视新闻在下午截稿，日报一般在晚上截稿。为了给记者留出充裕的时间消化发布资料，编写新闻，发布会最好安排在上午10点，最晚也不要超过下午3点。一场发布会的时长一般控制在1小时左右。

对于重大突发事件的新闻发布会，原则是越快越好，不论在什么时间都可以立即召开发布会，向记者通报最新情况、澄清事实，以免谣言泛滥。突发事件的新闻发布可以时间很短、多次召开，一有新的情况就向记者透露，抓住媒体的注意力。

（四）确定发布会的地点

确定发布会的地点主要是考虑给记者创造各种方便采访的条件。一是交通应比较便利，能够解决停车问题。二是会场设备齐全，如满足拍摄需要的辅助灯光、网络直播所需的网络插口、扩音设备、电源插座等，尽可能照顾到各种媒体的技术需求。三是会场应相对封闭，以免外面人走动、说话干扰发布会。

特定主题的新闻发布会，可以选择有特色的发布场所，以增强传播效果。

（五）确定媒体的名单

在对媒体了解、调研之后，应根据试图达到的信息传播范围和影响力来确定媒体的覆盖面积和级别，考虑如何配合选择报纸、杂志、广播、电视、网络等各种媒介。另外，还要考虑这个媒体是国际性的、全国性的还是地方性的。确定邀请媒体的名单，还应根据新闻发布会的主题，考虑行业类媒体的选择，如财经类、体育类、教育类、卫生类、法制类等。

（六）准备发布会资料

发布会资料的收集与整理是发布会准备工作中最重要的也是最花费精力的环节。发布会资料的准备应围绕发布会的主题，依据确定的口径。发布会资料包括文字资料，也可有图像和实物资料。

准备发布会资料需经历 5 个步骤：由新闻办公室进行舆情调研→由各相关部门提供基础资料→由新闻发言人及其助手筛选、整理发布会资料→由决策领导审批发布会资料→再由新闻办公室校对并印刷发布会资料。

1. 为新闻发言人准备的资料

为新闻发言人准备的资料，即发布方资料，一般包括主持人的主持词、发布人的发布稿、答问参考、辅助资料。

2. 为记者准备的资料

为记者准备的资料，即媒体方资料，常见的有新闻通稿、新闻事实资料、背景材料、问答材料、专家名单、图像动画资料、发布会材料清单。如果邀请了外国记者，应同时准备英文资料。

（七）发布会的会务准备

会务工作主要包括 3 个方面：会场设置、设备调试、现场分工。

1. 会场设置

会场设置主要完成背景板、展板、横幅、宣传画等的设计和装贴，主席台及座签的摆放，记者座位的布置，翻译间和网络直播台的安排，签到处和资料发放台的摆放等。

2. 设备调试

设备调试主要是检查话筒的声量是否能够到达会场的每个角落，固定电话、移动话筒及音箱之间是否会产生噪音，灯光的亮度是否合适，空调是否运行正常，电源插座、网络接口等是否都完好，用于备份的录音、录像设备是否已充足电，投影仪是否可与电脑正常连接并且后排能否看清，同声传译设备的信号是否清晰无干扰。

3. 现场分工

在发布会前就要制定好每一位工作人员在现场的任务，明确分工。发布会现场的工作人员主要包括以下几种：

（1）总协调员：负责整体调度、处理突发情况、迎接发言人。

（2）记者接待员：负责签到、发放资料。

（3）设备调控员：负责现场音响、灯光等的正常运行。

（4）会场服务员：负责安排记者座位、给记者提供茶水点心、递送话筒。

除此之外，有的发布会还需要翻译人员和速录人员。

三、媒体的邀请

在新闻发布会上，主办单位的交往对象自然以新闻界人士为主。在事先考虑邀请新闻界人士时，必须有所选择、有所侧重。不然的话，就难以确保新闻发布会真正取得成功。

邀请对象一经确定，应提前发出采访通知。这样可以刺激电视新闻记者事先进行背景拍摄，并让对主题不熟悉的人有机会了解一些背景。对采访通知和发布主题的反应可以帮助我们确定散发资料的内容。发布会前新闻发言人应主动与记者接触，了解记者关心的问题。

四、现场的应酬

在新闻发布会正式举行的过程之中，往往会出现种种这样或那样的确定和不确定的问题。有时甚至还会有难以预料到的情况或变故出现。要应付这些难题，确保新闻发布会的顺利进行，除了要求主办单位的全体人员齐心协力、密切合作之外，最重要的是要求代表主办单位出面应付来宾的主持人、发言人要善于沉着应变、把握全局。

发布会的基本程序：签到→发会议资料→宣布会议开始→发言人讲话→回答记者提问→接受重点采访。

五、善后的事宜

新闻发布会举行完毕之后，主办单位需在一定的时间之内对其进行一次认真的评估善后工作。了解新闻界的反映，整理保存会议资料。

【小案例】

发放资料的学问

某石化股份有限公司董事会召开会议讨论从国外引进化工生产设备的问题。秘书小李负责为与会董事准备会议所需文件资料。因为有多家国外公司竞标，所以材料很多。小李由于时间仓促就为每位董事准备了一个文件夹，将所有资料放入文件夹中。有3位董事在会前回复说将有事不能参加会议，于是小李就未准备他们的资料。不想，正式开会时其中的两位又赶了回来，结果会上有的董事因没有资料可看而无法发表意见，有的董事面对一大摞资料不知如何找到想看的资料，从而影响了会议的进度。

任务4　商务会议礼仪

一、商务会议的组织安排

（一）会场预约

根据需要，制订最完美的策划方案；根据会议的级别，选择会议举办地；根据会议的具体情况，确定是否将会议划分为几个分会场，选择分会场的地点，并提前预约。

（二）会场的布局，设备的安装调试

根据会议的具体情况，设计并安排会场的布局，细致周到地设计好所有的细节；根据需要，准备会议所需要的所有设备，并提前安放在指定位置；根据需要，提前调试好设备，并进行演练，确保会议的顺利进行。

（三）印刷材料的设计制作

根据会议的具体需求，设计印刷品的样式、内容、选择图案；提前把印刷品送到会场或指定位置。

（四）参会者的接送

根据参加会议者的具体情况以及人数多少安排接送事宜。

（五）参会者的餐饮

根据参会人员的喜好，预定各种形式的餐会，如西餐、中餐、自助餐等；根据参会人员的具体情况以及会场和下榻酒店的地点，选择不同的用餐地点。

（六）参会者业余时间的安排

根据参会人员的喜好，选择不同的休闲方式；设计专门的旅游线路。

二、商务会议的组织礼仪

（一）会务

在召开会议过程中，每名与会者都应严守会场纪律，准时到会、正点开会、限时发言、到点散会，并保持坐姿端正；应保持会场安静，手机调到震动状态或关机；做好会议记录。会议组织者在会议开始前可给予与会者必要的提醒。

（二）座次

主席台座次的规则是前排高于后排，中央高于两侧，左侧高于右侧（左、右是指当事人之间相对的位置；政务礼仪讲究左高右低，但现在均通用国际惯例，即右高左低）。桌签应使用彩色纸，双向打印。

（三）奉茶

茶水招待，是对来访者的尊重与诚意的表示，有礼貌的端茶方法很重要，不能让

来访者要求才端出茶水。奉茶礼仪包括：整理仪容、洗手；确定茶杯是否有缺角或裂痕；手指避免摸到杯口；适当的温度、浓度，斟七八分满。为他人续茶水时，小心端起茶杯或茶杯柄，手指不可伸入杯口。从右侧递茶时用右手拿茶杯（左侧时相反）。万一茶水溅出来，应不慌不忙地擦拭。在会议进行中为与会人员倒茶，应本着先客后主的原则。

（四）离场

会议结束时，会议组织者应安排与会者有序地退出会场。

三、一般与会者礼仪

（一）开会之前

在会议召开前，应注意以下几点：

1. 守时

在参加会议时，一般在规定的会议时间之前提早五六分钟进入会场，不要迟到，迟到可以视为是对本次会议不重视或是对会议主持人以及其他与会者的小视与不尊重。确有其他原因迟到的，要向主持人及与会者点头致歉。

2. 仪表

衣着应以正式上班服装为主，穿着不可过于随便。如果是户外会议，应事先询问主办单位是否可着休闲服。

3. 举止

在参加会议时，坐姿应端正，不可东倒西歪或趴在桌子上。不要掏耳朵、挖鼻子、剔牙齿、剪指甲，甚至把脚从鞋里抽出来抠脚趾头。室内若无烟灰缸，表示不能抽烟。

若在会议开始前，主席仍未介绍与会人士，可主动和左邻右舍的人握手，并且进行自我介绍。

（二）会议进行时

会议进行期间，应认真倾听报告或他人发言。做好记录对深入体会和准确传达会议精神有很大帮助。携带手机进入会场，在会议开始时应关闭或调至振动模式。开会时，在下面闲聊、看书报、摆弄小玩意儿、抽烟、吃零食、打瞌睡或随意进出会场，都是切忌出现的不文明行为。

在会议进行中，出席者要发言时，应先举手，这是发言的礼貌。发言时应对事不对人，勿损及他人的人格及信誉。会上发言时，应口齿清楚、态度平和、手势得体，不可手舞足蹈、忘乎所以或出言不逊。在大型会议上发言，准备要充分，态度要谦虚，发言开始时要向听众欠身致意。发言内容要求做到中心突出、材料翔实、感情真实、语言生动。力戒自我宣传、自我推销，更不能有对听众不尊重的语言动作和表情。发言要严格遵守会议组织者规定的时间。发言结束，要向听众致谢并欠身施礼。如参加小型的座谈会、研讨会，发言要简练，观点要明确，讨论问题态度要友好，不要随便打断别人的发言。对不同意见，应求同存异，以理服人。不要嘲讽挖苦，对他人进行人身攻击。别人发言时不要打岔，如有问题可举手，经过会议主持人认可后再发言。

不可否认的是开会有时很闷，但别在大众面前打哈欠、频频看表、身体动来动去、把玩手上的笔或闭上眼睛等，这些都是很不礼貌的行为。

（三）会议结束后

会议结束后，要按顺序离开会场，不要拥挤和横冲直撞。

四、商务会议主持礼仪

会议的主持人一般由具有一定职位的人来担任，其礼仪表现对会议能否圆满成功有着重要的影响。

第一，主持人应衣着整洁，大方庄重，精神饱满，切忌不修边幅，邋里邋遢。

第二，走上主席台应步伐稳健有力，行走的速度因会议的性质而定。

第三，入席后，如果是站立主持，应双腿并拢，腰背挺直。持稿时，右手持稿的底中部，左手五指并拢自然下垂。双手持稿时，应与胸齐高。如果是坐姿主持，应身体挺直，双臂前伸，两手轻按于桌沿。主持过程中，切忌出现搔头、揉眼、抖腿等不雅动作。

第四，主持人言谈应口齿清楚，思维敏捷，简明扼要。

第五，主持人应根据会议性质调节会议气氛，或庄重，或幽默，或沉稳，或活泼。

第六，主持人对会场上的熟人不能打招呼，更不能寒暄闲谈，会议开始前，或会议休息时间可点头、微笑致意。

【拓展阅读】

会议主持人的仪态

一、站姿

站姿是指人的双腿在直立静止状态下所呈现出的姿势。站姿是坐姿和走姿的基础。一个人想要表现出得体雅致的姿态，首先要从规范站姿开始。得体的站姿的基本要点是：双腿基本并拢，双脚呈45~60度夹角，身体直立，挺胸、抬头、收腹、平视。

主持人的标准站姿，要求上半身挺胸、收腹、直腰，双肩平齐、舒展，双臂自然下垂；下半身双腿应靠拢，两腿关节伸直，身体重心落于两脚中间，身体重心微微倾向于前脚掌，后脚跟同时用力下踩，头顶感觉往上顶，似乎身体被拉长，有挺拔感。站姿的具体要求如下：

（1）女士站立时，双脚成“V”形，双膝和双脚后跟尽量靠紧。

（2）男士站立时，双脚可稍稍叉开，最多与肩同宽。

（3）一般情况下，不要把手插在衣服或裤子的兜里。

二、坐姿

坐姿文雅、大方是主持人必须具备的基本要求。主持人坐姿的要领是：上体自然挺直，坐在椅子前端，躯干有支持力，身体稍前倾，两肩放松；两腿自然弯曲，双脚平落地上，双膝并拢或稍稍分开。但是女士的双膝和脚跟必须靠紧，或双脚踝前后交叉。这是一种收敛型的演播坐姿，显得稳重大方，比较适合我国人民传统的审美习惯。坐姿的整体躯干造型的一般要求是：身正肩平，立腰收腹，挺而不僵，松而不懈。坐姿的具体要求如下：

(1) 入座起座动作要轻盈舒缓，从容自如，切忌猛坐猛起。

(2) 落座要保持上身平直，含胸驼背会显得萎靡不振。

(3) 不要玩弄桌上东西或不停抖腿，给人无修养之感。

三、走姿

主持人的走姿（步态）可以根据节目内容灵活掌握。轻松的节目，步子可以快一点；内容沉重的节目，步子要慢一些。一些娱乐竞赛节目或少儿节目，有时需要主持人走到一定位置后弯腰或蹲下，这时应注意不要撅臀，以免损害形象。

女士在较正式的场合中的行路轨迹应该是一条线，即行走时两脚内侧在一条直线上，两膝内侧相碰，收腰、提臀、挺胸、收腹，肩外展，头正颈直收下颌。男士在较正式的场合中的行路轨迹应该是两条线，即行走时两脚的内侧应是在两条直线上。不雅的步态会给人留下不好的印象，如左右摇晃、弯腰驼背、左顾右盼、鞋底蹭地、八字脚、碎步等。走姿的具体要求如下：

(1) 不要左右晃肩，不要左右晃胯。

(2) 同行注意调整步幅，尽量同步行走。

(3) 保持膝关节和脚尖正对前进的方向，避免双脚成内八字或外八字。

五、商务会议汇报礼仪

第一，遵守时间，不可失约。不要过早抵达，以防止上级准备未毕，也不要迟到，让上级等候过久。

第二，轻轻敲门，经允许后才能进门。不可大大咧咧，破门而入。即使门开着，也要用适当的方式告诉上级有人来了，以便上级及时调整。

第三，汇报时，要注意仪表、姿态，吐字清晰，语调、声音大小恰当。站有站相，坐有坐相，文雅大方，彬彬有礼。不诚惶诚恐、腼腆木讷、面红耳赤、语无伦次、失调走声、手舞足蹈。

第四，汇报内容要实事求是，有喜报喜，有忧报忧，语言精炼，条理清楚，不可察言观色，投其所好，歪曲或隐瞒事实真相。

第五，汇报结束后，上级如果谈兴犹在，不可有不耐烦的体态语产生，应等到上级表示结束时才可以告辞。告辞时，要整理好自己的材料、座椅等，当领导送别时要主动说“谢谢”或“请留步”。

第六，利用电话汇报要言简意赅并有意识地保守秘密。

任务 5 展览会礼仪

所谓展览会，对商界而言，主要是特指有关方面为了介绍本单位的业绩，展示本单位的成果，推销本单位的产品、技术或专利，而以集中陈列实物、模型、文字、图表、影像资料供人参观了解的形式，所组织的宣传性聚会。有时人们也将其简称为展览，或称之为展示、展示会。展览会在商务交往中往往发挥着重大的作用。展览会不仅具有很强的说服力、感染力，可以现身说法打动观众，为主办单位广交朋友，而且还可以借助于个体传播、群体传播、大众传播等各种传播形式，使有关主办单位的信息广为传播，提高其名气与声誉。正因为如此，几乎所有的商界单位都对展览会倍加重视，踊跃参加。

展览会礼仪通常是指商界单位在组织、参加展览会时，所应当遵循的规范与惯例。

一、展览会的组织

一般的展览会既可以由参展单位自行组织，也可以由社会上的专门机构出面张罗。不论组织者由谁来担任，都必须认真做好具体的工作，力求使展览会取得完美的效果。

根据惯例，展览会的组织者需要重点进行的具体工作，主要包括参展单位的确定、展览内容的宣传、展示位置的分配、安全保卫的事项、辅助服务项目等。

（一）参展单位的确定

一旦决定举办展览会，由什么单位来参加的问题，通常都是非常重要的。在具体考虑参展单位的时候，必须注意两相情愿，不得勉强。按照商务礼仪的要求，主办单位事先应以适当的方式，向拟参展的单位发出正式的邀请或召集。邀请或召集参展单位的主要方式为刊登广告、寄发邀请函、召开新闻发布会等。不管是采用其中任何一种方式，均须同时将展览会的宗旨、展出的主要题目、参展单位的范围与条件、举办展览会的时间与地点、报名参展的具体时间与地点、咨询有关问题的联络方法、主办单位拟提供的辅助服务项目、参展单位所应负担的基本费用等，一并如实地告之参展单位，以便对方据此加以定夺。对于报名参展的单位，主办单位应根据展览会的主题与具体条件进行必要的审核。切勿良莠不分，来者不拒。当参展单位的正式名单确定之后，主办单位应及时地以专函进行通知，令被批准的参展单位尽早有所准备。

（二）展览内容的宣传

为了引起社会各界对展览会的重视，并且尽量地扩大展览会的影响力，主办单位有必要对展览会进行大力宣传。宣传的重点应当是展览的内容，即展览会的展示陈列之物。因为只有它，才能真正地吸引各界人士的注意和兴趣。对展览会，尤其是对展览内容所进行的宣传，主要可以采用下述几种方式：举办新闻发布会；邀请新闻界人士到场进行参观采访；发表有关展览会的新闻稿；公开刊发广告；张贴有关展览会的宣传画；在展览会现场散发宣传性材料和纪念品；在举办地悬挂彩旗、彩带或横幅；

利用升空的彩色气球、飞艇进行宣传。这些方式，可以只择其一，亦可多种同时并用。在具体进行选择时，一定要量力行事，并且要严守法纪，注意安全。为了搞好宣传工作，在举办大型展览会时，主办单位应专门成立对外进行宣传的组织机构。其正式名称，可以叫新闻组，也可以叫宣传办公室。

（三）展示位置的分配

对展览会的组织者来讲，展览现场的规划与布置，通常是其重要职责之一。在一般情况下，展览会的组织者要想尽一切办法充分满足参展单位关于展位的合理要求。假如参展单位较多，并且对于较为理想的展位竞争较为激烈的话，则展览会的组织者可依照展览会的惯例，采用对展位进行竞拍、对展位进行投标、对展位进行抽签或按“先来后到”分配，不管采用上述何种方法，组织者均须事先将其广而告之，以便参展单位早做准备，尽量选到称心如意的展位。

（四）安全保卫的事项

无论展览会举办地的社会治安环境如何，组织者对于有关的安全保卫事项均应认真对待，免得由于事前考虑不周而麻烦丛生。在举办展览会前，必须依法履行常规的报批手续。此外，组织者还须主动将展览会的举办详情向当地公安部门进行通报，求得其理解、支持与配合。

（五）辅助服务项目

主办单位作为展览会的组织者，有义务为参展单位提供一切必要的辅助性服务项目。否则，不仅会影响自己的声誉，而且还会授人以把柄。

【拓展阅读】

展览会的分类

严格地讲，展览会是一个覆盖面甚广的基本概念。细而言之，展览会其实又分为许许多多不尽相同的具体类型。要开好一次展览会，自然首先必须确定展览会的具体类型，然后再进行相应的定位。否则，很可能就会出现不少漏洞。

站在不同的角度上来看待展览会，往往可以对其进行不同标准的划分。按照商界目前所通行的会务礼仪规范，划分展览会不同类型的主要标准一共有下列6条：

其一，展览会的目的。这是划分展览会类型的最基本的标准。依照这一标准，展览会可被分为宣传型展览会和销售型展览会两种类型。顾名思义，宣传型展览会显然意在向外界宣传，介绍参展单位的成就、实力、历史与理念，因此又称为陈列会。而销售型展览会则主要是为了展示参展单位的产品、技术和专利，来招徕顾客、促进其生产与销售。通常人们又将销售型展览会直截了当地称为展销会或交易会。

其二，展览品的种类。在一次展览会上，展览品具体种类的多少，往往会直接地导致展览会的性质有所不同。根据展览品具体种类的不同，可以将展览会区分为单一型展览会与综合型展览会。

单一型展览会往往只展示某一大的门类的产品、技术或专利，只不过其具体的品牌、型号、功能有所不同而已。例如，化妆品、汽车等。因此，人们经常会以其具体展示的某一门类的产品、技术或专利的名称，来对单一型展览会进行直接的冠名，如称之为“化妆品展览会”“汽车展览会”等。在一般情况下，单一型展览会的参展单位大都是同一行业的竞争对手，因此这种类型的展览会不仅会使其竞争更为激烈，而且对于所有参展单位而言不啻为一场公平的市场考试。

综合型展览会亦称混合型展览会，是一种包罗万象的、同时展示多种门类的产品、技术或专利的大型展览会。与前者相比，后者所侧重的主要是参展单位的综合实力。

其三，展览会的规模。根据具体规模的大小，展览会又有大型展览会、小型展览会与微型展览会之分。大型展览会通常由社会上的专门机构出面承办，其参展的单位多、参展的项目广，因而规模较大。举办此类展览会，要求一定的操作技巧。因其档次高、影响大，参展单位必须经过申报、审核、批准等一系列程序，有时还要支付一定的费用。小型展览会一般都由某一单位自行举办，其规模相对较小。在小型展览会上，展示的主要是代表着主办单位最新成就的各种产品、技术和专利。微型展览会则是小型展览会的进一步微缩。微型展览会提取了小型展览会的精华之处，一般不在社会上进行商业性展示，而只是将其安排陈列于本单位的展览室或荣誉室之内，主要用于教育本单位的员工和供来宾参观之用。

其四，参展者的区域。根据参展单位所在的地理区域的不同，可将展览会划分为国际性展览会、洲际性展览会、全国性展览会、全省性展览会等。全国性展览会往往被人们称为博览会。应当明言的是，组织展览会不一定非要贪大求全不可，特别是忌讳虚张声势、名不副实，动辄以“世界”“全球”“全国”命名之。若是根据参展单位所属行业的不同，则展览会亦可分为行业性展览会和跨行业展览会。

其五，展览会的场地。举办展览会免不了要占用一定面积的场地。若以所占场地的不同而论，展览会有着室内展览会与露天展览会之别。室内展览会大都被安排在专门的展览馆或宾馆和本单位的展览厅、展览室之内。室内展览会大都设计考究、布置精美、陈列有序、安全防盗、不易受损，并且可以不受时间与天气的制约，显得隆重而有档次。但是，室内展览会所需费用往往偏高。在展示价值高昂、制作精美、忌晒忌雨、易于失盗的展品时，室内展览会自然是首选。露天展览会则安排在室外露天之处。露天展览会可以提供较大的场地，而且花费较小。展示大型展品或需要以自然界为其背景的展品时，此种选择最佳。通常，展示花卉、农产品、工程机械、大型设备时，大都选择露天展览会。不过露天展览会受天气等自然条件影响较大，并且极易使展览品丢失或受损。

其六，展览会的时间。举办展览会所用的具体时间的长短称为展期。根据展期的不同，可以把展览会分作长期展览会、定期展览会和临时展览会。长期展览会大都常年举行，其展览场所固定、展品变动不大。定期展览会展期一般固定为每隔一段时间之后，在某一特定的时间之内举行。例如，每三年举行一次，或者每年春季举行一次等。其展览主题大都是既定不变的，但允许变动展览场所，或展品内容有所变动。一般来看，定期展览会往往呈现出连续性、系列性的特征。临时展览会则随时可根据需要与可能举办。临时展览会所选择的展览场所、展品内容及至展览主题，往往不尽相同，但其展期大都不长。

二、展览会组织礼仪

(一) 迎接礼仪

迎来送往是社会交往接待活动中最基本的形式和重要环节，是表达主人情谊、体现礼貌素养的重要方面。尤其是迎接，这是给客人良好第一印象的最重要工作。给对方留下好的第一印象，就为下一步深入接触打下了基础。迎接客人要有周密的部署，应注意以下事项：

第一，对前来访问、洽谈业务、参加会议的外国或外地客人，应首先了解对方到达的车次、航班，安排与客人身份、职务相当的人员前去迎接。若因某种原因，相应身份的主人不能前往，前去迎接的主人应向客人做出礼貌的解释。

第二，迎接客人应提前为客人准备好交通工具，不要等到客人到了才匆匆忙忙准备交通工具，那样会因让客人因久等而误事。

第三，主人应提前为客人安排好住宿，帮客人办理好一切手续并将客人领进房间，同时向客人介绍住处的服务、设施，将活动的计划、日程安排交给客人，并把准备好的地图或旅游图、名胜古迹等介绍材料送给客人。

第四，主人到车站、机场去迎接客人，应提前到达，恭候客人的到来，决不能因迟到而让客人久等。客人看到有人来迎接，内心必定感到非常高兴，若迎接来迟，必定会给客人心里留下阴影，事后无论怎样解释，都无法消除这种给客人留下失职和不守信誉的印象。

第五，接到客人后，应首先问候“一路辛苦了”“欢迎您来到我们这个美丽的城市”“欢迎您来到我们公司”等。然后向对方进行自我介绍，如果有名片，可送予对方。注意送名片的礼仪，当与长者、尊者交换名片时，双手递上，身体可微微前倾，说一句“请多关照”。当想得到对方名片时，可以用请求的口吻说：“如果您方便的话，能否留张名片给我?”作为接名片的人，双手接过名片后，应仔细地看一遍，千万不要看也不看就放入口袋，也不要顺手往桌上一扔。

第六，将客人送到住地后，主人不要立即离去，应陪客人稍作停留，热情交谈，谈话内容要让客人感到满意，比如客人参与活动的背景材料、当地风土人情、有特点的自然景观等。考虑到客人一路旅途劳累，主人不宜久留，应让客人早些休息。分手时，主人应将下次联系的时间、地点、方式等告诉客人。

(二) 接待礼仪

客人要找的负责人不在时，要明确告诉对方负责人到何处去了以及何时回本单位。请客人留下电话、地址，明确是由客人再次来单位，还是我方负责人到对方单位去。

客人到来时，我方负责人由于种种原因不能马上接见，要向客人说明等待理由与等待时间。若客人愿意等待，应该向客人提供饮料、杂志，如果可能，应该时常为客人换饮料。

三、展览会商务礼仪规范

总的来说，标准的商务礼仪在参展礼仪中都是适用的。很重要的一点是参与展览的人员要乐于跟陌生人交谈，并了解他们的需要；将事先准备好的企业印刷品或精致的小礼品适时发送给潜力客户，达到营销的最终目的。参展单位在正式参加展览时，必须要求自己的全部派出人员齐心协力、同心同德，为大获全胜而努力奋斗。在整体形象、待人礼貌、解说技巧等三个主要方面，参展单位尤其要予以特别的重视。

（一）要努力维护整体形象

在参与展览时，参展单位的整体形象直接映入观众的眼里，因此参展单位的整体形象对其参展的成败影响极大。参展单位的整体形象主要由展示之物的形象与工作人员的形象两个部分所构成。对于两者要给予同等的重视，不可偏废其一。展示之物的形象主要由展品的外观、展品的质量、展品的陈列、展位的布置、发放的资料等构成。用以进行展览的展品，外观上要力求完美无缺，质量上要优中选优，陈列上要既整齐美观又讲究主次，布置上要兼顾主题的突出与观众的注意力。用于在展览会上向观众直接散发的有关资料，要印刷精美、图文并茂、资讯丰富，并且注有参展单位的主要联络方法，如公关部门与销售部门的电话、传真以及电子邮箱等。工作人员的形象则主要是指在展览会上直接代表参展单位露面的人员的穿着打扮。在一般情况下，要求在展位上的工作人员应当统一着装。最佳的选择是身穿本单位的制服，或者是穿深色的西装、套裙。在大型的展览会上，参展单位若安排专人迎送宾客时，则最好请其身穿色彩鲜艳的单色旗袍，并胸披写有参展单位或其主打展品名称的大红色绶带。为了说明各自的身份，全体工作人员皆应在左胸佩戴标明本人单位、职务、姓名的胸卡，唯有礼仪小姐可以例外。按照惯例，工作人员不应佩戴首饰，但男士应当剃须，女士则最好化淡妆。

（二）要时时注意待人礼貌

在展览会上，不管是宣传型展览会还是销售型展览会，参展单位的工作人员都必须真正意识到观众是上帝，为观众热情而竭诚地服务则是参展单位的工作人员的天职。因此，全体工作人员都要将礼貌待人记在心里，并且落实在行动上。展览一旦正式开始，全体参展单位的工作人员即应各就各位，站立迎宾。不允许迟到、早退、无故脱岗、东游西逛，更不允许在观众到来之时坐、卧不起，怠慢对方。当观众走近自己的展位时，不管对方是否向自己打招呼，工作人员都要面含微笑，主动地向对方说：“你好！欢迎光临！”随后，还应面向对方，稍许欠身，伸出右手，掌心向上，指尖直接展台，并告知对方：“请您参观。”当观众在本单位的展位上进行参观时，工作人员可随行于其后，以备对方咨询；也可以请观众自便，不加干扰。假如观众较多，尤其是在接待组团而来的观众时，工作人员亦可在左前方引导对方进行参观。对于观众所提出的问题，工作人员要认真回答。不允许置之不理，或以不礼貌的言行对待对方。当观众离去时，工作人员应当真诚地向对方欠身施礼，并道以“谢谢光临”或“再见”。在任何情况下，工作人员均不得对观众恶语相加或讥讽嘲弄。对于极个别不守展览会规则而乱摸乱动、乱拿展品的观众，仍应以礼相劝，必要时可请保安人员协助，但不许可对对方擅自动粗，进行打骂、扣留或者非法搜身。

（三）要善于运用解说技巧

解说技巧主要是指参展单位的工作人员在向观众介绍或说明展品时，应当掌握的基本方法和技能。具体而言，在宣传型展览会与销售型展览会上，解说技巧既有共性可循，又有各自的不同之处。在宣传型展览会与销售型展览会上，解说技巧的共性在于要善于因人而异，使解说具有针对性。与此同时，要突出自己展品的特色。在实事求是的前提下，要注意对展品扬长避短，强调“人无我有”之处。在必要时，还可邀请观众亲自动手操作，或由工作人员对其进行现场示范。此外，还可安排观众观看与展品相关的影视资料，并向其提供说明材料与单位名片。通常说明材料与单位名片应常备于展台之上，由观众自取。

在宣传型展览会上，解说的重点应当放在推广参展单位的形象之上。要善于使解说围绕着参展单位与公众的双向沟通而进行，时时刻刻都应大力宣传本单位的成就和理念，以便使公众对参展单位给予认可。

在销售型展览会上，解说的重点则必须放在主要展品的介绍与推销之上。按照国外的常规说法，解说时一定要注意“FABE”并重。其中，“F”指展品特征，“A”指展品优点，“B”指客户利益，“E”指证据。工作人员在销售型展览会上向观众进行解说之时，应当以客户利益为重，要在提供有利证据的前提之下，着重强调自己所介绍、推销的展品的主要特征与主要优点，以争取使客户觉得言之有理、乐于接受。争抢、尾随观众来兜售展品、弄虚作假，或是强行向观众推介展品，则是不可取的。

四、展览会现场礼仪

在展会现场，笑容非常重要。海外观众一般路过展位都会向咨询台人员抱以善意的笑容并且问好。参展单位工作人员在向观众问好的时候，一定要有眼神交流，表示礼貌。如果有观众表示比较感兴趣，应当主动上前询问并解释。最好是友善地邀请他们坐下来谈，通常观众愿意坐下来以后，谈得也比较多、比较深，企业也可以从交谈中了解观众的真实想法和背景。交谈过程中，参展单位工作人员最好先耐心地听观众讲对产品的需求以及特别的要求，千万不要在一开始就大谈自己的公司，要针对观众的需要介绍相应的内容。另外，适当地向观众展示产品实物以及讲解生产工艺等，都会对交谈产生积极推动的作用。在交谈结束以后，参展单位工作人员要记得和观众握手告别，并与观众交换名片（在初问好的时候也可以交换名片），千万不要因为交谈没有实质的结果而表示对观众的轻视。参展单位工作人员具体的注意事项如下：

第一，不要坐着。展览会期间坐在展位上，给人留下的印象是不想被人打扰。例如，在咨询台附近的人员最好是站立的而不是端坐的，当有观众表现出对企业有兴趣的时候，应主动地去询问观众是否有需要解答的地方。

第二，不要在展位上吃东西。在展位上吃东西会显得漠不关心，而且你吃东西时潜在顾客往往不会上前咨询。

第三，不要以貌取人。展览会上一定要注重仪表的是参展单位的工作人员，而顾客都会按自己的意愿尽量穿着随便些，如牛仔裤、运动衫、休闲裤，什么样的都有。因此，参展单位工作人员不要因为顾客穿着随意就低眼看人。

第四，不要聚群。与两个或更多参展伙伴或其他非潜在顾客一起谈论，那就是聚群。在参观者眼中，走近一群陌生人总令人心里发虚。参展单位应在展位上创造一个温馨、开放、吸引人的氛围。

第五，要满腔热情。表现得热情，就会变得热情，反之亦然。热情洋溢十分有感染力。参展单位工作人员要热情地宣传自己的企业和产品。在参观者看来，参展单位工作人员就代表着企业。参展单位工作人员的言行举止和神情都会对参观者认识企业产生极大的影响。

第六，要善用潜在顾客的名字。人们都喜欢别人喊自己的名字。努力记住潜在顾客的名字，在谈话中不时提到，会让其感到自己很重要。参展单位工作人员可以直接看着参观者胸前的名牌，大声念出他的名字来。

任务6　商务谈判礼仪

商务谈判是指人们为了协调彼此之间的商务关系，满足各自的商务需求，通过协商对话以争取达成某项商务交易的行为和过程。谈判已深入到社会生活的各个领域。例如，为了成交一笔买卖而进行的业务洽谈；为了达成互利、互助或合作经营的协议而进行的讨论磋商；为了解决某项争端或改善与某个外部组织的关系而进行的交涉、协商和调解；等等。这一切活动都可以称为谈判。商务谈判已经成为人类活动中一种最普遍的行为，因为在现代社会中每时每刻都发生着商务活动，而商务活动就是从商务谈判开始的，商务谈判的成败也往往就是商务活动的成败。

商务谈判礼仪，一方面可以规范自己的行为，表现出良好的素质修养；另一方面可以更好地向对方表达尊敬、友好和友善，增进双方的信任和友谊。商务谈判礼仪是商务谈判的重要组成部分，是每个参与谈判的谈判者必须遵守的规则。主持谈判时，主持方要做好接待和迎送工作，布置好谈判室及安排好谈判的座次。出席商务谈判的人员要做到仪容整洁，服饰规范，言谈举止文明得体。商务谈判人员应从自身的形象做起，在商务活动中给人留下良好的第一印象。

一、商务谈判的基本原则

在商务谈判过程中要想取得较好的谈判结果，就要遵循谈判活动的内在规律，商务谈判原则就是这些规律的体现。遵循谈判原则是谈判成功的基本保证。

商务谈判原则是指在谈判过程中，谈判双方必须遵守的思想和行为规则。商务谈判应当坚持平等自愿原则、真诚守信原则、知己知彼原则、维护利益与互惠互利原则、确定目标原则、灵活变通原则、时效性原则、依法办事原则。

（一）平等自愿原则

谈判是智慧的较量，谈判桌上，唯有确凿的事实、准确的数据、严密的逻辑和艺术的手段，才能将谈判引向自己所期望的胜利。平等自愿原则是谈判中必须遵循原则。平等自愿原则要求商务谈判的各方坚持在地位平等、自愿合作的条件下建立合作关系，并通过平等协商、公平交易来实现各方的权利和义务。

商务谈判的平等是指在商务谈判中，无论各方的经济实力强弱、组织规模大小，其地位都是平等的。因此，在谈判时无论企业规模大小、实力强弱、效益好坏，都没有高低贵贱之分，相互之间都要平等对待。平等是商务谈判的重要基础，平等是衡量商务谈判成功的最基本标准。就这一点而言，商务谈判比外交谈判具有更高的平等性。具体来看，在商务谈判中，各当事人对于交易项目及其交易条件都拥有同样的选择权。协议的达成只能通过各方的平等对话而协商一致，不能一方说了算或者少数服从多数。从合作项目的角度看，合作的各方都具有一定的“否决权”。这种“否决权”具有同质性，因为任何一方不同意合作，那么交易就无法达成。这种同质的“否决权”在客观上赋予了谈判各方相对平等的地位。

商务谈判中的自愿是指具有独立行为能力的交易各方出于自身利益目标的追求，能够按照自己的意愿来进行谈判，并做出决定，而非受到外界的压力或他人的驱使来参加谈判。任何一方都可以在任何时候退出或拒绝进行谈判。自愿是商务谈判各方进行合作的重要前提和保证。只有自愿，谈判各方才会有合作的诚意，才会进行平等的竞争与合作，才会互谅互让，做出某些让步，通过互惠互利最终达成协议，取得令各方满意的结果。

贯彻平等自愿原则，要求谈判各方相互尊重、礼敬对手。在谈判的整个进程中，谈判各方要排除一切干扰，始终如一地对自己的对手表现出不失真诚的敬意，任何一方都不能仗势欺人，以强欺弱，把自己的意志强加于人。只有坚持平等自愿原则，商务谈判才能在互相信任合作的气氛中顺利进行，才能达成互助互惠的谈判目标。

（二）真诚守信原则

真诚守信在商务谈判中的价值不可估量，它会使谈判方从劣势方变为优势方，使优势方更好地发挥作用。

谈判各方人员之间的相互信任感会决定谈判有一个好的发展方向，因为信任感在商务谈判中的作用是至关重要的。如果双方没有信任感，也就不可能有任何谈判，更不可能达成任何协议。只有出于真诚，双方才会认真对待谈判。对于谈判人员来说，真诚守信重于泰山。在谈判中，谈判各方应真诚相待，讲信用、讲信誉。谈判只有做到真诚守信，才能取得相互的理解、信赖与合作，即谈判各方坚持真诚守信的谈判原则，就在很大程度上奠定了谈判的基础。

在谈判中注重真诚守信，一是本方要站在对方的立场上，将其了解到的情况坦率相告，以满足其权威感和自我意识；二是把握时机，以适当的方式向对方袒露本方某些意图，消除对方的心理障碍，化解疑惑，为谈判打下坚实的信任基础。但这并非原原本本地把企业的谈判意图和谈判方案告诉对方。真诚守信原则也并不反对谈判中的策略运用，而是要求企业在基本的出发点上要诚挚可信、讲究信誉、言必行、行必果，要在人格上取得对方的信赖。真诚守信原则还要求在谈判时，观察对手的谈判诚意和信用程度，以避免不必要的损失。

（三）知己知彼原则

“知己”就是要对自己的优势与劣势非常清楚，知道自己需要准备的资料、数据和要达到的目的以及退路在哪里。“知彼”就是通过各种方法了解谈判对手的礼仪习惯、谈判风格和谈判经历，不要触碰对方的禁忌。

在谈判准备过程中，谈判者要在对自身情况进行全面分析的同时，设法全面了解谈判对手的情况。收集信息需要做到以下几点：

1.“知己”

“知己”即首先了解自己，了解本企业产品及经营状况。看清自己的实际水平与所处的市场地位，对于谈判地位确立及决策制定十分重要。只有对自家产品的规格、性能、质量、用途、销售状况、竞争状况、供需状况等熟悉，才能更全面地分析自己的优势、劣势，评估自己的力量，从而认定自我需要，满怀信心地坐在谈判桌前。

然而仅仅了解本企业是不够的，代表企业出席谈判的谈判人员作为直接参与谈判交锋的当事人，其谈判技巧、个人素质、情绪及对事物的谈判分析应变能力直接影响谈判结果。因此，谈判者需要对自己进行了解，如“遇到何事易生气”等影响谈判的个人情绪因素，使自己在谈判中避免因此而影响谈判效果。同时，谈判者也可以事先对谈判场景进行演练，针对可能发生的冲突做好准备，锻炼应变能力，以免一旦冲突发生，措手不及，难以控制局面。

2.“知彼”

“知彼”即对谈判对手调查分析，越了解对方，越能掌握谈判的主动权。在谈判前，当对手选定了，应针对谈判的企业，进行企业类型、结构、投资规格等一系列基础性调查，分析对方市场地位，明确其谈判目标，即了解对方为什么谈判、是否存在什么经营困难等会对谈判主动权产生影响的因素，将其优势、劣势细细分析，使己方在谈判中占主动地位。与此同时，也不能忽视对该企业的资信调查，确定其是否具有经营许可等能力，降低信用风险。

“知彼”与“知己”同样，也应通过各种途径去详细摸清对方谈判代表的一切情况。也许要谈判的人是和己方以前合作过的，即使有过不愉快，也应该开诚布公地强调会积极避免类似事情再发生。如果对方是新客户，就更应从其个人简历、兴趣爱好、谈判思维及权限等方面进行不带任何个人色彩的了解，做到心中有数。

3.“知同行”

“知同行”，顾名思义就是关注行业内其他企业的产品及经营状况。随着经济的发展，企业面临着国内外同行业企业的激烈竞争。也许当己方正与谈判对手讨价还价之时，被忽视的“第三者”已准备坐收渔翁之利了。因此，必须以主动的姿态对整个市场该行业的经营状况及形势展开调查，了解“同行”主要商品类型、性能、质量等信息，包括资信、市场情况及决策方式等，对比优势及差距，便于己方谈判时扬长避短，有利于己方的谈判战略。

（四）维护利益与互利互惠原则

谈判是为了追求利益，让己方利益最大化的同时，也要让对方获利，实现双赢。

在谈判过程中，应以维护利益为前提。每个谈判者都明白在谈判中所做的一切都是要维护己方的利益。同时，要避免只站在己方的立场上去解决问题。虽然坚持立场的出发点是为了维护利益，但实际结果确并非如此。甚至往往会导致相反的结果。这是因为片面地坚持己方立场，无法达成一个明智、有效而又友好的协议。为捍卫立场所磋商的谈判协议，最常见的就是谈判的一方或双方不顾对方的客观情况，不考虑对方利益，一味地强调己方的得失，寸金必得。一方有时争取到近期利益，却损害了长远利益。要想使己方利益得到长远地、彻底地维护就要消除双方的敌意，寻找双方利益的共同点，这样达成的协议才会使双方的利益持续不断地增长。

在商务交往中，谈判一直被视为一种合作或作为合作而进行的准备。因此，商务谈判最圆满的结局，应当是谈判的所有参与者各取所需，各偿所愿，同时也都照顾到其他各方的实际利益，是一种多赢的局面。互利原则要求商务谈判双方在适应对方需要的情况下，互通有无，使双方都能有所得；在考虑己方利益的同时，要照顾双方利益，使交易谈判结果实现等价交换、互惠互利。同时，坚持平等原则也要求交易双方在经济利益上互利互惠。当然，互利互惠不等于利益均分，谈判双方可能一方获得利益多一些，另一方获得利益少一些，这主要取决于双方各自拥有的实力和谈判技巧等因素。

（五）确定目标原则

谈判正式开始之前，必须确定谈判目标。因为整个谈判活动都要围绕谈判目标进行。谈判目标设定好之后，谈判人员便明确了谈判任务。激励谈判人员要努力实现这一目标，才有可能带来对己方有利的谈判结果。在设定谈判目标时，注意目标应有弹性，即我们通常所说的要制定多层次目标，有理想目标、可接受目标、最低目标。谈判前制定的目标不是盲目的，而是在分析了对方情况、考虑了对方合理的利益基础上做出的，不是单方面的意愿。只有这样，谈判才能顺利进行下去，双方才有可能获得满意的结果。

谈判目标是对谈判所要达到结果的设定，是指导谈判的核心。分析企业的内部条件和外部环境，根据企业的经营目标提出明确的谈判目标。例如，商品贸易谈判的谈判目标应该包括品质目标、数量目标、价格目标、支付方式目标、保证期目标、交货期目标、商品检验目标等。谈判目标是一种体系，包括最低目标（基本目标）、可接受的目标（争取目标）、最高目标（期望目标）。按谈判目标的重要性，确定谈判双方各自的目标的优先顺序。在谈判前，谈判方应经过充分的准备，客观地分析自己的优势和劣势，进而寻找办法弥补己方的不足，为谈判的顺利进行创造时间、人员、环境等方面的有利条件，由此推动谈判的成功。此外，商务谈判准备还可以设法建立或改变对方的期望，通过“信号”和谈判前的接触，建立对方某种先入为主的印象，使之产生某种心理适应，从而减轻谈判的难度，为实现“双赢”谈判奠定良好的基础。

（六）灵活变通原则

灵活变通原则是指谈判者在把握己方最低利益目标的基础上，为了使谈判协议得以签署而运用多种途径、多种方法、多种方式灵活地加以处理。

商务谈判具有很强的随机性，因为它受到多种因素的制约，其变数很多，所以只有在谈判中随机应变、灵活应对、加以变通，才能提高谈判成功的概率。这就要求谈判者具有全局眼光和长远眼光以及敏捷的思维，能灵活地进行运筹，善于针对谈判内容的轻重、对象的层次、事先决定的“兵力”部署和方案设计，而随时做出必要的改变，以适应谈判场上的变化。谈判者在维护己方利益的前提下，只要有利于双方达成协议，没有什么不能放弃的，也没有什么不可更改的。在谈判中，往往是在利益冲突之中体现着共同利益。例如，产品的交易谈判，双方的利益冲突是卖方要抬高价格，买方要降低价格；卖方要延长交货期，买方要缩短交货期。但双方的共同利益却是双方都有要成交的强烈愿望，双方都有长期合作的打算，也可能是双方对产品的质量、性能都很满意。由此可见，双方共同利益还是存在的。因此，谈判人员可以采取一定方法灵活地调和双方的利益分歧，使不同的利益变为共同的利益。这样一来谈判的前景就会胜利在望。

（七）时效性原则

商务谈判要讲时效性原则，在一定的时间内实现最高的谈判价值，是商务谈判所追求的。守时、高效，只有这样才能带来更大的利润价值和需求满足，从而使谈判顺利化、有效化。

时效性原则就是要保证商务谈判的效率和效益的统一，商务谈判要在高效中进行，要提高谈判效率、降低谈判成本，决不能进行马拉松式的谈判，否则对谈判双方都会造成很大困扰。特别是在当代社会，科学技术发展日新月异，产品寿命同期日益缩短，这更要求商务谈判应具有较高的效率。很多企业的做法是企业开发的新产品还没有上市时，就开始进行广泛的供需洽谈，以利于尽早地打开市场，赢得更多客户，以取得较好的经济效益。

商务谈判应注意降低谈判成本和加快谈判进程，这有利于谈判效率的提高。另外，选择适宜的谈判方式也有助于降低谈判成本。例如，能采用电子商务谈判方式的，就不必远赴他乡进行面对面的口头谈判。

（八）依法办事原则

经济活动的宗旨是合法盈利，因此任何谈判都是在一定的法律约束下进行的，商务谈判必须遵循依法办事原则。依法办事原则是指谈判及合同的签订必须遵守相关的法律法规，对于国际谈判，应当遵守国际法及尊重谈判对方所在国家的有关规定。所谓依法办事，主要体现在四个方面：谈判主体必须合法、交易项目必须合法、谈判过程中的行为必须合法、签订的合同必须合法。

谈判主体合法是谈判的前提条件。无论是谈判的行为主体还是谈判的关系主体，都必须具备谈判的资格，否则就是无效的谈判。

交易项目合法是谈判的基础。如果谈判各方从事的是非法交易，那么他们为此举行的谈判不仅不是合法的谈判，而且其交易项目应该受到法律的禁止，交易者还要受到法律的制裁，如买卖毒品、贩卖人口、走私货物等，其谈判肯定是违法的。

谈判行为合法是谈判顺利进行并且取得成功的保证。谈判要通过正当的手段达到目标，而不能通过一些不正当的手段谋取私利，如行贿受贿、暴力威胁等。

只有在谈判中遵循合法原则，谈判及签订的合同或协议才具有法律效力，谈判当事人的权益才能受到保护，实现其预期的目标。

二、商务谈判的准备工作

（一）谈判人员的准备

我们知道，商务谈判是由谈判人员完成的，谈判人员的素质、谈判班子的组成情况对谈判的结果有直接的影响，决定着谈判的效益与成败。因此，选好谈判人员和组织好谈判班子是谈判准备工作的首要内容。

商务谈判是一项涉及多方面知识的人际交往工作，是一种智慧和能力的较量，只有具备较高素质的人才能胜任。一个优秀的谈判人员应具备以下素质：

1. 良好的职业道德

这是谈判人员必须具备的首要条件，也是谈判成功的必要条件。谈判人员是作为特定组织的代表出现在谈判桌上的，商务谈判人员不仅代表组织个体的经济利益，而且在某种意义上还肩负着维护国家利益的义务和责任。因此，谈判人员必须遵纪守法、廉洁奉公，忠于国家、组织和职责，要有强烈的事业心、进取心和责任感。

2. 健全的心理素质

谈判是各方之间精力和智力的较量，较量的环境在不断变化，对手的行为也在不断变化，要在较量中达到特定目标，谈判人员就必须具有健全的心理素质。健全的心理素质是谈判者素质的重要内容之一，表现为谈判者应具备坚忍顽强的意志力、高度的自制力和良好的协调能力等。

（1）坚忍顽强的意志力。许多重大艰辛的谈判，就像马拉松运动一样，考验着参与者。谈判者之间的持久交锋，不仅是一种智力、技能和实力的比试，更是一场意志、耐心和毅力的较量。只有具有坚忍顽强意志力的谈判者，才能在较量中获得最后胜利。

（2）高度的自制力。自制力是谈判者在谈判环境发生巨大变化适时克服心理障碍的能力。由于谈判始终是利益的对决，谈判双方在心理上处于对立，故而僵持、争执的局面不可避免，这会引起谈判者的情绪得波动。如果谈判者出现明显的情绪变化，如发怒、沮丧等，可能会产生疏忽，给对手以可乘之机。因此，一个优秀的谈判人员，无论在谈判的高潮阶段还是低潮阶段，都能心静如水，特别是当胜利在望或陷入僵局时，都能够控制自己的情感。喜形于色或愤愤不平，不仅有失风度，而且会让对方抓住弱点与疏漏，给对方造成可乘之机。

（3）良好的协调能力。协调能力要求谈判者善于与他人和睦相处，有良好的人际关系。在谈判中，谈判人员的协调能力是非常重要的。一个好的谈判者，既能尊重他人，虚心听取一切有利于谈判进行和谈判目标实现的合理意见，又要善于解决矛盾冲突，善于沟通和调动他人，使谈判人员为实现谈判目标密切合作，统一行动。

3. 合理的学识结构

商务谈判过程是测验谈判者知识、智慧、勇气、耐力的过程，更是谈判双方才能较量的过程。因此，商务谈判的参加者必须要有合理的学识结构。商务谈判人员，既要知识面宽，又要在某些领域有较深的造诣。也就是说，不仅在横向方面有广博的知识，而且在纵向方面也要有较深的专门学问，两者构成一个“T”形的知识结构。

（1）谈判人员的横向知识结构。从横向方面来说，商务谈判人员应当具备的知识包括：我国有关经济贸易的方针政策及我国政府颁布的有关法律和法规；某种商品在国际、国内的生产状况和市场供求关系；某种商品价格水平及其变化趋势的信息；产品的技术要求和质量标准；有关国际贸易和国际惯例知识；国外有关法律知识，包括贸易法、技术转让法、外汇管理法及有关国家税法方面的知识；各国、各民族的风土人情和风俗习惯；可能涉及的各种业务知识、金融知识、市场营销知识；等等。

（2）谈判人员的纵向知识结构。从纵向方面来说，作为商务谈判的参与者，应当掌握的知识包括：丰富的专业知识，即熟悉产品的生产过程、性能及技术特点；熟知某种（类）商品的市场潜力或发展前景；具有丰富的谈判经验及处理突发事件的能力；懂得谈判的心理学和行为科学；了解谈判对手的性格特点；等等。

上述的“T”形知识结构，构成了一个称职的商务谈判人员的必备条件，也是一名合格的谈判人员应具备的最起码的个体素质要求。否则，将无法应付复杂的谈判局面，承担谈判任务，更谈不上维护本企业和国家的利益。一名称职的商务谈判人员，在力争将自己培养成全才的同时，还应当精通某个专业或领域。否则的话，对相关产品的专业知识知之甚少，就会导致在谈判技术条款时非常被动，提不出关键意见，这无疑将削弱本方的谈判实力。一名商务谈判人员应该是“全能型专家”，所谓“全能”，即通晓技术、商务、法律和语言，涵盖上述纵横各方面的知识；所谓“专家”，即指能够专长于某一个专业或领域的人。

总之，扩大知识视野，深化专业知识，猎取有助于谈判成功的广博而丰富的知识，能使在谈判的具体操作中，左右逢源，运用自如，最终取得谈判的成功。

4. 谈判人员的能力素养

谈判者的能力是指谈判人员驾驭商务谈判这个复杂多变的“竞技场”的能力，是谈判者在谈判桌上充分发挥作用所应具备的主观条件。谈判人员的能力素养主要包括以下内容：

（1）认知能力。善于思考是一个优秀的谈判人员所应具备的基本素质。谈判的准备阶段和洽谈阶段充满了多种多样、始料未及的问题和假象。谈判者为了达到自己的目的，往往以各种手段掩饰真实意图，其传达的信息真真假假、虚虚实实。优秀的谈判者能够通过观察、思考、判断、分析和综合的过程，从对方的言行和行为迹象中判断真伪，了解对方的真实意图。

（2）运筹、计划能力。谈判的进度如何把握；谈判在什么时候、什么情况下可以由准备阶段进入接触阶段、实质阶段，进而到达协议阶段；在谈判的不同阶段将使用怎样的策略；等等。这些都需要谈判人员发挥其运筹、计划的能力，当然这种运筹和计划离不开对谈判对手背景以及需要可能采取的策略的调查和预测。

（3）语言表达能力。谈判是人类利用语言工具进行交往的一种活动。一个优秀的谈判者，应像语言大师那样精通语言，通过语言的感染力强化谈判的效果。谈判中的语言包括口头语言和书面语言两类。无论是哪类语言，都要求准确无误地表达自己的思想和感情，使对手能够正确领悟表达者意思，这点是最基本的要求。此外，还要突出谈判语言的艺术性。谈判中的语言不仅应当准确、严密，而且应生动形象、富有感染力。巧妙地用语言表达自己的意图，本身就是一门艺术。

（4）应变能力。谈判中发生突发事件和产生隔阂是难以避免的，任何细致的谈判准备都不可能预料到谈判中可能发生的所有情况。千变万化的谈判形势要求谈判人员必须具备沉着、机智、灵活的应变能力，要有冷静的头脑、正确的分析、迅速的决断，善于将灵活性与原则性结合起来，灵活地处理各种矛盾，以控制谈判的局势。应变能力主要包括处理意外事故的能力、化解谈判僵局的能力等。

（5）交际能力。商务谈判是一项谈判过程，更是一项交际过程。真正的交际能力是与人沟通感情的能力，绝不是花言巧语的伎俩。

（6）创造性思维能力。创造性思维是以创新为唯一目的，并能产生创见的思维活动。创造性思维能力反映了人们解决问题的灵活性与创新性。谈判人员要具备丰富的创造性思维能力，用于开拓创新，拓展商务谈判的新思维、新模式和新方法。创造性思维能力可以提高谈判的效率。

（二）明确谈判的地点和时间

1. 谈判地点

谈判总是要在某一个具体的地点展开。商务谈判地点的选择往往涉及一个谈判环境心理因素的问题，它对于谈判效果具有一定的影响，谈判者应当很好地加以利用。有利的地点、场所能够提升和增强己方的谈判地位和谈判力量。

商务谈判的地点选择与足球比赛的赛场安排有相似之处，一般有四种选择：一是在己方国家或公司所在地谈判；二是在对方所在的国家或公司所在地谈判；三是在双方所在地交叉谈判；四是在谈判双方之外的国家或地点谈判。不同的地点对于谈判者来说，均各有其优点和缺点，谈判者要根据不同的谈判内容具体问题具体分析，正确地加以选择，充分发挥谈判地点的优势，促使谈判取得圆满成功。

（1）在己方地点谈判。谈判的地点最好选择在己方所在地，因为人类与其他动物一样，是一种具有“领域感”的高级动物。谈判者才能的发挥程度、能量的释放和自己所处的环境密切相关。在己方地点谈判的优势表现在：谈判者在自己的领地谈判，地点熟悉，具有安全感，心理态势较好，信心十足；谈判者不需要耗费精力去适应新的地理环境、社会环境和人文环境，可以把精力集中地用于谈判；可以利用种种便利条件，控制谈判气氛，促使谈判向有利于己方的方向发展；可以利用现场展示的方法向对方说明己方产品水平和服务质量；在谈判中“台上”人员与“台下”人员的沟通联系比较方便，可以随时向高层领导和有关专家请示、请教，获取所需资料和指示；

利用东道主的身份，可以通过安排谈判之余的各种活动来掌握谈判进程，从文化习惯上、心理上对对方产生潜移默化的影响，处理各类谈判事务比较主动；谈判人员免除旅途疲劳，能够以饱满的精神和充沛的体力去参加谈判，并可以节省去外地谈判的差旅费用和旅途时间，降低谈判支出，提高经济效益。在己方地点谈判的劣势表现在：在己方公司所在地谈判，不易与公司工作彻底脱钩，经常会有公司事务分散谈判人员的注意力；离高层领导近，联系方便反而会产生依赖心理，一些问题不能自主决断，而频繁地请示领导也会造成失误和被动；己方作为东道主主要负责安排谈判会场以及谈判中的各项事宜，要负责对方人员的接待工作，安排宴请、游览等活动，己方负担比较重。

商务谈判最好争取安排在己方所在地点谈判。犹如体育比赛一样，在主场获胜的可能性大。有经验的谈判者，都设法把对方请到己方地点，热情款待，使己方得到更多的利益。

（2）在对方地点谈判。在对方地点谈判，对己方的有利因素表现在：己方谈判人员远离家乡，可以全身心投入谈判，避免主场谈判时来自工作单位和家庭事务等方面的干扰；在高层领导规定的范围，更有利于发挥谈判人员的主观能动性，减少谈判人员的依赖性；可以实地考察一下对方公司及其产品的具体情况，能获取直接的、第一手的信息资料；当谈判处于困境或准备不足时，可以方便地找到借口（如资料欠缺、身体不适、授权有限需要请示等），从而拖延时间，以便做出更充分的准备；己方省去了作为东道主所必须承担的招待宾客、布置场所、安排活动等事务的繁杂工作。在对方地点谈判，对己方的不利因素表现在：与公司本部的距离遥远，某些信息的传递以及资料的获取比较困难，某些重要问题也不易及时与本公司磋商；谈判人员对当地环境、气候、风俗、饮食等方面会出现不适应，再加上旅途劳累、时差不适应等因素，会使谈判人员身体状况受到影响；在谈判场所的安排、谈判日程的安排等方面处于被动的地位；己方也要防止对方过多安排旅游景点等活动而消磨谈判人员的精力和时间。因此，到对方地点去谈判必须做好充分的准备，比如摸清领导的意图要求，明确谈判目标，准备充足的信息资料，组织好谈判班子等。

（3）在双方所在地交叉轮流谈判。有些多轮、大型谈判可在双方所在地交叉谈判。这种谈判的好处是对双方来说至少在形式上是公平的，同时也可以各自考察对方的实际情况。各自都担当东道主和客人的角色，对增进双方相互了解、融洽感情是有好处的。这种谈判的缺点是这种谈判时间长、费用大、精力耗费大，如果不是大型的谈判或是必须采用这种方法谈判，一般应少用。

（4）在第三地谈判。在第三地谈判对双方的有利因素表现在：在双方所在地之外的地点谈判，对双方来讲是平等的，不存在偏向，双方均无东道主优势，也无作客他乡的劣势；双方策略运用的条件相当，可以缓和双方的紧张关系，促成双方寻找共同的利益均衡点。在第三地谈判对双方的不利因素表现在：双方首先要为谈判地点的确定而谈判，而且地点的确定要使双方都满意也不是件容易的事，在这方面要花费不少时间和精力。第三地点谈判通常被相互关系不融洽、信任程度不高，尤其是过去是敌对、仇视、关系紧张的双方的谈判所选用，可以有效地维护双方的尊严。

2. 谈判时间

谈判总是在一定的时间内进行的，这里所讲的谈判时间是指一场谈判从正式开始到签订合同时所花费的时间。在一场谈判中，时间有三个关键变数：开局时间、间隔时间和截止时间。

（1）开局时间。开局时间，即选择什么时候来进行这场谈判。开局时间选择的得当与否，有时会对谈判结果产生很大影响。例如，如果一个谈判小组在长途跋涉、喘息未定之时，马上便投入到紧张的谈判中去，就很容易因为舟车劳顿而导致精神难以集中，记忆和思维能力下降而误入对方圈套。因此，我们应对选择开局时间给予足够的重视。一般说来，在选择开局时间时，要考虑以下几个方面的因素：

①准备的充分程度。俗话说："不打无准备之仗。"在安排谈判开局时间时也要注意给谈判人员留有充分的准备时间，以免到时仓促上阵。

②谈判人员的身体和情绪状况。谈判是一项精神高度集中，体力和脑力消耗都比较大的工作，要尽量避免谈判人员身体不适、情绪不佳时进行谈判。

③谈判的紧迫程度。尽量不要在己方急于买进或卖出某种商品时才进行谈判，如果避免不了，应采取适当的方法隐蔽这种紧迫性。

④考虑谈判对手的情况。不要把谈判安排在让对方明显不利的时间进行，因为这样会招致对方的反对，引起对方的反感。

（2）间隔时间。一般情况下，一场谈判极少是一次磋商就能完成的，大多数的谈判都要经历过数次，甚至数十次的磋商洽谈才能达成协议。这样在经过多次磋商没有结果，但双方又都不想中止谈判的时候，一般都会安排一段暂停时间，让双方谈判人员暂时休息，这就是谈判的间隔时间。

谈判间隔时间的安排，往往会对舒缓紧张气氛、打破僵局具有很明显的作用。常常有这样的情况：在谈判双方出现了互不相让、紧张对峙的时候，双方宣布暂停谈判两天，由东道主安排旅游和娱乐节目，在友好、轻松的气氛中，双方的态度和主张都会有所改变，结果在重新开始谈判以后，就容易互相让步，达成协议了。

当然，也有这样的情况：谈判的某一方经过慎重的审时度势，利用对方要达成协议的迫切愿望，有意拖延间隔时间，迫使对方主动做出让步。可见，间隔时间是时间因素在谈判中又一个关键变数。

（3）截止时间。截止时间也就是一场谈判的最后限期。一般来说，每一场谈判总不可能没完没了地进行下去，总有一个结束谈判的具体时间。而谈判的结果却又往往是在结束谈判的前一点点时间里才能出现。因此，如何把握截止时间去获取谈判的成功，是谈判中一种绝妙的艺术。

截止时间是谈判的一个重要因素，往往决定着谈判的战略。首先，谈判时间的长短往往迫使谈判者决定选择克制性策略还是速决胜策略。同时，截止时间还构成对谈判者本身的压力。由于必须在一个规定的期限内做出决定，这将给谈判者本身带来一定的压力。谈判中处于劣势的一方，往往在限期到来之前，对达成协议承担着较大的压力。该方往往必须在限期到来之前，在做出让步、达成协议、中止谈判或交易不成之间做出选择。一般说来，大多数的谈判者总是想达成协议的，因此他们唯有做出让步。

（三）确定谈判的议程和进度

谈判的议程是指有关谈判事项的程序安排。谈判的议程是对有关谈判的议题和工作计划的预先编制。谈判的进度是指对每一事项在谈判中应占时间的把握，目的在于促使谈判在预定的时间内完成。

1. 议题

凡是与本次谈判有关的，需要双方展开讨论的问题，都可以成为谈判的议题。我们应将与本次谈判有关的问题罗列出来，然后再根据实际情况，确定应重点解决哪些问题。

2. 顺序

安排谈判问题先后顺序的方法是多种多样的，应根据具体情况来选择采用哪一种程序：其一，可以首先安排讨论一般原则问题，达成协议后，再具体讨论细节问题；其二，也可以不分重大原则问题和次要问题，先把双方可能达成协议的问题或条件提出来讨论，然后再讨论会有分歧的问题。

3. 进度

至于每个问题安排多少时间来讨论才合适，应视问题的重要性、复杂程度和双方分歧的大小来确定。一般来说，对重要的问题、较复杂的问题、双方意见分歧较大的问题的谈判占用的时间应该多一些，以便让双方能有充分的时间对这些问题展开讨论。

在谈判的准备阶段中，己方应率先拟定谈判议程，并争取对方同意。在谈判实践中，一般以东道主为先，经协商后确定谈判议程，或双方共同商议谈判议程。谈判者应尽量争取谈判议程的拟定，这样对己方来讲是很有利的。谈判议程的拟定大有学问：首先，议程安排要根据己方的具体情况，在程序上能扬长避短，即在谈判的程序安排上，保证己方的优势能得到充分的发挥。其次，议程的安排和布局要为己方出其不意地运用谈判手段埋下契机。一个经验丰富的谈判者是绝不会放过利用拟定谈判议程的机会来运筹谋略的。最后，谈判议程的内容要能够体现己方谈判的总体方案，统筹兼顾，还要能够引导或控制谈判的速度以及己方让步的限度和步骤等。

谈判议程的安排与谈判策略、谈判技巧的运用有着密切的联系，从某种意义上来讲，安排谈判议程本身就是一种谈判技巧。因此，我们要认真检查议程的安排是否公平合理，如果发现不当之处，就应该提出异议，要求修改。

【拓展阅读】

模拟谈判的方法

一、全景模拟法

全景模拟法是指在想象谈判全过程的前提下，企业有关人员扮成不同的角色所进行的实战性排练。这是最复杂、耗资最大，但也往往是最有效的模拟谈判方法。这种方法一般适用于大型的、复杂的、关系到企业重大利益的谈判。在采用全景模拟法时，应注意以下两点：

（1）合理地想象谈判全过程。这要求谈判人员按照假设的谈判顺序展开充分的想象，不只是想象事情发生的结果，更重要的是想象事物发展的全过程，想象在谈判中双方可能发生的一切情形。依照想象的情况和条件，演绎双方交锋时可能出现的一切局面，如谈判的气氛、对方可能提出的问题、我方的答复、双方的策略和技巧等问题。合理的想象有助于谈判的准备更充分、更准确。因此，这是全景模拟法的基础。

（2）尽可能地扮演谈判中所有会出现的人物。这有两层含义：一方面，对谈判中可能会出现的人物都有所考虑，要指派合适的人员对这些人物的行为和作用加以模仿；另一方面，主谈人员（或其他在谈判中准备起重要作用的人员）应扮演一下谈判中的每一个角色，包括自己本身、己方的顾问、对手及其顾问。这种对人物行为、决策、思考方法的模仿，能使我方对谈判中可能会遇到的问题、人物有所预见；同时，处在别人的角度上进行思考，有助于我方制定更完善的策略。

二、讨论会模拟法

这种方法类似于“头脑风暴法”。讨论会模拟法分为两步：第一步，企业组织参加谈判人员和一些其他相关人员召开讨论会，请他们根据自己的经验，对企业在本次谈判中谋求的利益、对方的基本目标、对方可能采取的策略、我方的对策等问题畅所欲言。不管这些观点、见解如何标新立异，都不会有人指责，有关人员只是忠实地记录，再把会议情况上报领导，作为决策参考。第二步，请人针对谈判中种种可能发生的情况，以及对方可能提出问题等提出疑问，由谈判组成员一一加以解答。

讨论会模拟法特别欢迎反对意见。这些意见有助于己方重新审核拟订的方案，从多种角度和多重标准来评价方案的科学性和可行性，并不断完善准备的内容，以提高成功的概率。国外的模拟谈判对反对意见加倍重视，然而这个问题在我国企业中长期没有得到应有的重视。讨论会往往变成“一言堂”，领导往往难以容忍反对意见。这种讨论不是为了使谈判方案更加完善，而是成了表示赞成的一种仪式。这就大大地违背了讨论会模拟法的初衷。

三、列表模拟法

列表模拟法是最简单的模拟方法，一般适用于小型的、常规性的谈判。列表模拟法的具体操作过程是这样的：通过对应表格的形式，在表格的一方列出我方经济、科技、人员、策略等方面的优缺点和对方的目标及策略；在表格的另一方则相应地罗列出我方针对这些问题在谈判中所应采取的措施。这种模拟方法的最大缺陷在于其实际上还是谈判人员的一种主观产物，只是尽可能地搜寻问题并列出对策。对于这些问题是否真的会在谈判中发生、这一对策是否能起到预期的作用，由于没有通过实践的检验，因此不能百分之百地讲这一对策是完全可行的。

三、商务谈判中的礼仪

（一）主、客座谈判的礼仪

主场谈判、客场谈判在礼仪上习惯称为主座谈判和客座谈判。主座谈判因在我方所在地进行，为确保谈判顺利进行，我方（主方）通常需做一系列准备和接待工作；

客座谈判因到对方所在地谈判，我方（客方）则需入乡随俗，入境问禁。主座谈判时，东道主一方出面安排谈判各项事宜时，一定要在迎送、款待、场地布置、座次安排等各方面精心、周密地准备。在商务谈判过程中，自始至终都贯穿一定的礼仪规范，每一个细节都不能忽略。

1. 主座谈判的礼仪

（1）主座谈判的接待准备。主座谈判时，东道主一方出面安排各项谈判事宜时，一定要在迎送、款待、场地布置、座次安排等各方面精心、周密地准备，尽量做到主随客便、主应客求，以获得客方的理解、信赖和尊重。

①成立接待小组。接待小组成员由后勤保障（食宿方面）、交通、通信、医疗等各环节的负责人员组成，涉外谈判还应配有翻译。

②了解客方基本情况，收集有关信息。主方可向客方索要谈判代表团成员的名单，了解其性别、职务、级别及一行人数，作为食宿安排的依据。主方应掌握客方抵达和离开的具体时间、地点、交通方式，以便安排迎送的车辆和人员及预订、预购返程车船票或飞机票。

③拟订接待方案。主方应根据客方的意图、情况和主方的实际，拟订出接待计划和日程安排表。日程安排还要注意时间上紧凑，日程安排表拟出后，可传真给客方征询意见，待客方无异议确定以后，即可打印。如果是涉外谈判，则要将日程安排表译成客方文字，日程安排表可在客方抵达后交由客方副领队分发，亦可将其放在客方成员住房的桌上。

主座谈判时，东道主可根据实际情况举行接风、送行、庆祝签约的宴会或招待会，客方谈判代表在谈判期间的费用通常都是由其自理的。

（2）主座谈判迎送工作。主方人员应准确掌握谈判日程安排的时间，先于客方到达谈判地点。当客方人员到达时，主方人员在大楼门口迎候，亦可指定专人在大楼门口接引客人，主方人员只在谈判室门口迎候。

如主方应主动到机场、车站、码头迎接，应在客方到达前15分钟赶到。对于客方身份特殊或尊贵的领导，还可以安排献花。迎接的客人较多的时候，主方迎接人员可以按身份职位的高低顺序列队迎接，双方人员互相握手致意，问候寒暄。如果主方主要领导陪同乘车，应该请客方主要领导坐在其右侧。最好客人从右侧门上车，主人从左侧门上车，避免从客人座前穿过。

2. 客座谈判的礼仪

所谓客座谈判，指的是在谈判对象单位所在地所举行的谈判。一般来说，这种谈判显然会使谈判对象占尽地主之利。所谓“入乡随俗、客随主便”，对一些非原则性问题，客方应采取宽容的态度，以保证谈判的顺利进行。要明确告诉主方自己代表团的来意、成员人数、成员组成、抵达和离开的具体时间、航班车次、食宿标准等，以方便主方的接待安排。

谈判期间，对主方安排的各项活动要准时参加，通常应在约定时间的5分钟之前到达约定地点。到主方公司做公务拜访或有私人访问要先预约，对主方的接待，在适当的时间以适当的方式表示感谢。客座谈判有时也可视双方的情况，除谈判的日程外，自行安排食宿、交通、访问、游览等活动。

（二）谈判人员个人基本礼仪

1. 谈判者的仪表

仪表是谈判者形象的重要方面，主要是指人的形象外表，包括人的身材、发行、容貌和服饰等方面，不仅反映其个人的精神面貌和礼仪素养，同时还使人联想到一个人的处事风格。美好、整洁的仪表给人一种做事认真、有条理的感觉。因此，良好的仪表对谈判者的交际和工作起重要的作用。

谈判者的仪表反映了谈判者的精神面貌和礼仪素养，显示了谈判者在谈判中所充任的角色，对商务谈判的成功有着不容忽视的作用。仪表的修饰不仅体现谈判者自身的自尊、自爱，同时还体现出对谈判对方的尊重。

仪表是谈判者洽谈成功的通行证。在商务谈判中，谈判者的仪表对谈判是否成功有一定的影响，谈判者的仪表不但能够影响双方的相互间的形象和印象，影响谈判的节奏和谈判的效率，同时还能够影响周围人的态度和商务谈判的成败。商务谈判中，特别是初次谈判，最初印象的形成主要是通过谈判对象的外部因素和信息。

（1）仪表的修饰。谈判者仪表的修饰是指对人的仪表、仪容进行修整妆饰，以使其外部形象达到整洁、大方、美观的基本方法。修饰是形成谈判者个人良好形象的手段。适当的修饰可以使谈判者保持健康的身体和活力。修饰可以体现一个人的修养、气质和追求，从而对谈判者的心理与情绪产生较大的影响。通过适当的修饰，可以使人发现自身的美，从而增加信心。具体讲谈判者修饰主要有以下几方面：

①头发。应保持头发的清洁，头发上不能有头屑。发型要整齐，散乱的头发给人以精神萎靡不振的感觉。一般来讲，男士的头发不宜留得过长，以两边的头发不超过两耳为准，并且不宜留大鬓角。女士的头发没有长短的要求，只是刘海不要太低而遮住眉毛，因为眉毛既可以传情达意，又可以体现一个人的个性。

②面部。面部要注意保持清洁。男士要剃净胡须，女士应该化妆，化妆以示对他人的尊重，同时也可以增强自信心。

③口腔。一是除去口腔的食物残渣，最好的办法是饭后漱口刷牙；二是除去口腔异味，最好的办法是喝茶或嚼口香糖。

④手。保持双手的清洁，注意不留长指甲，并清除指甲内的污垢。如果戴有手套，手套也应保持清洁。

⑤脚。脚的修饰主要是指鞋的修饰，鞋要擦去灰尘，并保持皮鞋的光亮。

（2）女士化妆。女士要适当化妆，漂亮的化妆不仅让人赏心悦目，同时还能给自己一个好的心情。在化妆时选择浓淡适宜的妆是比较重要的。不同的场合，对化妆的浓淡要求也不一样。总体来讲，白天适宜化淡妆，晚上适宜化浓一点的妆。不同的人化妆也不一样，中年女性的妆应该浓一点，年轻女性的妆应该淡一点。与关系比较熟的客户进行谈判时，可以化淡妆，与初次打交道的人谈判可以适当化浓一点的妆。

（3）理妆。不论男女，为了使修饰好的整洁仪表得以保持，要注意及时理妆。

①女士的理妆。女士的理妆一般只限于加一点口红以及补一点粉而已。如果只为

了加一点口红而把小镜子晃来晃去、嘴唇抿来抿去，就显得有些过分了。因此，女士的补妆不能不分时间和场合随意进行。一般来讲，在工作场合当着众人的面补妆是不适宜的，如果确有必要补妆，应到洗手间或是休息室去补妆。

②男士的理妆。男士的理妆范围也局限在两个方面：一是把歪掉的领带理正；二是把凌乱的头发抚平。男士理妆可以在洗手间及公共场所的镜子前理妆，切忌当众拿出小镜子或是小梳子理妆。

2. 谈判者的服饰

在商务活动中，能够理解并充分利用服饰的功能对于商务活动的有效及顺利进行是非常重要的。得体的着装不仅反映一个人的修养与气质，同时也表现了对他人的尊重。因此，每个商务谈判人员都应该注重着装礼仪。

（1）谈判者着装原则。

①合身。这一原则要求谈判者着装第一要符合自己的身材，第二要符合自己的年龄，第三要符合自己的职业身份。

②合意。这一原则要求谈判者的着装第一要使自己满意，第二要考虑到谈判对象的习惯和所在地的风俗，恰当地表现自己的个性。

③合时。这一原则要求谈判者的服饰要符合时代的特色、环境、场所和季节的要求。

（2）谈判者服装的选择。

①男士服装的选择。男士服装一直都处于比较稳定的状态，对男士服装的要求不高。一般来讲，男士的着装只要穿着得体就行。因此，男士在选择服装时既要注重款式和色彩，又要注重服装的质地和面料。西装是男性谈判者在正式场合着装的优先选择，也是男性谈判者必备的礼服。在选择西装时应注意以下几方面：

面料：质地要好，首选毛料。

色彩：应该选择庄重、正统的西装，以深色为佳。

图案：应选择无图案的。

款式：选择三件套（一衣、一裤、一马甲）。

造型：选择适合自己的款式。

尺寸：大小合身，宽松适度。

场合：正装适合正式场合，休闲装适合非正式场合。

②女士服装的选择。女士在商务谈判中以裙装为佳，西式套裙为首选。套裙应该成套穿着，要注意颜色少、款式新，不适宜穿着亮度过高的彩色裙装。套裙应选择那些质地滑润、平整、匀称、光洁、挺括的上乘面料，并且弹性好、不起褶皱，图案以简洁为最佳，可以选择格子、条纹和圆点等图案。

在商务活动中穿着旗袍，可以更好地体现东方女性特有的气质。旗袍的开衩不能过高，以膝上一至两寸为佳。女士的正装鞋是高跟或半高跟浅口皮鞋，袜子的颜色以肉色为佳，不能穿带图案和网眼的袜子，应注意袜口不能露出裙摆。

【小案例】

不适宜的着装

瑞士某财团副总裁率代表团来华考察合资办药厂的环境和商洽有关事宜，国内某国营药厂出面接待安排。第一天洽谈会，瑞方人员全部西装革履，穿着规范出席，而中方人员有的穿夹克衫布鞋，有的穿牛仔裤运动鞋，还有的干脆穿着毛衣外套。结果，当天的会谈草草结束后，瑞方连要考察的现场都没去，第二天找了个理由，匆匆地就打道回府了。

3. 谈判者的举止

举止是指人的动作和表情。举止是一种无声的语言，人们的举手投足间都传递着信息。因此，在商务谈判中，保持规范、得体的姿态是比较重要的。这就要求谈判者具有良好的坐姿、站姿和走姿。

（1）正确的站姿。站姿是人体的静态造型动作，是其他人体动态造型的基础和起点。在出席各种商务场合时，谈判者的站姿会首先引起别人的注意，优美挺拔的站姿能显示出个人的自信、气质和风度，给他人留下美好的印象。正确站姿的要点是挺拔、直立。正确站姿的具体要求是头正，双目平视，嘴唇微闭，下颌微收，双肩放松、稍向下沉，身体有向上的感觉，呼吸自然，躯干挺直，收腹、挺胸、立腰，双臂自然下垂于两侧，手指并拢并自然弯曲，双腿并拢立直，膝、两脚跟靠紧，脚尖分开呈 45 度，身体重心放在两脚中间。男性的双腿可以分开，但两脚之间的距离最多与肩齐宽。正确的站姿会给人挺拔、大方、精力充沛的感觉。站立要避免身体东倒西歪、重心不稳；双腿交叉站立、随意抖动或晃动、双脚叉开过大或随意乱动；倚墙靠壁、耸肩；双手叉在腰间或环抱在胸前，盛气凌人。

（2）正确的坐姿。端庄典雅的坐姿可以展现商务谈判人员的气质和良好的教养。商务谈判人员入座时要轻而稳，走到座位前，转身后轻轻地坐下，双肩平正放松，两臂自然弯曲放在腿上，亦可放在椅子上或是沙发扶手上，以自然得体为宜。女士双膝并拢，男士两膝间可分开一定的距离，但不要超过肩宽。入座后，应至少坐满椅子的 2/3，谈话时应根据交谈者方位，上身可以略倾向对方，但上身仍保持挺直。女子入座时，若是裙装，应用手将裙子稍稍拢一下，再慢慢坐下，避免坐下后再拽拉衣裙。正式场合一般从椅子的左边入座，离座时也要从椅子左边离开。各种坐姿的要求如下：

①正坐：两腿并拢，上身坐正，小腿应与地面垂直。女士应双手叠放，置于腿上；男士应将双手放在膝上，双腿微分，两膝之间的距离保持在一拳到一拳半之间。

②侧坐：首先坐正，男士小腿与地面垂直，上身倾斜，向左或向右，左肘或右肘支撑在扶手上；女士应双膝靠紧，上身挺直，两脚脚尖同时向左或向右，双手叠放在左腿或者右腿上。

③交叉式坐姿：两腿向前伸，一腿置于另一腿上，在踝关节处交叉成前交叉坐式；也可以小腿后屈，前脚掌着地，在踝关节处交叉成后交叉式。

（3）正确的走姿。正确的走姿能体现一个人的风度和韵味。从一个人的走姿可以了解到其精神状态、基本素质和生活节奏。走路时的要点是：右脚完全着地，左脚根抬起一半左右，身体重心完全移到右脚上，左脚脚跟抬起，左脚脚尖完全离地，重心往前移，左脚脚跟着地。然后再回到第一步的姿势。走路时应当身体直立、收腹直腰、两眼平视前方；双臂自然下垂，在身体两侧自然摆动；脚尖微向外或向正前方伸出，跨步均匀，两脚之间相距约一只脚到一只半脚长，步伐稳健，步履自然，要有节奏感。起步时，身体微向前倾，身体重心落于前脚掌；行走中，身体的重心要随着移动的脚步不断向前过渡，而不要让重心停留在后脚，并注意在前脚着地和后脚离地时伸直膝部。男步稍大，步伐应矫健、有力、潇洒、豪迈，展示阳刚之美。女步略小，步伐应轻捷、娴雅、飘逸，体现阴柔之美。

4. 谈判者的表情

表情是指谈判者的面部情态，主要是通过面部的眼、嘴、眉、鼻动作和脸色的变化来表达谈判者的内在意识。表情在商务活动中起着十分重要的作用。

①目光。当商务谈判人员初次与别人相识或者不很熟悉时，特别是面对异性，应使自己的目光完全在许可的范围之内，否则会很失礼。目光的最大许可范围是以额头为上限，以对方上衣的第二颗纽扣为下限，左右以两肩为限，表示对对方的关注。眼睛是心灵的窗户，是人深层心理情感的一种自然表现。

目光的表现形式是多种多样的。炯炯有神的目光，体现出对事情的坚定和执着；呆滞的目光，体现着对生活的厌倦；明澈坦荡的目光，体现的是为人正直、心胸开阔。在商务活动中，恰到好处的目光是友善坦荡、真诚热情、炯炯有神。双方在交谈中，应注视对方的眼睛或脸部，以示尊重别人，但是当双方缄默无语时，不要长时间注视对方的脸，以免造成对方的尴尬。在与多人进行交谈时，要经常用目光与听众进行沟通，不要只与一个人交谈，冷落其他人。在公共场合，目光注视的位置是以两眼为上限，以唇部为底线，构成的一个倒三角，这种目光带有一定的情感色彩，亲切而友好。不要总是回避对方的目光，这样会使对方误认为你心里有鬼或者在说谎。

②微笑。微笑是最富有吸引力的面部表情。微笑可以消除冷漠，温暖人心，使人际关系变得友善、和谐、融洽。微笑能使人对自己以及自己的生活充满信心，特别是在遇到挫折和不幸时，微笑能给人战胜困难的力量，重新找回生活的乐趣。微笑不仅是脸上的表情，真正的微笑、受人欢迎的微笑是发自内心的，笑得自然真切。爱心使人友好，理解使人宽容，微笑只有充满爱心和理解，才能感染他人。充满自信的人，才能在各种不同的场合对不同关系的人保持微笑。亲切、温馨的微笑能使不同文化、不同国度的人快速缩短彼此的心理距离，创造一个良好的沟通氛围，但不要失去庄重和尊严。

在商务活动中，要力戒憨笑、傻笑等不成熟的笑容；要力戒奸笑、冷笑、皮笑肉不笑等不诚恳的笑容；要力戒大笑、狂笑等不稳重的笑容。

5. 谈判者的风度

风度是人们在一定程度上的思想修养和文化涵养的外在表现。风度之美是通过人的外在行为显现出来的。风度也是一种魅力，风度之美是一种综合的美、完善的美。这种美应是身体各部分器官相互协调的整体表现，同时也包括了一个人内在素质与仪态的和谐。

风度是模仿不来的，风度往往是一个人的独有的个性化标志。风度是因为具有了一定的实力才显现出来的。风度来自良好的道德修养和丰富的文化内涵。一个人要拥有翩翩的风度，应该注重培养，在谈判活动中，要做到以下“五要”：

一要有饱满的精神状态。一个人精力充沛、自信而富有活力，就能在商务活动中激发对方的交往欲望，活跃现场气氛。如果一个人精神萎靡不振、给人敷衍的感觉，即使对方有交往的欲望或诚意，也会终止。

二要有诚恳的待人态度。谈判者与谈判对手坐在一起的时候，要让对方感觉到谈判者是一位亲切、温和、诚恳的人。谈判者在与对方交往的过程中，应端庄而不骄傲冷漠，谦逊而不矫揉造作，诚恳待人。

三要有健康的性格特征。性格是表现人对现实的态度和行为方面比较稳定的心理特征，往往会通过行为表现出来。谈判者要加强性格的修养，做到大方而不失理、自重而不自傲、豪放而不粗俗、自强而不偏执、谦虚而不虚伪、直爽活泼而不幼稚轻佻。

四要有幽默文雅的谈吐。幽默不仅能显示人的智慧，而且在紧张的谈判环境中能够创造轻松、风趣、和谐的氛围。但幽默并不代表庸俗，庸俗是没有修养的表现，在商务谈判中要避免庸俗。

五要有得体的仪态和表情。谈判者的仪态和表情是沟通当事人情感的交流手段，是风度的具体表现。谈判者需要刻意追求，但要自然地显示出来，没有生硬的矫揉造作，没有刻意的模仿，仿佛是漫不经心，但都是精心追求的结果。

优美的风度令人向往和羡慕，美好的风度来自优秀的品格，有了优秀的品格，才有良好的风度。对谈判者来讲，在商务活动中应有良好的风度，要求做到以下几个方面：

一是心平气和。在谈判桌上，每一位成功的谈判者均应做到心平气和、处变不惊、不急不躁、冷静处事。如果对方向我方提出不合理的要求，不要觉得对方缺乏合作的诚意而生气。在谈判中始终保持心平气和，是一位高明的谈判者所应保持的风度。

二是取得双赢。谈判往往是利益之争，商务谈判中，参加谈判的人都希望在谈判中最大限度地维护或者争取自身的利益。如果对方对我方所提出的合理要求不予接受，不要因此失去耐心而变得烦躁。在事关我方利益的问题上，应据理力争，不能轻言放弃。最终从本质上来讲，真正成功的谈判，应当以各方的妥协即双赢或多赢来结束。商务谈判不是以“你死我活”为目标，而是应当兼顾各方利益，各有所得，实现双赢。在商务谈判中，如果只顾己方目标的实现而忽略对方利益的存在，是没有风度的，最终也不会真正赢得谈判的胜利。

三是礼遇对手。在谈判期间，一定要礼遇自己的谈判对手。在事关我方利益的原则性问题上，既要据理力争、不轻言放弃，又要做到不出言伤害对方、埋怨责怪对方或用不礼貌的语言讽刺挖苦对方。在商务谈判中要将人和事分开，明确双方之间的利益关系，正确地处理己方谈判人员与谈判对手之间的关系。在谈判之外，对手可以成为朋友；在谈判之中，朋友也会成为对手，二者要区别对待，不要混为一谈。在谈判过程中，不论身处何种环境，都不可意气用事、言谈举止粗鲁放肆、不懂得尊重谈判对手。谈判者要时刻表现出自信、沉着和冷静。谈判既是双方组织实力的较量，也是双方谈判人员心理的较量。谁在谈判中更沉着、冷静，谁就可能在谈判中获得更多的胜利。

（三）商务谈判中的交际礼仪

1. 见面礼仪

见面礼仪是指谈判者见面之际应该遵守的主要礼仪，具体表现为问候、称呼、握手、介绍。在商务活动中，当人们听到恰当的称呼时，便能从心里产生亲近感，使人与人之间的交际变得顺利、愉快。

2. 问候礼仪

问候也称问好或者打招呼，主要表现在向他人问好，表示敬意。最普遍、最常用的招呼词是说一声“您好”，在迎送客人时较为多见的问候是招手致意。

（1）问候的内容。人们在问候他人时所使用的问候语具体内容多有不同。一般来讲，问候语的内容有明显的地域性特征。在一般情况下，问候语大致可以分以下几类：

①问好型：在见面时直接问候谈判对方，主要用语为“您好”“早上好”“下午好”“晚上好”“大家好”。这些问候语言简意赅，既不失礼貌，又可避免跑题，比较适合在一天中首次见面或一次活动中初次遇到的时候使用，也是最为正式、适用范围最广的问候。

②寒暄型：在日常生活中问候他人时的一些用语，如“吃饭没有”“最近忙些什么”等。对于这些问候语，一般可以不做实质性的答复。这些问候语较适合熟人之间的应用，在不同文化背景下的交际时要慎用。

③交谈型：谈判者在问候他人时直接从一个话题开始，问候对方的同时希望就此交谈下去，较适用于公务场合。

（2）问候的顺序。一般来讲问候有一些约定俗成的顺序：年轻者先向年长者打招呼，下级先向上级打招呼，男性先向女性打招呼等。

①两人见面：双方均应主动问候对方，没有必要等待对方先问候不可。在正常情况下，标准的做法是所谓“位低者先行”，也就是职位或地位较低的一方应首先问候职位或地位较高的一方。

②一人与多人见面：当一个人与多人见面时，问候的顺序一定要遵照“先长后幼，先女后男，先疏后亲”的原则。

（3）问候的态度。在问候他人时，自己的态度一定要热情而友好，做到话到、眼到、心到。只有这样，才能表现出自己的问候是真心实意的。

（4）问候时注意的事项。他人向自己致意时，必须还礼答谢。在公共场所切忌大声地呼名唤姓。招手时一般把手伸向空中并且左右摆动。与人打招呼时，不要把手插在衣袋里或叼着烟卷。女性应主动微笑点头致意。

3. 握手礼仪

握手是人们在日常的社会交往中常见的礼节。握手既可以作为见面、告辞、和解时的礼节，也可以作为一种祝贺、感谢或相互鼓励的表示。

见面行握手礼时，主人、身份高者、年长者和女士一般应先伸手，以免对方尴尬；朋友平辈间以先伸手为有礼；祝贺、谅解、宽慰对方时以主动伸手为有礼。行握手礼时，上身稍前倾、立正、目视对方、微笑，说问候语或者敬语，同时要摘帽、脱手套。握手时不要左手插在裤袋里，无特殊原因不用左手握手。正常情况下，双方伸手握一下即可，时间不宜超过3秒，长时间握手表示亲热，双手握住对方的手表示尊敬。

握手时需要注意的是不要戴手套握手，只有女士在社交活动中才可以戴着薄纱手套与别人握手；不要戴墨镜握手；不要左手插兜握手；掌心不要向下，如果伸手时掌心向下，通常会给人以居高临下之感；不要滥用双手，只有亲朋好友见面时才可以使用双手握手；与女士握手时男士不要先伸手，应等待女士先伸出手。

4. 鞠躬礼

鞠躬礼源自中国，现在作为日常见面礼节已不多见，但盛行于日本、韩国和朝鲜，是那里的常礼。行鞠躬礼时应立正、脱帽、微笑、目光正视、上身前倾15~30度（赔礼、请罪除外）。平辈应还礼，长辈和上级欠身点头即算还礼。

5. 介绍礼仪

介绍是商务活动中相互了解的基本方式，常见的介绍有以下几种方式：

（1）自我介绍。这是在没有他人介绍的情况下，自己将自己介绍给他人，以便使对方认识自己。在正式自我介绍时，介绍的内容包括单位、部门、职务和姓名。注意事项：第一，掌握好时机。在向别人介绍自己时，一定要在有必要的时候进行，否则会劳而无功。第二，掌握好时间，一般来说，在干扰少时、对方有兴趣时、初次见面时，比较适合进行自我介绍。第三，简明扼要，避免夸夸其谈。第四，内容应有所区别，介绍自己时应当根据具体的情况而在内容上有所不同。

（2）居中介绍。这是指由介绍人作为第三者，为彼此不相识的双方相互进行介绍。居中介绍在陌生人之间架起了相互了解的桥梁。居中介绍首先要了解双方是否有结识的愿望，经双方同意后再进行介绍。介绍顺序是先把年纪轻的介绍给年长的；先把职位低的介绍给职位高的；先把宾客介绍给主人；先把男士介绍给女士。

（3）集体介绍。集体介绍是为他人介绍的一种特殊情况，指的是由介绍者为两个集体之间或者个人与集体之间所进行的介绍。

集体介绍的顺序是介绍集体时，在顺序上也有尊卑先后之别。在一般情况下，集体介绍同样应当遵守“尊者优先了解情况”的规则。例如，为两个团体进行介绍时，通常应当首先介绍东道主一方，随后方可介绍来访者一方。至于具体介绍的内容则有两种：一是进行作整体介绍，即只介绍双方集体的情况，而不具体涉及个人情况。二是介绍个人情况。在介绍集体时涉及个人情况，一般讲究“双方对等”，即在遵守“尊者优先了解情况”的规则的同时，对双方的个人情况均应予以介绍，在具体介绍双方的个人情况时，则应当由尊而卑，依次进行。注意事项：在宴会、舞会上，由于来宾较多，这时不必逐一进行介绍，主人只需介绍坐在自己旁边的客人相互认识即可，其余客人可自动和邻座聊天，不必等主人来介绍。

6. 名片礼仪

名片是商务人士重要的交际工具，是个人身份的代表。对方将自己重要的信息毫无保留地交给你，是对你的充分信任和尊重，对待名片应像对其主人一样尊重和爱惜。

（1）递送名片。将本人的名片递交给他人时，通常要注意以下礼仪问题：

①有备而至。参加商务活动，应当有意识地准备好自己的名片，并且将其置于易于取拿之处，以备不时之需。最好的方法，是将名片装人专用的名片盒、名片夹或名片包之内，然后放入自己的上衣口袋或随身携带的包、袋。

②讲究时机。递送名片要善于把握时机。一般来说，递送名片多在初次见面进行自我介绍以后进行。但是并不是说做过自我介绍之后就一定要递送自己的名片。将自己的名片递送给对方，不但具有希望对方进一步了解自己的意思，还包含对对方表示尊重、希望与对方结交、保持与对方的联络的意思。递送名片给自己的熟人，通常发生于本人的单位、地址或联络方式发生变更之后。

③递送顺序。两人交换名片时，应当遵守“尊者优先了解情况”规则，双方之中地位或职级较低者应当首先把自己的名片递交给地位或职级较高者。一人将本人的名片递送给多人时，应当由尊而卑依次而行，或者由近而远依次而行，不讲任何顺序是错误的。应双手呈递名片，态度应恭敬，使对方感到你对他很尊敬。

④具体要求。起身站立，主动走近对方，以双手或右手递上名片，将名片正面朝向对方。

（2）接受名片。接受他人递送过来的名片时，应认真遵守相关的礼仪规范。在接受他人名片时的态度是否认真，往往会同是否尊重对方直接联系在一起。接受他人名片时，要表现出自己的认真和友好之意，就必须注意以下四点：

①起身站立。

②迎向对方。

③用双手或右手捧接，要在胸部以上的位置收下，由名片的下方恭敬接过并且收到胸前，并认真拜读。

④口头道谢。当他人将名片递送给自己，尤其是当对方首先递上名片时，应立即口头向对方表示谢意。

同时，为了表示对对方的尊重，接过对方递过来的名片后，一定要先看，再通读一遍，及时了解对方的具体情况，如果有不明白的地方，可以及时请教。接过名片之后，先通读他人的名片，然后将名片收好。待对方走后，应该在名片上记下初次见面的时间等，便于记忆。

收到对方名片后，也应当将自己的名片递上去。如果没有随身携带名片，可以直说，或者告诉对方以后再补上名片。一般情况下，如果想得到对方的名片，但对方却并未递送，这种情况下不要直接向对方索要名片，而应以比较委婉的方式向对方索要名片。索取他人的名片，比较常见的方式有主动递上自己的名片、建议对方互换名片、采用暗示的方法索要名片（如“今后怎样称呼您”）。

7. 洽谈礼仪

谈判是商务活动的重要组成部分。商务谈判中参加的各方都希望在谈判过程中获得谈判对手的礼遇。端庄的仪表仪容，礼貌的言谈举止，周到、合适的礼节，是使谈判过程得以顺利进行的重要因素之一。因此，每一位谈判者都应当掌握和讲究洽谈礼仪，以便使商务谈判顺利进行并取得成功。

8. 迎见礼仪

商务谈判中，作为东道主应在约定的时间前到达约定的地点，迎接对方。在迎接时，迎接的地点可以选在大楼的门口，也可以选择在谈判室的门口。进入谈判室，主人应该和对方的谈判代表一一握手，请客人先落座，或者双方同时落座，切忌主人首先落座。双方落座后，非谈判人员应该退出谈判室，任何人不得随意进出，以免影响谈判的进行。

9. 落座礼仪

落座是指谈判双方进入谈判会场后就座的姿态和形态。如何落座，可以在一定程度上反映出谈判者的地位和信心，反映出一个谈判集体的团结力和控制力。

（1）落座的方式。一般来讲，谈判是在双方当事人之间进行的，因此落座的方式主要有横向式座席、纵向式座席、并行式座席、侧翼式座席（见图 4-1）。

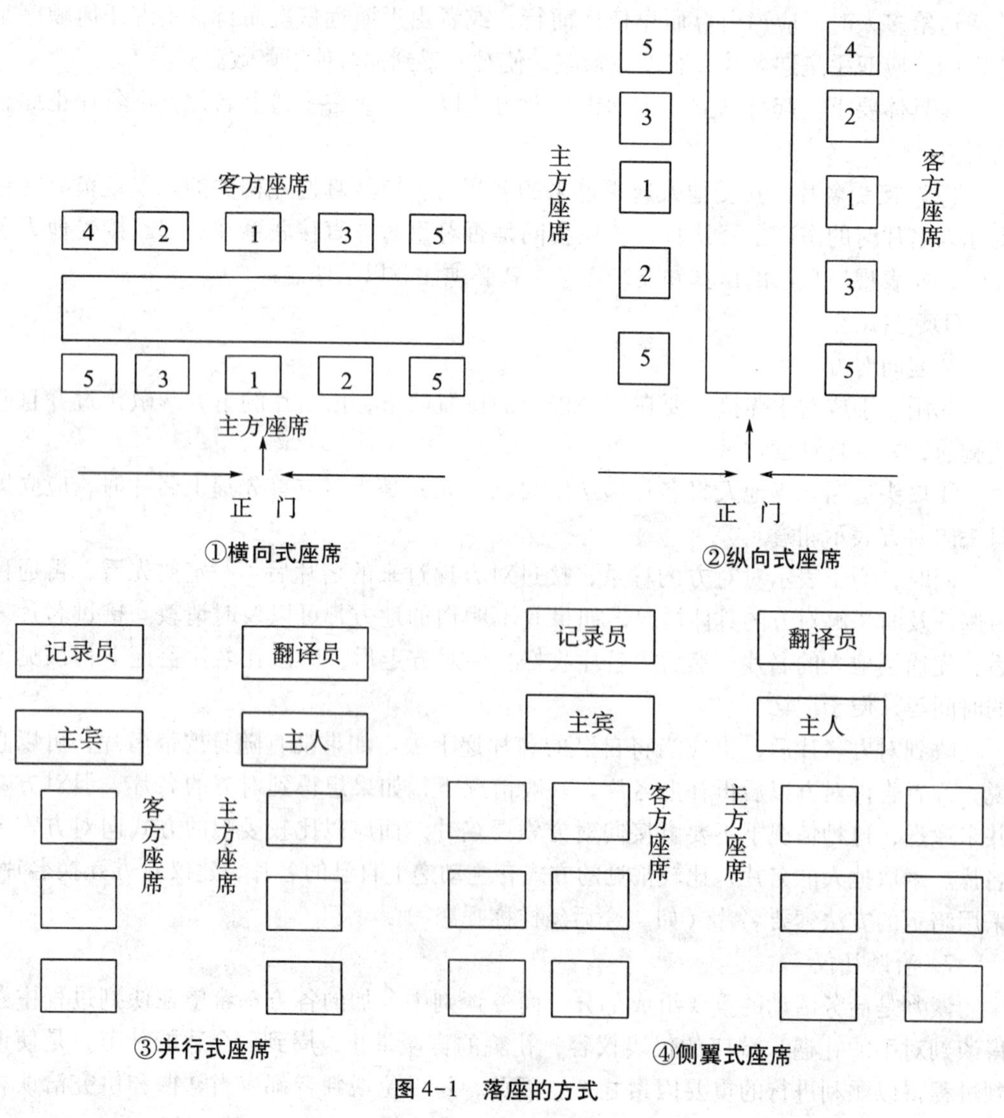

图 4-1 落座的方式

正式谈判时，落座的形式比较正规。落座的基本要求是强调参加谈判双方或各方的平衡，双方出席谈判的代表身份或者是职位要对等，代表的数量也要基本对等。落座的一般要求是前后排关系中，前排落座的为尊、为大，第二排次之，第三排再次之；在同一排中，中间者为尊、为大，两侧次之；两侧同位者，右者为尊、为大，而左者为次之。双方在谈判时，主方应位于背门一侧，或门的左侧，客方应位于面门的一侧，或门的右侧；如果需要翻译员和记录员，应将他们安排在主人或主宾的侧后边。落座后应浅坐并且面部应正对并行式座席对方，以表示对谈判对方的尊重、严谨，同时也表示谈判可以较快地开展。若为小范围的谈判，则可以像会见一样，只设沙发，不设长条桌，可以相对或曲角的形式落座，以轻松的气氛进入谈判。

（2）落座的禁忌。落座在一定程度上反映谈判者的地位和信心，如果把握不好，有可能影响谈判的进程。

商务谈判人员要注意落座的忌讳，主要有：谈判双方的落座位置不对等，对方处于优势地位，己方处于劣势地位；己方的代表，尤其是主谈人员的安排不均衡，处于从属的座席位置，己方主谈人员与其他成员的位置安排不合理，不能显示出主谈人员的权威地位，并影响谈判中的沟通；双方落座过远，容易表现出冷淡、疏远、拒绝的心态；落座后面部侧对对方，或者过分浅坐。

10. 举止礼仪

商务谈判中，双方的洽谈是严肃的商务活动，言谈举止要更加注意，在进行介绍时不得傲慢无礼，应以轻松自然的方式进行介绍，在需要了解对方的情况时，应使用礼貌用语。

11. 谈吐礼仪

在商务谈判中，谈判者要注意谈吐的礼仪，使洽谈的内容更易为对方理解和接受。在寒暄时，可以选择一些能够引起对方共鸣或者中性的话题进行，如天气、体育运动等，切忌打探对方的隐私，这样可以起到创造良好谈判气氛的作用。在进行交谈时，双方要保持一定的距离，距离不要太远或者太近，一般应保持在半米左右，如果是坐着的应该以双方之间的桌宽为准。双方在陈述自己观点和表明自己态度时，应该保持位置的基本不变。商务谈判中如果发生了争执，要避免逼近对方和有意拉大与对方之间的距离。在商务谈判中，要善于准确把握谈判的语气和语速，这既是商务谈判成功的需要，也是谈判中应该遵循的礼仪，不能用威胁性语气与语言讲话，最好是用询问性的语气讲话。谈判中说话的速度要平稳，语速以中速为宜，在控制语速时，应该是快而不失去节奏，慢而流畅，并且注意观察对方的反映，以便及时做出调整。

在商务谈判中，言谈要文明、准确。商务谈判必须讲究语言文明，言谈要体现出自身良好的个人修养、和蔼的态度，使对方解除戒备心理，产生愿意接近的愿望。商务谈判要使用普通话，选择话题要注意以下问题：

第一，选择有品位的话题。这类话题的内容涉及文学、艺术、历史或者其他专业方向的知识。

第二，选择轻松愉快的话题，即那些让人觉得身心放松、很有意思、易于应付、易于参与、可以发挥、不感觉疲劳、感到轻松愉快的话题。例如，最近流行的电视剧、旅游、体育比赛、音乐歌曲等。

第三，选择大家喜闻乐道的话题，这类话题在一般的场合中都适用。在选择轻松愉快的话题时，应该顺其自然，把握分寸，不要东拉西扯、低级趣味、庸俗无聊，那样有失体面。

在商务谈判中，选择寒暄用语、交谈用语、开场白和结束语时，要文明礼貌、不卑不亢、充满自信、不骄傲自大，既要据理力争，又要适可而止，最终达到双方满意的结果。

四、签字礼仪

在商务谈判中，双方达成一致意见后，接下来的就是签字确认双方达成的协议，应认真组织，给予充分准备。

（一）准备待签文本

为了做到事情的万无一失，在商务谈判的进行过程中或商务谈判结束后，双方应指定专门的人员按照达成的协议做好待签文本的定稿、翻译、校对、印刷、装订等工作。双方一旦在文本上签字就具有法律效力，双方就要执行具有法律约束力的合同。因此，对待文本的准备工作应当郑重严肃。在准备文本的过程中要保证翻译准确，构成合同的文件都要逐一进行核对，应按照合同当事人的数量打印协议文本，要保证每个当事人一份。如果有必要，还要按照当事人的多少为每个当事人准备副本。国际商务活动中，在与外商签订相应协议或合同时，应按照国际惯例，待签文本应同时使用宾主双方的母语。

通常等待签署的文本应装订成册，并以仿真皮或其他高档质地的材料作封面，以示郑重。代签文本的规格一般为大八开，务必使用高档纸张，并且印刷精美。主方应为协议文本的准备工作提供准确、周到、快速、精美的服务。

（二）签字场地布置

通常签字场地有常设专用的或临时以会议厅、会客室来代替等。在布置签字场所时总的原则是庄重、典雅、整洁、大方。陈设上除了必要的签字用桌椅外，其他一切陈设皆不需要，比较正规的签字桌应为长桌，铺设的台布最好为深绿色。

按照仪式礼仪的规范要求，签字桌应当横放。在签字桌后，可摆放适量的座椅。签署双边性协议时，可放置两张座椅，供签字人同时就座。如果签署多边性协议，可以只放一张座椅，供各方签字人轮流就座签字；也可为每位签字人准备一张座椅，供他们同时就座签字。签字桌上，应事先放置好待签协议文本、签字笔、吸墨器等签字时的用具。

商务活动中，如果是与外商签订国际商务合同，必须在签字桌上插放有关各方国家的国旗。国旗的插放顺序和位置，必须依照礼宾序列进行。例如，签署双边性协议，有关各方的国旗必须插放在该方签字人座椅的正前方；如签署多边性协议，各方的国旗应按照一定的礼宾顺序插在各方签字人的身后。

（三）签字人员安排

在举行正式签字仪式之前，各方应将确定好的参加签字仪式的人员，向有关方面通报。尤其是客方一定要将自己一方出席签字仪式的人数提前通报主方，以方便主方安排。签字人可以是最高负责人，但要注意，不论是谁出席，双方签字人的身份应该对等。参加签字的有关各方事先还要安排一名熟悉签字仪式程序的人，并商定好签字的有关细节程序。出席签字仪式的陪同人员，基本上是各方参加谈判的全体人员。礼貌的做法强调各方人数最好基本相等。为了突出对各方的重视，各方也可对等邀请更高一层的领导人出席签字仪式。

签字仪式的礼仪性极强，出席签字仪式人员的穿着也有具体要求。按照规定，签字人、助签人以及随员，在出席签字仪式时，应当穿着具有礼服性质的深色西装套装、西装套裙，要求配白色衬衫与深色皮鞋。签字仪式上的礼仪、接待人员，可以穿自己的工作制服，或者是旗袍一类的礼仪性服装。签字人员应注重仪表仪态，举止要落落大方、自然得体。签字结束后，各方可以举行庆祝仪式。

五、国际商务谈判

（一）国际商务谈判中的文化差异

文化背景的不同，对谈判的理解也不同，反应在谈判的方式、方法、技巧及风格上也大相径庭，甚至进入谈判正题的切入点也不同。了解和掌握这方面的知识有助于顺利进行商务谈判，把可能变成现实。

一个民族所使用的语言与该民族所拥有的文化之间存在着密切联系，在跨文化交流中，不同文化之间的差异对于谈判语言有明显的制约关系。美国人的大部分信息是通过明确而具体的语言或文字传递的，美方谈判者力求说话清楚，会直接阐述自己的观点。中国人的非语言交流和间接的表达方式是传递和理解信息的重要因素，如用体态、眼神、音调、环境等非言语因素来进行沟通。要理解话语的含意，领会字里行间的言外之意是必要的。中国人说话间接隐晦，而且经常使用沉默这一非言语行为，对某一问题即使有看法，或者有不同意见时，往往用沉默来代替，以此表示礼貌和对对方的尊重。中国人在商务谈判过程中是特别有耐性的，自古以来就奉行“和气生财”的古训，尽量避免产生谈判磨擦，用语礼貌含蓄，追求长久的友谊和合作。

国际商务谈判中除了运用语言进行交流外，还广泛使用非语言表达方式进行相应的交流。谈判人员以非语言的、更含蓄的方式发出或接受大量的信息，这些信息较语言信息更为重要，并且这些信息多是无意识地发出的。因此，当谈判者发出不同的非语言信息时，不同文化背景的人容易误解这些信息，而本身还意识不到所发生的错误。中国人经常用沉默表示认可，或者表示对某个问题有看法，或者不同意某项条款，以此表示礼貌和尊重对方，这对沉默持有消极看法的美国人来说，自然很难接受，他们把沉默看作拒绝。一般情况下，“笑”被看作高兴，而中国人有时会用“笑”表示无奈和不认可。中国人的习惯动作往往是摇头或摆手，有时中方谈判者喜欢做这一动作，却因不解其含义而步入了不伦不类的误区。中国人说“对不起”的同时会微微一笑表示歉意；美国人则可能误认为“笑”表示歉意是虚假的。因此，若没有敏锐的跨文化交流意识，对非语言差异便会感到困惑，乃至产生误解。

（二）几个主要国家和地区商务谈判的风格与特点

谈判风格是谈判者在谈判中表现出的态度、行为及其内在的性格等。因国家、民族、地域、价值观、宗教信仰和文化背景的不同，形成了差异极大的谈判风格。谈判者只有了解不同对手的谈判风格，才能在谈判中有的放矢，采取恰当的谈判策略，取得商务谈判的成功。

1. 俄罗斯人的谈判风格与特点

俄罗斯在地理位置上与我国比较接近，中俄贸易比较频繁。两国有较长的边境线，双方贸易的历史悠久，特别是最近几年贸易活动增加，双方合资合作的领域不断扩大。因此，研究俄罗斯人的谈判风格与特点具有较大的现实意义。曾经的苏联是一个实行高度计划经济体制的国家。任何企业或个人都没有商品进出口自主权，所有的进出口计划都由专门部门来决定，中间要经过众多的环节。实行严格的计划经济体制，束缚了个性能力的发挥，并且这种体制要求经办人员对所购进商品的适用性、可靠性和质量进行审查，对所做出的决策承担全部责任。这就造成苏联人缺乏创新精神，易于墨守成规。苏联解体后，俄罗斯实行了市场经济，贸易政策发生了巨大的变化，企业有了进出口商品的自主权，对外贸易大幅增长。政府采取各种优惠政策，吸引国外投资者。尽管在体制上有了较大的变革，但还没有完全形成正常的经营秩序和健全的管理体制。

俄罗斯人具有如下的谈判特点：

（1）墨守成规，办事效率低。最近几年，俄罗斯的经济有了较大的变化，但在商务谈判中，部分俄罗斯人还没有摆脱计划经济体制的影响，在进行谈判时，他们还是喜欢按计划办事，如果对方的让步符合他们预定的具体目标，则容易达成协议；如果与预定目标不一致，他们则很难让步。就是他们明知自己的要求不切合实际，也不妥协让步。无论如何，俄罗斯人是一个强有力的谈判对手。尽管他们有时处于劣势，但是他们还是有办法迫使对方让步，而不是他们让步。另外，在俄罗斯，由于谈判人员要对所经办的商品质量和技术等决策负全部责任，因此导致他们在谈判中异常谨慎。俄罗斯人谈判还往往要带上各种专家，这就不可避免地减慢了谈判的节奏。

（2）注重技术性谈判。由于技术引进项目通常都比较复杂，对方报价通常水分较大，为了尽可能以较低的价格购买最有用的技术，俄罗斯人特别重视技术内容和索赔条款等细节的谈判。俄罗斯人在谈判中索取的资料也比较全面，因为他们要确保引进的技术具有先进性和实用性。因此，在与俄罗斯人进行谈判时，要做好充分的准备。为了能及时准确地对技术进行阐述，在谈判人员中还要配备技术方面的专家。与俄罗斯人谈判，要十分注意合同的用语，语言要精炼准确，对合同中的索赔条款也要十分慎重。

（3）注重礼仪。俄罗斯人历来以热情、豪放、耿直、勇敢而著称于世。在交际场合，俄罗斯人和初次会面的人习惯行握手礼。但对于熟悉的人，尤其是久别重逢的人，他们则大多要与对方热情拥抱。在社交生活中，俄罗斯人特别注重个人的仪表风度，站立时保持身体挺直。在等候人的时候，不论时间长短，俄罗斯人都不会蹲在地上或席地而坐。俄罗斯人在社交场合还忌讳剔牙等不良动作。因此，与俄罗斯人谈判要注重自己的言谈举止，尊重对方，创造良好的谈判气氛。

（4）较强的讨价还价能力。俄罗斯人十分善于与他人做生意、善于寻找生意伙伴、善于讨价还价，通常能够使用较少的资金，引进更好的技术。俄罗斯人常常采用招标的方式进行国际贸易，采取离间手段，让投标者之间竞相压价，最后从中渔利。

2. 美国人的谈判风格与特点

美国人生性开朗、自信果断，重视实际，往往以事情的成败论英雄。结合美国的经济与文化，形成了美国人的谈判特点，主要表现在以下几个方面：

（1）干脆利落。美国人在商务谈判中，精力充沛，比较直接坦率。他们的喜怒哀乐多数通过他们的言谈举止表现出来，不论是表明自己的观点，还是表达对对方的态度都是比较直接的。美国人不接受对方提出的建议，会毫不隐讳地坦言相告，唯恐引起对方误会。因此，美国人对中国人和日本人在谈判中的表达方式存在明显的不适应。

（2）注重实际利益，讲究工作效率。由于美国经济发达，美国人的生活、工作各方面的节奏很快，十分珍惜时间。在商务谈判过程中，美国人的时间观念特别强，并经常抱怨其他国家的人缺乏时间观念、缺乏工作效率。美国人在谈判中，十分注重效率，提出的具体条件和报价往往比较客观，做生意时主要考虑生意所能带来的实际利益，而不是生意人之间的私人交情。美国人将友谊与生意区分得十分清楚。美国人注重实际利益，还表现在合同的履约率比较高，因为他们一旦签订了合同，就十分重视合同的法律约束力。美国是一个法制比较健全的国家。职业律师比较多，据有关资料披露：平均450名美国人就有一名职业律师，美国人习惯于用法律的方法来解决矛盾纠纷。他们这种法律观念在商务活动中也表现得十分突出。美国人认为，商务活动中最重要的是经济利益，为了保证自己的利益，最上乘的方法就是依靠法律解决商务活动中的纠纷。因此，在商务活动中就表现出美国人对合同的条款特别认真，并且特别重视合同违约赔偿的条款订立。一旦双方发生合同纠纷，就按合同中的约定来处理。美国人在商务谈判中对合同及其条款的讨论比较细致，能够合理地解决各种问题。

3. 日本人的谈判风格与特点

日本是资源匮乏、人口密集的岛国。日本人普遍具有民族危机感，讲究团队和协作。日本人的文化受中西方文化的影响，其谈判特点主要表现在以下几个方面：

（1）讲究礼仪。日本是一个注重礼仪的国家，日本人所做的一切，都要受严格礼仪的约束。

（2）日本人的等级观念较强，即讲究自己的身份、地位等，甚至同等职位的人，都具有不同的地位和身份。因此，商务谈判中，一定要注意自己的地位、身份以及对方的地位和身份。对于不同身份、地位的人给予的礼遇不同，要适当处理。

（3）日本人的团队意识较强，一般的谈判人员往往进行辩论、讨价还价，最后由主谈人员出面稍做让步，以达到谈判的目的。但要注意，在日本，妇女的地位比较低，在一些重要的场合，往往禁止妇女参加。因此，正式谈判最好不要有女性参加，以免引起日方的怀疑或不满，我方谈判人员的职位、职级应比日方高些，这样可以赢得谈判的主动。

（4）日本人非常讲究面子。无论在什么情况下，日本人都非常注意留有面子，或者不让对方丢面子。在商务谈判中表现比较突出的是：日本人即使对对方的一些提议或者方案有不同想法，在一般情况下也很少直接地进行拒绝或反驳，而是通过婉转的方式来陈述自己的观点。

（5）日本人在许多场合的谈判非常有耐心，一般不率先表达自己的观点和意见，而是耐心等待，静观事态的发展。时间对于日本人来说不是最重要的，但是时间对于欧美人来讲就不一样了，时间就是效率、就是金钱，因此欧美人认为用一个星期能解决的问题，而实际用了两个星期，就是拖延。但对日本人来讲，经过耐心精细的准备，有条不紊地进行谈判，有时为了一笔理想的交易，日本人可以毫无怨言地等待几个月，只要能达到他们预期的目标，或取得更好的结果就行。

【小案例】

某四星级宾馆承接了一大型国际商贸洽谈会的接待任务，为迎合各国经贸代表团的不同口味要求，工作午餐采用自助餐的形式，让宾客们各取所需。开幕式那天中午，自助餐厅虽人头涌动却也秩序井然。突然，日本经贸团几个领导成员情绪激动地离开餐厅，并声称要带团退出洽谈会。经了解，原来是因为酒店没有为他们安排专门的就餐区。日本商界等级森严，讲究地位尊卑。商务接待要充分了解客方的情况，并采取相应的接待形式和方法。

4. 法国人的谈判风格与特点

法国人性格开朗、热情，工作态度认真，十分勤劳，同时善于享受。法国还是一个讲究等级制度和社会地位的国家。法国人的谈判特点如下：

（1）奉行个人主义、珍惜人际关系。法国人在重视人际关系的同时又奉行个人主义。尽管他们不喜欢直接表达自己的观点，却很容易发生争执，如果有不同意见，在谈判过程中他们会坦率地提出。一些谈判专家认为，如果与法国公司的负责人或谈判人员建立了良好的关系，也就意谓着建立了牢固的生意关系。法国人往往是容易共事的伙伴。在商务活动中，在适当的情况下可以与法国人聊聊其他话题，如新闻、经济和娱乐等方面的，更能融洽双方的关系，创造良好的会谈气氛。

（2）偏爱横向谈判。在谈判中法国人喜欢先勾画出一个大致的轮廓，再达成原则协议，最后再确定协议中的具体内容。法国人的具体做法是：签署一个具有交易大概内容的协议，在执行的过程中如果对他们有利就执行，如果对他们不利就毁约，或者要求重新修改。

（3）注重个人力量，特别有时间观念。法国的公司管理者在管理工作中具有独裁的风格。这需要管理者有很强的能力，甚至需要知道每一个问题的解决办法。重视个人的力量，集体决策的情况较少，这与法国组织机构明确、简单有关，即实行个人负责制，个人权力较大。在商务谈判中，法方许多情况由个人决策负责，谈判的效率也较高。在法国访问时需要严格遵守约定的商务会面时间，特别是准备出售产品的时候更是这样。法国人严格区分工作时间与休息时间。在法国，8 月是度假的季节，全国的职员基本都在休假，这时候想做生意是徒劳的。

5. 德国人的谈判风格与特点

在德国，互相了解是交流的首要目标，德国人为自己表达思想的能力感到自豪。德国人通常用直接的、坦白的甚至是直言不讳的语言来进行交流。德国人的谈判特点如下：

（1）自信、办事效率高。德国是世界上经济实力最强的国家之一，他们的工业发达、生产效率高、产品质量好。德国企业的技术标准十分精确具体，德国人一直引以为豪。因此，在购买其他国家的产品时，德国人往往把本国产品作为参照标准，不盲目轻信对方的承诺。德国人在办事效率上享有较高的声誉，他们信奉“马上解决”，因此在德国人的办公桌上，看不到搁置很久、悬而未决的文件。德国人严守合同信誉，一旦达成协议，很少出现毁约行为，因此合同履约率很高，多数德国人更喜欢符合实际的初始报价，不喜欢“先高后低”策略。

（2）谈判态度严谨。德国人相对来说还是比较保守的，他们一般不会当众表露他们的感情，并很少使用手势。德国人不鼓励使用面部表情，尽量避免打断别人说话。

总之，德国人的谈判风格是审慎、稳重的。他们追求严密的组织、充分的准备、清晰的论述、鲜明的主题。因此，德国人谈判前会花费大量的时间和精力，详细研究与谈判有关的情况。

6. 阿拉伯人的谈判风格与特点

（1）宗教信仰。在阿拉伯国家，商业活动一般由家族来指挥。在这些国家中，人们看重对家庭和朋友所承担的义务，相互之间提供帮助、扶持和救济，家族关系在社会经济生活中占有重要地位。阿拉伯人信奉伊斯兰教，宗教禁忌较多，酒既不能饮，也不能作为礼品馈赠。阿拉伯国家凝聚力的核心是阿拉伯语和伊斯兰教。虽然谈判人员对这些不一定要精通和信奉，但当与阿拉伯国家人员谈判时，做基本了解是十分必要的。例如，遇到斋月，阿拉伯人在太阳落山之前，不吃也不喝。商务谈判人员要做到入乡随俗，尽量避免接触食物和茶。男士必须小心，不能损害当地妇女的声誉。男士不要对女士热情微笑，相互之间不能站得太近，谈话内容更应注意，仅限于一些表面性的问题。

（2）热情好客。阿拉伯人十分好客，不论谁人来访，都会十分热情地接待。因此，商务谈判经常会被一些突然来访的客人打断，主人会抛下谈判对手，与新来的人谈天说地。与阿拉伯人谈判，必须要有耐心适应这种习惯，学会见机行事，这样才能获得阿拉伯人的信赖。这是良好的开端，也是达成交易的关键。在阿拉伯国家，如果被邀请到一个商务人士家里做客，登门的时候不需要带礼物，并且要吃很多东西，以表示对主人的感激之情。

（3）时间观念不强。阿拉伯人认为，人际关系远比时间重要。因此，他们会让谈判对手等待，而去接见没有事先预约的来访者或者处理家事。阿拉伯人不太讲究时间观念，经常会随意中断或拖延谈判，其决策过程也较长。在阿拉伯国家，不要试图做一个在特定时间内必须完成某件事的规定，并且在制订工作计划进度表时，一定要具有灵活性。这样延误几天或者几星期都不会给己方造成严重的后果。在海湾地区，耐心是个重要的美德。

（4）重视个人关系。阿拉伯人不喜欢同人面对面地争吵，也不喜欢一见面就急忙谈生意。在他们看来，一见面就谈生意是不礼貌的。他们希望花点儿时间谈谈其他问题，一般要占15分钟或更多的时间，因此最好把开始谈生意的主动权交给阿拉伯人。在语言交流方面，应尽量选择具有逃避性和间接性的语言。通常来讲，阿拉伯人不喜欢直接说“不”，在他们看来，用间接的方式来说不愉快的事情，更加有礼貌一些。另外，在阿拉伯国家说“是的”并不总表示肯定，除非说得很有力量或者重复了好几遍。

7. 拉美人的谈判风格与特点

拉丁美洲是指美国以南的地区，包括墨西哥、中美洲和南美洲国家。这些国家曾接受拉丁语系的西班牙和葡萄牙的殖民统治，因此称为拉丁美洲（简称拉美）。拉美各国历史上政治比较混乱、政变频繁，因此经济落后、贫富分化明显、生产的商品缺乏国际竞争力。拉美人的谈判特点如下：

（1）文化差异大。拉丁美洲虽然与北美洲同处一个大陆，但人们的观念和行为方式却差别极大。拉美人一般不会轻易让步，具有执著、不妥协的性格特点，反映在谈判中就是不轻易让步。拉美人不喜欢妥协，妥协意味着失败、放弃，意味着牺牲个人的尊严和荣誉。在谈判中，他们坚信自己的观点就是正确的，反而要求对方全盘接受，很少主动让步。不过，拉美人一般不愿意直接阐述自己的观点，往往采用迂回曲折的方式进行说明。

（2）坚持平等互利原则。与拉美人做生意，要表现出对他们风俗习惯、信仰的尊重与理解，努力争取他们的信任，一定要坚持平等互利的原则。拉美人也不愿意和女性谈判，认为与女性谈判有损男人的体面。如果确实需要与女性谈判，拉美人往往会开出很高的条件，甚至会给对方出一些难题。

（3）外贸管制。在拉美国家，由于经济发展所致，各国政府存在差别较大的进出口和外汇管制，而且一些国家对进口证审查很严，一些国家对外汇进出国境有繁杂的规定和手续。因此，与这些国家做生意，在签订合同时，一定要进行认真的调查研究，相关合同条款一定要写清楚，以免发生事后纠纷。

（4）往往不能按期履行合同。拉美人不太重视合同，经常是签约之后又要求修改合同，合同履约率不高，特别是不能如期付款。另外，这些国家经济发展速度不平衡，国内经常出现高通货膨胀率，因此在对其出口交易中，应力争用美元支付。拉美地区国家较多，不同国家谈判人员特点也不相同。例如，阿根廷人喜欢握手，巴西人好娱乐、重感情，智利、巴拉圭和哥伦比亚人做生意比较保守等。

总体来讲，只要不干预这些国家的社会问题，耐心适应这些国家的商人做生意的节奏，并同拉美人建立良好的个人关系，便可保证谈判的成功。

国际商务谈判是国际商务活动的重要组成部分，在国际商务活动中占据相当大的比重。通过本节的学习，主要了解各个国家商务谈判的风格，能够在国际商务谈判过程中灵活应用。了解各国商务谈判中的禁忌，避免引起不必要的失误。

【案例分析】

被提前结束的谈判

中国某企业与德国某公司洽谈某种产品的出口业务。按照礼节，中方提前 10 分钟到达会议室。德国客人到达后，中方人员全体起立，鼓掌欢迎。德方谈判人员男士个个西装革履，女士个个都身穿职业装；反观中方人员，只有经理和翻译身穿西装，其他人员有穿夹克衫的，有穿牛仔服的，更有甚者穿着工作服。现场没有见到德方人员脸上出现中方期待的笑容，反而显示出一丝的不快。更令人不解的是，预定一上午的谈判日程，在半个小时内就草草结束，德方人员匆匆而去。

分析：从中方人员提前 10 分钟来到会议室，可以看出中方还是比较重视这次谈判的，并且在德方人员到达时全体起立，鼓掌欢迎，这些都没有问题。但实际上一见面德方人员就不愉快，其原因在中方代表的着装存在问题，即中方代表着装混乱。在德方看来，中方不重视这次谈判，因此心中产生不快，只好匆匆结束谈判。商务谈判礼仪一方面可以规范自己的行为，表现出良好的素质修养；另一方面可以更好地向对方表达尊敬、友好和友善，增进双方的信任和友谊。因此，商务谈判人员应从自身的形象做起，在商务活动中给人留下良好的第一印象。

模块5 涉外商务礼仪

【模块速览】

任务1 涉外商务基本礼仪
任务2 亚洲主要国家的商务礼仪
任务3 欧洲主要国家的商务礼仪
任务4 美洲主要国家的商务礼仪
任务5 非洲主要国家的商务礼仪
任务6 大洋洲主要国家的商务礼仪

【案例导入】

错误的着装

王先生是国内一家大型外贸公司的总经理，为一批机械设备的出口事宜，携秘书韩小姐一行赴伊朗参加最后的商务洽谈。

王先生一行在抵达伊朗的当天下午就到交易方的公司进行拜访，然后正巧遇上他们祷告时间。主人示意他们稍作等候再进行会谈，以办事效率高而闻名的王先生对这样的安排表示出不满。东道主为表示对王先生一行的欢迎，特意举行了欢迎晚会。秘书韩小姐希望以自己简洁、脱俗的服饰向众人展示中国妇女的精明、能干、美丽、大方。她上穿白色无袖紧身上衣，下穿蓝色短裙，在众人略显异样的眼光中步入会场。为表示敬意，主人向每一位中国来宾递上饮料，当习惯使用左手的韩小姐很自然地伸出左手接饮料时，主人立即改变了神色，并很不礼貌地将饮料放在了餐桌上。

令王先生一行不解的是，在接下来的会谈中，一向很有合作诚意的东道主没有再和他们进行任何实质性的会谈。

伊朗信奉伊斯兰教，伊斯兰教教规要求每天做5次祷告，祷告时工作暂停，这时客人绝不可打断他们的祈祷或表示不耐烦。王先生对推迟会晤表示不满，显然是不了解阿拉伯国家的这一习俗。伊朗人的着装比较保守，特别是妇女，即便是外国妇女也不可以穿太暴露的服装。韩小姐的无袖紧身上衣和短裙，都是伊朗人所不能接受的。在伊朗，左手被视为不洁之手，一般用于洁身之用，用左手递接物品或行礼被公认为是一种蓄意侮辱别人的行为。难怪韩小姐在宴会上的举动引起了主人的异常不满。

致使王先生的公司失去商务机会的原因，是他们访问前未对对方的商务习俗、宗教信仰、风俗习惯等方面进行认真的调研准备，在尊重对方、入乡随俗等方面做得非常不够。

在长期的涉外商务往来中，逐步形成了外事商务礼仪规范，也叫涉外商务礼仪。涉外商务礼仪就是人们参与国际商务活动所要遵守的惯例，是约定俗成的做法。涉外商务礼仪强调交往中的规范性、对象性、技巧性。随着经济全球化速度的加快，国际贸易和对外交往将日益频繁，了解涉外商务礼仪的内容和要求显得尤为重要。

随着社会的发展和科技的进步，世界变成了一个地球村。国际贸易和对外交往将日益频繁，各种类型、各种层次的文化交流、贸易往来和外交谈判也越来越显示出其在社会、政治、经济生活中的重要地位，跨文化交际成为每个民族生活中不可缺少的部分。然而，文化差异是跨文化交际的障碍，克服文化差异造成的交际障碍已经成为整个世界共同面临的问题。

任务1　涉外商务基本礼仪

随着改革开放的不断深入，中国人同外国人直接打交道的机会越来越多，不论是旅游接待，还是友好往来，都需要既尊重对方，又维护好我方的国格、人格。处理好这个问题的关键，就是要在涉外交往中学习、应用国际礼仪，遵守国际交往惯例。国际礼仪指的是在国际交往活动中，符合国际惯例，对交往对象表示尊敬和友好的约定俗成的习惯做法。由于历史的原因，西方礼仪在某种程度上似乎成了国际礼仪。但是国际礼仪并不等同于西方礼仪，并且随着社会的发展，国际礼仪也在不断进步与完善。

涉外商务礼仪的基本原则，既是对国际礼仪的高度概括，也是在国际商务交往活动中应遵循的基本准则。了解和掌握涉外商务礼仪通则，并在交往中遵守和应用，可以更好地进行沟通和交流，并起到事半功倍、举一反三的作用。

一、涉外商务礼仪通则

（一）基本要点

维护形象、热情有度；不卑不亢、不宜为先；求同存异、尊重隐私；入乡随俗、女士优先；信守约定、以右为尊。

（二）基本原则

共同生活准则是在公共生活和人们交往中公认的、最简单的公共生活准则。遵守最基本的共同生活准则是礼仪的起码要求，如在公共场所遵守公共秩序、不打搅别人、不干扰影响别人、不给别人造成麻烦和不方便、尊重别人、讲究社会公德等。如果连最起码的共同生活准则都不能遵守，就根本谈不上国际礼仪了。

1. 维护自身形象

与外国宾客交往过程中，一个人的形象往往代表着所属国家、所属民族的形象。因此，一定要重视维护本国和自身的形象。

2. 态度不卑不亢

在外国宾客面前，不要表现得畏惧自卑、低三下四，也不应该表现得狂妄自大、过分嚣张。正确的态度应该是不卑不亢，既尊重外国宾客的风俗习惯，虚心向外国宾客学习他们的长处，同时也要自尊自爱，积极宣扬本国的文化和优势。在面对不同国家的宾客时，更要平等待人，不因国大国小、国强国弱、国富国穷而亲疏有别。

3. 注意求同存异

国际礼仪最基本的原则之一是人与人之间要相互谅解、和睦相处。了解、掌握礼仪的基本常识固然十分重要，但更重要的是对别人的理解，尤其是当别人在交往中出现失误时，不使对方因此而感到难堪。另外，由于各国礼仪和习俗存在一定程度的差异性，在交往时“求同存异”就十分必要了。“求同”就是要遵守国际通行的礼仪，“存异”就是不要否定他国的礼仪习俗，同时对他国的礼仪习俗要加以了解，并予以尊重。

4. 信守约定

信守时约是国际礼仪的基本原则之一。交往中必须遵守时间，不能无故迟到，否则是极不礼貌的。西方人士惜时如金，对每天的日程都制定了详尽的安排，工作作风严谨，办事井井有条。不遵守时间，往往会打乱工作的秩序和安排，是西方人士所不能容忍的。

交往中要严格遵守自己的承诺，说话一定要算数，许诺别人的事一定要兑现。在现代生活中，讲信誉、取信于人是建立良好人际关系的基本前提，信守时约是取信于人的主要要求。在人际交往中，言而无信，失信、失约是违背礼仪基本原则的，既不尊重对方，也会严重损害自己的形象，是十分要不得的。

5. 不要过分谦虚

中国人喜欢含蓄和委婉，尤其是他人对自己进行赞美或者表扬的时候，往往主张自谦和自贬，认为过多的自我表现是一种张扬的行为。但在外国人看来，一个人尽管不应该自吹自擂、自我标榜，却也不应过分谦虚，这被认为是没有自信的一种表现。因此，当外国人赞美你的长相、服饰及手艺等的时候，你应该说“谢谢”。这样，外国人才会觉得你比较自信，而且也体现了你对对方的礼貌。

6. 尊重个人隐私

个人隐私往往是一个人出于个人尊严和其他某些方面的考虑，而不愿意公开的个人秘密和私人事宜。在国际交往中，人们非常重视个人的隐私，不尊重个人隐私的人会被视为没有教养的人。

7. 坚持女士优先

女士优先是国际社会上公认的一条重要的礼仪原则。为了表示尊重妇女，在公众场合处处都要遵守女士第一的原则。

【拓展阅读】

“女士优先”的起源及表现

“女士优先”的原则起源于欧洲中世纪的骑士之风，是传统的欧美礼节的基础，后来成为国际社会公认的重要礼仪原则。“女士优先”是指在一切社交场合，每一个成年男子都有义务尊重、照顾、关心、保护妇女，想方设法地为妇女排忧解难。国际社会强调“女士优先”的原则，主要原因并非认为妇女是弱者，需要同情、帮助和保护，而是认为妇女是人类的母亲，对妇女处处给予优待，是对母亲的尊敬和感恩。

在国际交往的各种场合，“女士优先”的原则已逐步演化成为一系列具体的、操作性很强的做法。“女士优先”的原则主要适合于国际社交场合，在公务场合则不强调“女士优先”。另外，在阿拉伯世界和一些亚洲国家，人们依然以“男尊女卑”为原则。但在国际社交场合，“女士优先”仍是被广泛采用的社交基本原则。

“女士优先”的具体表现：行路中，男女并肩而行，女士在右（右侧安全）；男女前后而行女士在前（除非前面有障碍物或危险，则由男士在前）。男女上楼同行，女士在前；下楼同行，女士在后。乘车时，男士要给女士让座。乘坐火车和巴士时，如不拥挤，男士应先上车，接应女士或为女士找座位。到站后，男士先下车，接应女士。乘出租车时，男士后上先下，以拉开和关闭车门，协助女士上下车。社交中，男士要先向女主人问候。女主人走来时，应当起立。与站着的女士交谈时不能坐着，与陌生女士交谈要有分寸。在餐馆中见面，男士不能迟到。同时到餐馆时，女士先进门、入座，男士在旁协助。点菜应先征求女士意见，但叫菜、埋单由男士负责（女士做东除外）。用餐时，男士应照顾身边的女士。用完餐后，男士应协助女士拿东西，并在前面开门。

8. 爱护周围环境

在国际交往中，能否爱护环境已经被认为是一个人有没有教养的重要标志之一。在接待外国宾客的时候，往往要注重环境保护，否则会引起外宾的不快。爱护自然环境、要爱护公共财物，爱护动植物、不可乱丢废弃物品、不可随地吐痰、不可乱放私人物品、不可任意制造噪音、不可在公共场合吸烟。

9. 以右为尊

国际社会的习惯做法是以右为大、为长、为尊，以左为小、为次、为偏。在各类国际交往中，大到外交活动、商务往来，小到私人交往、社交应酬，凡是需要和排列具体主次尊卑位置时，都要坚持“以右为尊”的原则。在并排站立、行走和就座的时候，为了对客人表示尊重和友好，主人应主动居左，而请客人居右。“以右为尊”的原则在国际社会上是普遍使用的，只要遵循这一原则，就能以不变应万变，轻而易举地处理好各种情况，不会发生失礼于人的问题。需要注意的是，我国的传统做法是“以左为尊”，在国际交往中，我们应“内外有别”，按照国际惯例的要求，坚持“以右为尊”，以正确表达对客人的情谊。

在国际交往中，还会遇到一些新的具体问题需要正确处理，如在没有明文规定的情况下，如何判断礼仪的正确与否呢？在这种情况下，判断礼仪正确与否的重要标准就是看其是否符合多数人的意向，要注意听取多数人的意见，以多数人满意为原则。

10. 入乡随俗

世界上各个国家和民族在长期的历史发展过程中，都形成了各自的文化、习俗和习惯，“入乡随俗”就是对对方特有的习惯加强了解，并予以尊重并遵从。只有如此，才能增进相互之间的理解，保证良好的沟通，并向对方表达亲善友好的情意。相反，如果对对方的习俗少见多怪、妄加非议，甚至以我为尊、厚此薄彼，对交往是十分有害的。另外，在交往中，如果自己是东道主，应讲究“主随客便”；而当自己是客人时，又应讲究“客随主便”。这是“入乡随俗”、尊重对方的具体体现。

二、邀请外宾的礼节

（一）要注意邀请的方式

外宾来访，通常要由东道主先发出邀请，这既是礼节，又是一项必要的手续。邀请一般应以书面方式进行，被邀者在接到邀请函后，应及时给予答复，并据此办理有关的手续。邀请函除表示欢迎之意外，也表明被邀请者的身份、访问的性质以及访问的日期和时间等内容。有时为了表示客气，也可请被邀者在他认为“方便的时候”来访，或将时间留待以后“另行商定”。在迎接宾客到来的过程中首先要做好各位来宾抵达前的准备工作，包括整个接待计划、安排活动日程、确定工作要点、熟悉参观地点等。出发迎接来宾前，要向车站、机场打听清楚抵达的时间，以免空接或迟到，还要了解车辆的停靠地点和行李车是否到达等情况。

（二）要做好接待来宾的各项工作

在来宾下车或下飞机后，要及时向陪同人员索取行李卡，并交给管行李的人员；及时向来宾致简单的欢迎词，并介绍迎送的接待人员，发放导游图和宣传品。

前往宾馆的途中，可根据来宾需要和兴趣介绍沿途景观。来宾抵达后，要向他们发放住房卡，介绍房间情况以及用餐、兑换外币的地点等情况，并及时领其到住房洗漱休息。对来宾提出的要求，凡属合理的，应尽量想办法满足；自己力所不能及的，应立即向上级汇报。要及时将来宾情况、参观要求、具体时间等通知参观单位。参观中，要结合来宾特点，热情耐心地介绍情况，对于来宾感兴趣的进行实事求是地解释和讲解，要虚心待客、谨慎有礼，切忌自以为是或流露傲气。

（三）要做好送行和善后工作

在游览参观结束后，要根据来宾车次、航班的准确时间，事先与负责行李的人员约好取行李。交接行李时要分别与来宾、负责行李的人员如数交代清楚。等来宾到机场（车站）后让其稍稍休息，待手续办好后再将机票（车票）、行李卡交与领队或陪同人员。

三、陪同外宾的礼节

随着国际交往的日益频繁，各国社会知名人士、企业家之间的互访活动大量增加。这些访问包括正式的工作访问、考察访问、各种业务访问，以及顺道访问、非正式的私人访问等。除了双边的访问活动以外，还有许多多边性质的国际会议、会晤以及其他国际活动。这个过程中免不了需要陪同外宾，如何做好接待工作、当好东道主，是礼宾交往中的重要课题。

（一）抽出一定时间学习和研究客人所在国或组织的基本情况、背景以及日程安排

适当地了解一些当地的风土人情是十分必要的。另外，应该明确接待的方针和要求，结合当时国内外的大事，研究客人可能提出的问题。了解外宾抵达的时间，按时去机场迎接，并对外宾的车、行李、宾馆等作出安排。对于外宾旅途的劳累、由于时差产生的不适反应要予以关心。

（二）外宾到达后可请团长介绍该团的一般情况，核对入境人数、护照签证、停留天数等，并酌情交代参观访问的注意事项，通知客人旅行的具体日程

注意陪同人员不宜过多，陪同人员不能中途离去或不辞而别。在向外宾介绍情况时，不要只对少数几个人讲话而冷落了其他人。以眼神示意表示在对每一个人讲话，是很有必要的。对外宾提出的问题应区别对象酌情回答，回答不可过简亦不可过繁，没有把握的问题要请示，而不要轻易表态或允诺。

（三）日程安排应松紧适当

活动安排太少，让客人有时在宾馆里无所事事，会感到受冷遇；活动安排太多，又会令客人筋疲力尽。要保持日程安排适当平衡确非易事。有些外宾对参观内容兴趣很大，看得细，难免速度慢，这时应有专人照顾，使大家都参观好。如参观途中有对外宾表示欢迎的标语、板报等对外宣传品，陪同人员也应灵活地向外宾介绍。在整个外宾来访期间，对于外宾生活中的困难、要求等都应予以重视，了解外宾生活情况和身体情况，及时向相关工作人员反映，予以解决。陪同行程中，到外宾房间谈话原则上应两人同去。外宾离开时要安排好他们的行李、行车并到机场、车站或码头送行，做好善后工作。

四、涉外礼仪基本禁忌

（一）涉外言行禁忌

“举止忌”：严忌姿势歪斜、手舞足蹈、以手指人、拉拉扯扯、相距过近、左顾右盼、目视远处、频频看表、伸懒腰、玩弄东西、抓耳挠腮。

“隐私忌”：严忌打听他人履历、他人年龄、女子私事、工资收入、私人财产、衣饰价值，严忌批评尊长、非议宗教、嘲弄异俗，忌讳说人“老”。

“话题忌”：严忌荒唐淫秽的话题。

“语气忌”：严忌大声辩论、高谈阔论、恶言恶语、寻根问底、争吵辱骂、出言不逊。

“礼遇忌”：严忌冷落他人、独谈到底、轻易表态、打断异议、纠缠不止、随意插话、随意辞别。

“握手忌”：对长者、女子或生人，忌主动而随便地握手。

“拉手忌”：在许多拉美国家的街道上，男女之间可以相挽拉手而行，但在同性者之间忌讳勾肩挽手。

“行走忌”：在行进中，忌醉步摇晃、随地吐痰或乱扔废物。

“路谈忌”：路遇熟人时，忌在路中央交谈或在路旁久谈；与女子路谈，应边走边谈，忌在路边立谈。

“作客忌”：到亲友家作客，进门后切忌不脱帽和带雨具；与女子对坐，切忌吸烟。

“会客忌”：会见客人时，忌坐姿歪斜和小动作，忌家人吵骂或看表、询问时间。

“慰问忌”：探病时，忌久谈；吊唁时，忌先提及死者。

“数字忌”：忌讳“13”，甚至星期五和每月的13日也被忌讳，认为这些数字包含着凶险。相反，西方人却对“3”和“7”很喜欢，认为这两个数字包含着吉利。

“床位忌”：严忌把床对着门摆放。

“颜色忌”：欧洲人多忌黑色，认为黑色是丧礼之色。

“衣物忌”：西方人对自己的衣物及行装，有随意乱放的习惯，但忌讳别人乱动。

“婚期忌”：除英国人而外，多数西方人严忌星期六结婚，认为此日绝非黄道吉日。

“扶老忌”：欧美的老人多忌讳由别人来搀扶。他们认为这有损于体面，是受轻视的。

（二）涉外拍照禁忌

在涉外活动中，人们在拍照时，必须不能违反特定国家、地区、民族的禁忌。凡在边境口岸、机场、博物馆、住宅私室、新产品与新科技展览会、珍贵文物展览馆等处，应严忌随意拍照。

在被允许的情况下，对古画及其他古文物进行拍照时，严忌使用闪光灯。凡在“禁止拍照”标志的地方或地区，人们应自觉不拍照。在通常情况下，应忌讳给不相识的人（特别是女子）拍照。

（三）涉外卫生禁忌

1. 个人卫生方面

忌蓬头垢面，忌衣装鞋帽或领口袖口不洁。在正式场合，忌挖眼屎、擤鼻涕、抠鼻孔、挖耳秽、剔牙齿、剪指甲等不卫生的动作。患有传染病的人严忌参加外事活动。

2. 环境卫生方面

忌随地吐痰、乱弹烟灰、乱丢果皮纸屑或其他不洁之物，忌把雨具及鞋下的泥水、泥巴等带入室内，忌把痰盂等不洁器具放在室内醒目的地方。

任务2　亚洲主要国家的商务礼仪

一、韩国

韩国人重视对交易对象的印象。从事商务谈判的时候，谈判对象若能遵守韩国人的生活方式，韩国人对谈判对象的好感会倍增。用餐时，韩国人忌讳边吃边淡。他们认为，吃饭的时候不能随便出声。如不遵守这一进餐的礼节，极可能引起韩国人的反感，因此应务必小心。

（一）韩国人的基本礼仪

韩国人在与长辈握手时，要再以左手轻置于其右手之上。在韩国，“是”与“否”要明确表示。在晴天时，于傍晚时分举行降国旗的仪式，街头、办公室的人们肃立齐唱国歌。

韩国人在社交场合与客人见面时，习惯以鞠躬并握手为礼。握手时，或双手，或用右手，女士可一般不与男士握手，只是鞠躬致意。韩国人崇尚尊老敬老的礼仪传统习惯：一般起床后，子女须向父母问安，远行归来须向父母施跪拜礼；父母外出、回家，子女须送、迎并施礼；若遇年长客人临门时，一般父母要率先向来客施跪拜礼，然后令其子女向客人施跪拜礼，以表示对长者的尊敬。

按照韩国的商务礼俗，宜穿着保守式样的西装。商务活动、拜访必须预先约会。韩国人和外国人打交道时，必须是准时的。韩国商界人士多通晓英语，老人多通晓汉语。韩国人很重视业务交往中的接待，宴请一般在饭馆或酒吧间举行，他们的夫人很少在场。韩国的宴请招待甚为频繁，吃饭时所有的菜一次上齐。到韩国人家里作客，最好带些鲜花或一些小礼物，要双手递给主人，而主人不当着客人的面打开礼物。

韩国人对长者有必须严守的规矩。他们在社会交往、日常生活（在家庭）中，无不对长辈表示敬重，不敢怠慢。例如，跟长辈同座的时候，他们总是保持一定的姿势，绝不敢掉以轻心；若要抽烟，一定要先得到长辈的允许；用餐时，切不可比年长者先动筷子；小孩决不会吃得比父母快，或比父母早离开座位；不说长辈的坏话，更不会背地里批评长辈。

有的韩国人习惯说一句话就施礼一次，往往在分手之前要敬礼5~6次，以示亲切。男人见面打招呼互相鞠躬并握手，或用双手，或用右手。女人一般不与人握手。

韩国人对日常的礼节相当重视。当几个人在一起，要根据身份和年龄来排定座次。身份、地位、年龄都高的人排在上座，其他的人就在低一层的地方斜着坐下。男女同坐的时候，一定是男士在上，女士在下。

韩国人以其文化悠久为荣，进入他们的住处或饭店需脱鞋，相处时宜少谈当地政治，多谈韩国文化艺术。

访问韩国，最好选择在2~6月或11月，10月假日太多，并且圣诞节前后两周都不宜去访。在韩国，一般勿喝生水（饭店里的水除外），喝“波利茶”（以小麦制成的茶）比喝其他饮料更好，而送礼选择外国烟酒最受欢迎。

（二）习俗忌讳

韩国人的语言词汇中有许多忌讳。因为他们的语音文字与中国的文字语音有许多不可分割的联系，故同音字和一词多义的也很多，如“私”“师”“事”“四”等字同“死”的发音类似，因此人们对这些都很敏感，许多人还很忌讳，传统上都认为与“死”同音的字为不吉利的，数字“4”也是个预示厄运的数字。韩国人对“李”字的解释方法也有忌讳。韩国人也有李姓，但在解释“李”字的写法时，绝不要解说为“十八子”，因在韩语中，“十八子”的读音与一个淫秽的词近似，听起来令人反感，尤其是男子在女人面前，绝不能说这种话，否则会被认为是有意侮辱他人。韩国人也忌讳有人在面前擤鼻涕、吐痰、掏耳朵或衣衫不整，认为这些都是不礼貌的举止。

（三）饮食习惯

在饮食上，韩国人一般不爱吃羊肉、肥猪肉和鸭子，厌油腻，不愿喝清汤，熟菜中不喜欢放醋，不爱吃放糖和带花椒的菜肴。

韩国人特别喜欢吃辣味菜肴，通常吃烤、蒸、煎、炸、炒、汤类菜肴，喜食的菜肴有干烧桂鱼、豆瓣鱼、肉丝炒蛋、细粉肉丝、香干绿豆芽、炸虾球、辣子鸡丁、干炸牛肉丝等。辣泡菜和汤，这两种食品是不可缺少的。

“韩国冷面”是深受韩国人喜欢的传统民族食品。一般用牛肉汤或鸡汤，佐以辣白菜、肉片、鸡蛋、黄瓜丝、葱丝、辣椒、味精、盐等。食用时，先在碗内放少量凉汤与适量面条，再放入佐料，最后再次浇汤。其面条细质柔韧，汤汁凉爽，酸辣适口。

“饺子汤”是韩国民间传统待客食品，是以牛肉熬汤，用牛肉、猪肉、豆芽、白菜、洋葱、辣椒、芝麻、香油、酱油等做馅包成大饺子，放入牛肉汤中煮熟。食用时，连汤带饺，放些调料，其味道甚佳。“烤牛肉”是韩国民间著名的菜肴。其制作方法是将牛肉切成片，然后用力拍打松软，再放入容器中，并投入各种调料搅拌匀，再浸泡、置放 40 分钟后，放在烤架上或用烤签串烤，其风味独特，深受韩国人喜爱。

韩国人多受中国和日本的影响，用餐也使用筷子。在餐具使用方面，韩国人有其特殊的习惯，使用饭碗一般因年龄、性别和季节不同各有区别。有专门的男用碗、女用碗、儿童用碗；夏天多用瓷碗，冬天多用铜碗。韩国人就餐乐于菜齐后一起上桌；泡菜、浓汤及多种调料是韩国人每餐必不可少的食品。

二、日本

日本有“樱花之国”“造船王国”“贸易之国”“钢铁王国”等美称。中日两国人民友好往来的历史源远流长。日本人的许多风俗习惯都可以从中国找到根。与日本人交往，得了解日本人的基本礼仪，还要了解相关的习俗禁忌。

（一）日本人的基本礼仪

日本人重视人际关系，待人接物总是显得彬彬有礼。日本人外出参加各种活动，男士一般是西装革履，女士必须穿和服。日本人的严谨态度是举世公认的，他们参加任何活动都非常准时。接受日本人的邀请，也有一定讲究。如应邀参加正式的宴会，则应郑重其事，梳妆打扮，西装革履。但如果参加郊游或其他的文体活动，即使是首次见面，也只要轻装打扮即可。

日本人办事有板有眼，对自己的感情常加以掩饰，不外露，不喜欢对抗性的言行和急躁的风格。日本人平时说话最能体现这一性格特点，即声音较低，语言十分含蓄，往往使人捉摸不透。在日常交往中，日本人信奉“祸从口出”的格言，因此从不多说一句话，而往往只是用一个“嗨”加以掩饰。因此，在与日本人打交道的过程中，没有耐性的人有时会闹得不欢而散。

日本人爱面子、自尊心极强，一句有伤面子的言语、一个有碍荣誉的动作，都会使事情陷入僵局。因此，与日本人打交道要切记照顾到对方的面子。日本人讲道义、重恩情，知恩图报对他们而言是普通而又相当重要的事情。

送礼是日本人交际中的一项重要内容，同事荣升、结婚、生孩子、生日、过节都会送礼，这种礼仪既是历史的遗风，又被赋予了时代新意。商务交往中，日本人的送礼之风也很盛行。给日本客人送一件礼物，即使是小小的纪念品，他都会铭记心中。因为礼物不但表明送礼一方的诚意，而且也表明彼此之间的交往已超出了商务的界限，说明送礼一方对他的友情，重视了他的面子，他就会记得送礼一方的“恩情”。日本人不喜欢在礼品包装上系蝴蝶结，用红色的彩带包扎礼品象征身体健康，要注意不要给日本人送有动物形象的礼品。

日本人坚信“优胜劣汰”的道理，他们绝不同情弱者，他们尊敬的是强者，如果对方能拿出一套切实可行的办法，他们会提供最大的帮助。日本人虽然尊敬朋友，但天生喜欢掌控别人，尤其是他们认为能力不行的人。因此，与日本人合作一定要有自己的主见。自己能力越强、实力越雄厚，才能越被日本人瞧得起。唯有凭着自己的实力做后盾，才能获得日本人的信赖，合作关系才能更长远。有人说：“日本人是良师益友，而不是衣食父母。”的确，与日本商人合作，应把他们当成老师、朋友，奉行“信赖而非依赖”的原则，如一味听他们的话，永远没有自己的主见，事业的发展也必将处处受限制。

日本人相当重视信誉，这一点在和日本人洽谈业务时可以知道。他们总是随身携带一个记事本逐项记录，对已言明的事情会逐项核对，看看对方究竟有没有做到。如果让他们觉得对方信誉方面有问题，那就很难长期合作下去了。

在日本人之间，鞠躬仍是见面和分手时的必行之礼。在与外国人接触时，日本人已逐渐习惯用握手代替鞠躬了。不过，你仍可能会受到日本人 90 度弯腰之礼。遇到这种情况该怎么办？一般说来，点一下头或稍微弯一弯腰并同时将手伸向对方，就可以了。日本商界对外国人能否规范地鞠躬似乎并不在意。

日本人说恭维话的方式也与西方人不一样。西方人会对对方个人在贸易上的成就或公司的成就直接表示赞赏，而日本人却常常兜着圈子说。例如，如果日本人想称赞你的修养，他不会直截了当地表示，而是对你办公室的装饰发表些议论，即所谓“借题发挥”。

即便在商务活动中，欧美人也常常邀请谈判对手到家里做客或参加鸡尾酒会。但在日本，这样的社交活动是不常见的。日本人喜欢邀请客人到饭店或餐馆吃饭，然后再到酒吧喝酒。日本商人把招待客户作为影响客户的一个手段。由此可见，日本人是很重视吃喝这类交际活动的。

总之，与日本人相处，若能相互尊重、互补所需，你会发现他们其实很好相处，也是值得长期合作的好伙伴。到日本进行商务活动，以春季和秋季为宜。日本气候虽四季分明，但属海洋性气候，因此长年湿润。

（二）习俗禁忌

日本有送礼的癖好，在送礼时往往采取这样的做法：送些对主人毫无用途的礼品，因为收礼的人可转送给别人，别人还可以再转送给第三者。日本人对装饰着狐狸图案的东西则甚为反感，因为日本人相信狡猾的狐狸是贪婪的象征。到日本人家作客，携带的菊花只能有15片花瓣，因为只有皇室帽徽上才有16片花瓣的菊花。

日本人忌讳荷花，忌讳用绿色，认为是死亡的意思。

日本人忌讳“4”。因为日语中“4”和“死”同音，所以日本医院里没有“4”号病房和病床。日本从4月1日到7日叫绿化周，包括街道绿化日、宅旁绿化日、学校绿化日、荒山绿化日、交通绿化日、绿化树木保护日。日本人抽烟通常是自己抽，很少主动敬人香烟，因为日本人认为香烟是有害身体的。日本人一有伤风咳嗽，外出时就戴上白色的口罩。

日本人认为龙虾长须，弯腰像个老人，因此喜欢在元旦这天用龙虾作为装饰品，象征延年益寿，长命百岁。

（三）饮食习惯

日本人讲究食品营养学，讲究菜肴的色泽和形状，口味多为咸鲜，清淡少油，稍带甜酸和辣味。日本料理以鱼、虾、贝等海鲜品为烹饪主料，并有冷、热、生、熟各种食用方法。

日本人爱吃鱼以及各种海味、瘦猪肉、牛肉、鸡、鸭和各种野生禽类及蔬菜、豆腐、紫菜，但不吃羊肉、猪内脏及肥猪肉。

日本人最喜欢喝啤酒，无论是生啤酒或是瓶装的都受欢迎。在夏天，日本的部分百货公司更设有露天啤酒馆，吸引大量游客。

日本人很讲茶道，餐前餐后都喜欢喝茶，特别喜欢喝清茶。

三、泰国

泰国是一个礼仪之邦，被誉为“微笑的国度”。泰国人性情温和、待人热情、有礼貌。

（一）泰国人的基本礼仪

泰国人见面时通常双手合十于胸前，互致问候，合十后可不再握手。随着社会的发展，在外交和一些正式场合，泰国人也按国际习惯握手致意。泰国人非常尊重国王和王室成员，平时不随便谈论或议论王室，遇有王室成员出席的场合，态度恭敬。在公共场合也很难看到有人大声喧哗或者吵架。

1. 服饰礼仪

泰国各个民族都有自己的传统服饰。现在泰国城市中的男子在正式社交场合通常穿深色的西装、打领带；妇女在正式社交场合穿民族服装，也可穿裙子。在日常生活中，人们可穿各式流行服装，但在公共场合忌穿短裤。

2. 餐饮礼仪

泰国人不喝热茶，而习惯在茶里放冰块，成为冰茶。用餐时，泰国人习惯围着小圆桌跪膝而坐，用手抓食，不用筷子，但现在有用叉子和勺子的。

3. 相见礼仪

生性宽厚、温和有礼的泰国人在见面时合掌说声“沙哇滴卡”（你好）。这种合掌问候方式在泰语中称为“威”（Wai），做法是把双手提到胸前，双掌合并但不贴合，犹如在掌心握着一朵莲花。在不同的场合，面对不同的人或事时，“威”的做法便会有所不同。比如说在向同辈问好时，合掌后指尖不高过下巴；在对长辈行“威”礼时，则须低头让指尖轻触鼻尖；对尊贵的对象，如德高望重的长辈表示尊敬时，则把双掌抬高至额头。泰国人遇到僧侣或象征佛陀的佛像，都会下跪、合掌，并以额头触地膜拜。一般遇到同辈向他们“威”时，泰国人都会以“威”礼回报，但若是晚辈向长辈“威”时，长辈是不必回“威”的，有些只以点头或微笑回应。

4. 喜丧礼仪

泰国人的婚礼必须邀请德高望重的僧人主持仪式，新郎和新娘还要接受客人的祝福。泰国人的出生和丧葬也都要按佛教习俗办理。泰国人死后多实行火葬，火葬在寺院中进行，各地寺院大都设有火葬塔，供火化用。

5. 商务礼仪

到泰国从事商务活动的最佳时间是 11 月到次年 3 月，与大公司打交道，须在赴泰国前两个月去约定。泰国商人喜欢互赠礼物，他们喜欢对方送些小礼品给他的孩子，玩具书画都行。在商务活动中，接受邀请后，一般不能再随意改变主意，否则显得反复无常极不礼貌。在泰国，小汽车的后座是上座。主人请外宾上车时，总是让客人和接待主人一起坐到汽车后座上，一般工作人员则坐到司机座位旁边。泰国是一个笃信佛教的国家，商务活动中不要对泰国人身着的佛饰进行过多的不适当的评论，交往中宜着西装或着衬衫，打领带即可。见面时，双方通常不行握手礼，而行合十礼。不要用左手交换名片或接递物品，泰国人视左手为不洁净。送礼时勿用褐色纸张包装，泰国人喜爱红、黄色，禁忌褐色。荷花最受泰国人喜爱，以荷花为礼，将倍受泰国女士欢迎。

访问泰国各级政府机构宜穿西装，商人见面时穿讲究一点的 T 恤衫、系领带即可。拜访大公司或政府部门必须提前预订时间，并持有用英文、泰文和中文对照的名片，当地两天即可印好。泰国进出口商以华人为主，目前泰商也日渐增多，但大多数是做政府生意。如果需要在曼谷市内四处谈生意，最好包一辆计程车，这样会既方便又省钱。

同泰国人打交道，千万不要夸耀自己国家的经济如何发达。否则，他们会认为你太傲慢，在以后的交往中，有可能会有意地为难你。因此，在泰国商人面前，显得越谦虚越好，他们才能很好地与你配合。另外，在泰国进行商务活动，最好携带旅行支票，少用或尽量不用现金支付。

在泰国进行商务活动，必须尊重当地的教规。如果你对泰国的寺庙、佛像、和尚等作出轻视的行为，就被视为是有罪的，拍摄佛像尤其要小心，比如依偎在佛像旁或骑在佛像上面，就会惹出轩然大波。进入寺庙必须赤脚而行，到当地人家做客，如果发现室内设有佛坛，要马上脱掉鞋袜和帽子。

（二）习俗禁忌

在泰国，注意佛像无论大小都要尊重，切勿攀爬；对僧侣应礼让，但不要直接给钱；常人不能与僧侣握手，女性更不能碰触僧侣，如需奉送物品，应请男士代劳，或直接放在桌上；到寺庙参观应着装应整齐，不要穿短裤、短裙和无袖上装，进入主殿要脱鞋。

泰国人十分注意手、头、脚等方面礼仪，因而有关的禁忌很多。例如，向泰国人递送东西时，比较正式的场合要双手奉上，一般情况下用右手递给对方。泰国人忌讳用左手接递东西，更不能抛东西给他人，否则会被认为是鄙视他人和缺乏教养。泰国人非常重视人的头部，他们认为头是神圣不可侵犯的，因此千万不要轻易抚摸别人的头部。即使是喜爱的小朋友，也绝不可以用手去摸他们的头，否则将被视为是对此小孩所带的神的不尊重。如果长辈在座，晚辈必须坐在地上，或者蹲跪，以免高于长辈的头部，否则就是极大的不尊敬。人坐着的时候，忌讳他人拿着东西从头上面经过。在泰国，只有国王、高僧和父母才能抚摸小孩的头。在泰国人面前盘腿而坐是不礼貌的，进行商务谈判坐下时，千万别把鞋底露出来，这样也被认为是极不友好的表示。用脚踢门会受到泰国当地人的唾弃，更不能用脚给别人指东西，这是泰国人最忌讳的动作。

泰国人讨厌在平时生活中拍拍打打的举止习惯，认为这是不礼貌的。泰国人向上伸出小指表示和好，大拇指朝下表示失败，伸出弯曲的食指则表示死亡。

（三）饮食习惯

泰国美食为全世界人民所熟知，泰国饮食文化是受东、西方文化影响的结合体，发展到现在已经有数百年的历史，无论其味道是辛辣或者酸甜，都遵循了互相融合、互相包容的中庸之道。

泰国菜素以辛辣、酸甜著名，食材采天然新鲜之农产品为主。泰式调味复杂独特，多以香茅、南姜、柠檬、红葱头、小辣椒入味，并加入鱼露、虾酱、椰奶等十几种泰国本地特产的香料。泰国著名的菜肴如凉拌青木瓜沙拉、泰式虾汤（又名冬阴功）、绿咖喱椰汁鸡、脆米粉、泰式炸鱼饼、猪肉沙爹等深受游客们的喜爱。只有亲自品尝才能体会到泰国菜那种独特的酸辣味。泰国菜的味道和形式可以根据不同的厨师、吃客、特定情况乃至烹饪地点来决定，每一道菜都可以根据消费者的口味和饮食习惯进行制作加工。

泰国甜品种类繁多、香甜可口，鲜果、糯米、鸡蛋是主要成分。一般来说，甜品是由鸡蛋、大米磨成的粉，糯米、莲子、棕树糖、大薯粉和椰子为素材，而鲜果则是增加甜品的香味。这些水果包括椰子、香蕉、菠萝、橙类及其他。

泰国的水果种类繁多，一年四季皆有。不论何时何地，都可以吃到新鲜好吃的水果。知名的泰国水果有榴莲（“水果之王”）、泰国芒国、泰国香蕉、木瓜、菠萝、柳橙、柠檬、龙眼、山竹、菠萝蜜、柚子、甜葡萄、罗马甜瓜、酪梨、石榴果、西番莲和红毛丹等。

四、印度

（一）印度人的基本礼仪

印度人见面的礼节有合掌、举手示意、拥抱、摸脚、吻脚。一般两手空着时，口念敬语，同时要施合掌礼。合掌之高低，对长辈宜高，两手至少要与前额相平；对晚辈宜低，可齐于胸口；对平辈宜平，双手位于胸口和下颌之间。若一手持物，则口念敬语，同时要举右手施礼。对于长辈，或对某人表示恳求时，则施摸脚礼（即用手摸长者的脚，然后再用手摸一下自己的头，以示自己的头与长者的脚相接触）。摸脚跟和吻脚礼是印度的最高礼节。印度东南部的一些少数民族的人与客人相见时，总把自己的鼻子和嘴紧紧贴在对方的面颊上，并用力地吸气，以示其对客人的崇敬。印度伊斯兰教徒的见面礼节是按其传统宗教方式，用右手按胸，同时点头，口念“真主保佑”。现代在社交场合上的印度男人也开始运用握手礼节了。

正统的印度锡克教信徒头戴包头巾、不抽烟、不吃牛肉并且不剪头发。进入印度人的住家要脱掉鞋子。如被引见妇女，男人不与妇女握手，而应双手合十，微微弯腰。在公共场所，男人不能与单身女人说话。印度妇女除在重大外交场合外，一般与不与男人握手。

来到印度人家里时，主人会给客人戴花环，客人应马上把它取下来以示谦让；接受或传递食品时，一定要用右手。作客时，客人可以带水果和糖果作为礼物，或给主人的孩子们送点礼品。

印度人喜欢谈论他们的文化业绩、印度的传统、有关其他民族和外国的情况，不要谈及个人私事、印度的贫困状况、军事开支以及大量的外援。

（二）习俗禁忌

印度有“牛的王国”之称，牛是当地最神圣不可侵犯的动物。因此，连牛漫步在街上，也不可冒犯它，很多印度教徒是素食主义者。

印度人大多信奉印度教，一小部分人信奉伊斯兰教、基督教、锡克教、佛教等。印度人忌讳白色，认为白色表示内心的悲哀，习惯用百合花当作悼念品。印度人忌讳弯月的图案，把 1、3、7 视为不吉利的数字，总要设法避免这些数字的出现。印度教徒最忌讳众人在同一盘中取食，也不吃别人接触过的食物，甚至别人清洗过的茶杯也要自己再洗涤一遍后才使用。

印度人平常表示同意或肯定的动作是摇摇头，或先把头稍微歪到左边，然后立刻恢复原状，表示“知道了”“好的”，最易使人误会。

印度等地的人们不希望别人摸自己头上的任何一部分，他们也不喜欢去摸别人的头部。他们认为头部是人体最高的部分，也是人体中最神圣无比的部分，尤其是孩子的头。

印度男性多半包有头巾，印度妇女传统服饰是“纱丽”（Sari），以披裹的方式缠绕在身上。印度妇女穿纱丽时，上衣是一件短袖、露出肚脐的紧身衣（Choli），下身是一条及地的直筒衬裙（Ghagra）。

对印度的女人不可行握手礼，打招呼时只能以合掌颔首的方式（类似祈祷的姿势）。观光客到印度须留意拜会的对方是信奉何种宗教，不可逾礼。若要参观宗教的圣物、庙宇时须穿着深色服装，并脱鞋，以示尊重。

到印度饭店消费，饭店一般都会加10%的服务费，故不须另付小费，若是较高级的饭店还须纳7%的奢侈税。于机场或车站委托搬运行李时，每件应于柜台付1卢比（1印度卢比约合0.1元人民币）小费，不必再付给服务员。搭乘计程车时通常多加车资的10%，但非必须。

（三）饮食习惯

印度人素食者多，且等级越高荤食者越少。由于印度南部气候炎热，当地人一般味重，嗜好辛辣食物，印度北部人的口味相对就轻多了。印度是个香料之国，印度菜的烹调也极重视对香料的运用，主要调料就有十几种。印度北部人烹制羊肉和家禽最为拿手，一般的炮制方法是将鸡肉、羊肉或其他肉类切成小块，腌好后用铁扦串起来挂在炉内，用火烘烤熟。印度人喝茶的方法别具一格，一般都是把茶斟入盘中，用舌头舔饮。印度人一般都不爱喝汤，认为任何一种汤都无法与无色无味、冰凉爽口的白开水相比。印度人喜欢吃中餐，喜欢分餐制，不习惯用刀叉和筷子，一般用手抓食。

印度人在饮食嗜好上有如下特点：喜欢分餐进食，注重菜品酥烂；口味一般，不喜太咸，偏爱辣味；以米饭为主，对面食中的饼类也颇感兴趣；爱吃鸡、鸭、鱼、虾和羊肉；蔬菜喜欢西红柿、洋葱、菜花、鸡蛋、鲜辣椒、豌豆、土豆、圆白菜、菠菜、茄子、洋山芋等；调料喜用黑茴香、黑芥末子、黑胡椒、小豆蔻、丁香、咖喱汁、玉桂枝、芫荽、辣椒粉、茴香、豆蔻皮、姜、玫瑰香精、黄豆粉等；偏爱炸、烤、烩、烧、煮等烹调方法制作的菜肴；很欣赏咖喱鸡、糖醋鳜鱼、烤填鸭、干炸明虾、烩鸡丝、红烧茄子、糖醋里脊、青椒鸡丝、炒辣椒、黄油炒豌豆、鸡火煮干丝、番茄鱼片等菜肴；爱吃香蕉、桔子、枇杷、西瓜、甜橙、番木瓜、椰子、荔枝、芒果等水果；干果喜欢杏仁、花生米等。

任务3　欧洲主要国家的商务礼仪

一、英国

（一）英国人的基本礼仪

英国人见面时互相握手，互道“早安”或“晚上好”。男女之间除热恋者外，一般都不手拉手走路。英国人见面时的称呼也都遵照传统的礼仪习惯，对尊长、上级、不熟的人用尊称，在对方姓名之前要冠以职称、衔称或先生、女士、夫人、小姐等称呼，亲友和熟人之间常用昵称，以示亲切。男性与男性之间不拥抱，否则会被视为笑话。同样，成年男子亲吻一个小男孩也会使孩子感到不自在。

英国人对妇女很尊重，并被外界长期视作英国男士的“绅士”风度，如走路要让女士在前、乘电梯要让女士先进。不尊重女性在英国会被视作没有教养的表现。

英国人谈吐幽默、文雅，说话声音不高。他们认为说话滔滔不绝是一种缺乏教养的表现，只有素质低下的人才会自吹自擂。

与英国人谈话时，切忌指手画脚，微笑是有礼貌的表现。同样，英国人说话委婉，在社交场合，他们从不直接说“上厕所”，而是说“请原谅我几分钟”或“我想洗洗手”等。如果说得太直白，会被视作没有修养。与英国人谈话，若坐着谈应避免两腿张得过宽，更不能跷起二郎腿；若站着谈不可把手插入衣袋。英国人忌当着他们的面耳语和拍打肩背。

此外，英国人特别注意在社交场合用“请”“对不起”“谢谢”等礼貌用语，即使家庭成员之间也是如此。如果不会向英国朋友表达感谢和歉意，也是没有修养的表现。

与英国人交往时，不要谈论政治和宗教问题，更不能将王室的事作为谈话的内容。由于英国是由英伦三岛组成的，在英国人面前不要用“英格兰人”来称呼英国人，而要用“不列颠人”，这样说英国人才觉得满意。英国标榜社交生活的绅士风度，平常相处时彼此很少闲谈，更不谈私事。即使寒暄也很简短，通常只提一下天气情况或者报纸新闻。有时两个英国人在一起工作多年，还不知道对方的家庭住址，甚至叫不出对方的姓名。

英国人坐公共汽车或火车时，总是尽量找个旁边没人的座位坐下。如果旁边有人，立刻用手里的报纸筑起一道“围墙”来。偶尔坐长途车，两个互不相识的旅伴攀谈起来，谈话内容也仅限于气候、新闻等，其他方面很少涉及。

英国人忌讳打带条纹的领带、忌讳不系长袖衫袖口的扣子、忌讳正式场合穿凉鞋、忌讳浅色皮鞋配深色西装。

（二）习俗禁忌

英国的英格兰人占 80%，绝大部分信奉基督教，只有少数人信奉天主教。对数字除忌“13”外，还忌“3”，特别忌用打火机或火柴为他们点第三支烟。一根火柴点燃第二支烟后应及时熄灭，再用第二根火柴点第三个人的烟才不算失礼。

英国人忌用人像进行商品装潢，忌用大象图案，因为他们认为大象是蠢笨的象征。英国人讨厌孔雀，认为它是祸鸟，把孔雀开屏视为自我炫耀和吹嘘。英国人忌送百合花，认为百合花意味着死亡。

英国人喜欢独处，不欢迎别人闯进他们的生活。在英国，未经邀请或约定就去拜访英国人的家庭会被视作对别人私生活的干扰，是非常失礼的举动。一旦英国人邀请某人做客，被邀请者一定要非常准时，晚几分钟可以，晚的时间久了不礼貌，但提前到达更不礼貌。

（三）饮食习惯

英国菜世界驰名，其特点是清淡少油，量少而精，讲究花样。英国人不爱辣味食品，爱喝汤，每餐都要吃水果。

英国人喜欢喝茶，早起后先喝一杯浓红茶，倒茶前，先往杯中倒入冷牛奶。英国人还有喝午茶的习惯，下午 4 点半的午后茶尤为重要。英国人不喝清茶，喜欢在茶中放上牛奶、柠檬或糖等东西，先倒茶、后倒奶会被认为没有教养。

英国人早餐吃各种麦片、三明治、奶油点心、煮蛋和果汁，妇女爱吃可可。英国人午餐、晚餐习惯吃煮鸡、煮鱼、煮牛肉等，肉类以牛肉、羊肉、鸡鸭为主，猪肉、鱼虾、野味均可。英国人进餐时先喝酒，一般以苏打水加威士忌和红白葡萄酒为主，香槟酒、啤酒也喝。英国人晚餐常喝咖啡，吃烤面包。英国人冬天时爱吃瘦肉、喝浓汤，还爱吃水蒸布丁和奶油蛋糕。

英国人不吃动物内脏；不吃带蘸汁的菜肴；忌讳味精调味；不吃狗肉；不喜欢太咸，喜欢甜、酸、微辣；喜欢中国的京菜、川菜和粤菜；喜欢喝威士忌、苏打水，不喜欢劝酒；喜欢牛肉和土豆一起烤制的菜肴。

二、德国

（一）德国人的基本礼仪

德国人素来以严谨、高效而著称，这也是日耳曼民族的特点。第一，纪律严明，法制观念极强；第二，讲究信誉，重视时间观念；第三，极端自尊，非常尊重传统；第四，待人热情，十分注重感情。

德国人非常注重规则和纪律，干什么都十分认真。凡是有明文规定的，德国人都会自觉遵守；凡是明确禁止的，德国人绝不会去碰它。

德国人在人际交往中对礼节非常重视。与德国人握手时，有必要特别注意下述两点：一是握手时务必要坦然地注视对方，二是握手的时间宜稍长一些，晃动的次数宜稍多一些，握手时所用的力量宜稍大一些。

重视称呼是德国人在人际交往中的一个鲜明特点。对德国人称呼不当，通常会令对方大为不快。一般情况下，切勿直呼德国人的名字。称其全称，或仅称其姓，则大都可行。

与德国人交谈时，切勿疏忽对“您”与“你”这两种人称代词的使用。对于熟人、朋友、同龄者，方可以“你”相称。在德国，称“您”表示尊重，称“你”则表示地位平等、关系密切。

德国人在穿着打扮上的总体风格，是庄重、朴素、整洁。在一般情况之下，德国人的衣着较为简朴。男士大多爱穿西装、夹克，并喜欢戴呢帽，女士们则大多爱穿翻领长衫和色彩、图案淡雅的长裙。

德国人在正式场合露面时，必须要穿戴得整整齐齐，衣着一般多为深色。在商务交往中，德国人讲究男士穿三件套西装，女士穿裙式服装。

德国人对发型较为重视。在德国，男士不宜剃光头，免得被人当作“新纳粹”分子。德国少女的发式多为短发或披肩发，烫发的妇女大半是已婚者。

（二）习俗禁忌

德国人一般早晨起得比较早，早晨 7 点左右，大街上就已熙熙攘攘，人们忙着购买食品。德国人还比较注意购置家具、布置家以及衣着的享受。德国人平时还是较节约的，但在一年一度的旅行期间，则希望尽可能地享受一番。

与德国人进行商务交谈时应尽量说德语，或携同翻译员同往。德国商务人士多半会说一些英语，但使用德语会令对方高兴。握手要用右手，伸手动作要大方。称呼对方多用“先生”“女士”等。

德国商人不愿浪费时间，所以宜先熟悉问题，单刀直入。如果应邀到德国人家中作客，客人通常宜带鲜花去，鲜花是送女主人的最好礼物，但必须要单数，5朵或7朵即可。在五彩缤纷的鲜花中，德国人尤其喜欢矢车菊，视它为国花。在德国，不宜随意以玫瑰或蔷薇送人，前者表示求爱，后者则专用于悼亡。白鹳是德国的国鸟。白鹳是候鸟，喜欢在屋顶或高大的树上筑巢。德国人把白鹳筑巢看成吉祥之兆。

应邀到德国人家中作客，客人千万不能带葡萄酒去，因为此举足以显示客人认为主人选酒品味不够好。威士忌酒可以作礼物。德国人甚至从国家意识出发，视浪费为“罪恶”，讨厌凡事浪费的人，因此德国人一般都没有奢侈的习惯。与德国人相处，务必遵守杜绝浪费的习惯，这样才能跟他们打成一片。

德国人很反感在交际场合四个人交叉握手，或者进行交叉谈话，或者窃窃私语，因为那是很不礼貌的。上午10时前、下午4时后，不宜订约约会。与德国人交谈时，要少谈论政治，少炫耀关系，不宜涉及纳粹、宗教与党派之争等话题。德国人极度厌恶“13”与“星期五”。

德国人对黑色、灰色比较喜欢，德国人认定在路上碰到了烟囱清扫工，便预示着一天要交好运。向德国人赠送礼品时，不宜选择刀、剑、剪、餐刀和餐叉。德国人对礼品的包装纸很讲究，忌用褐色、白色、黑色的包装纸和彩带包装、捆扎礼品，更不要使用丝带作外包装。

（三）饮食习惯

德国人是十分讲究饮食的。在肉类方面，德国人最爱吃猪肉，其次才是牛肉。以猪肉制成的各种香肠，令德国人百吃不厌。德国人一般胃口较大，喜食油腻之物，因此德国的胖人极多。在饮料方面，德国人最欣赏的是啤酒。

德国人的口味较重、偏油，主食以肉类为主。他们烹调肉食的方法，有红烧、煎、煮、清蒸，还有特制的汤等。德国人一天的主餐是午餐，而午餐的主食大抵为炖的或煮的肉类，其肉食品以羊肉、猪肉、鸡、鸭为主，但是他们大多数人是不爱吃鱼的，只有北部沿海地区少数居民才吃鱼。德国人还爱吃马铃薯、色拉等。德国人的早餐简单，喜欢咖啡、小面包、黄油和果酱，或少许灌肠和火腿。德国人的午、晚餐稍丰盛，一般家庭都备有各种盘子、碟子、杯子和刀叉。德国人在用餐时，有以下几条特殊的规矩：

（1）吃鱼用的刀叉不得用来吃肉或奶酪。

（2）若同时饮用啤酒与葡萄酒，宜先饮啤酒，后饮葡萄酒，否则被视为有损健康。

（3）食盘中不宜堆积过多的食物。

（4）不得用餐巾扇风。

（5）忌吃核桃。

三、法国

(一) 法国人的基本礼仪

法国人是“边跑边想的人”，这一点与德国人大相径庭。德国人在商谈时会将所有细节完全研讨过，并且确认感到满意之后才会签约。而法国商人则在谈妥了50%的时候，就会在合同上签字了，但昨天才签妥的合同，也许明天又要求修改，这点令对手头疼。但是法国人很珍惜人际关系，而这种性格也影响到商业上的交涉。尚未成为朋友之前，法国人是不会跟对方成交大宗买卖的。

“女士第一”的观念在法国极为盛行。法国人时间观念很强，无论出席什么集会，都习惯准时到达，从不拖拉迟到。法国人在同客人谈话时，总喜欢相互站得近一些，显得亲切。

法国人谈话习惯用手势来表达自己的意思，但是和我们的习惯不同。我们用拇指和食指分开表示“八”，法国人则表示“二”；在表示“是我”的时候，我们通常用手指指向自己的鼻子，而法国人的手指指向自己的胸膛；等等。

法国人初次见面轻轻握手是通常的问候方式，但客人对社会地位较高的人不应主动伸手。法国人在社交场合与客人见面时，一般以握手为礼，少女向妇女也常施屈膝礼。男女之间和女子之间的见面，常以亲面颊代替相互握手。在法国一定的社会阶层中“吻手礼”也颇为流行，施吻手礼时，嘴不应接触到女士的手，也不能吻戴手套的手，不能在公共场合吻手，更不得吻少女的手。

法国人大都着重于依赖自己的力量，很少考虑集体的力量，个人的办事权限很大。法国公司的组织结构单纯，从下级管理职位到上级管理职位大约只有二三级，因此在参加商谈的时候，也大多由一人承担，并且能够决策。因此，商谈往往能够顺利进行。和法国人谈判时，即使他们英语讲得很好，他们可能也会要求用法语进行谈判。在这点上他们很少让步，除非他们恰好是在国外而且在商业上对对方有所求。如果一个法国谈判者对对方说英语，那么这可能是这一天对方可能取得的最大让步。法国人虽然为人冷淡，但不刻板。和法国人建立友好关系，需要长时间的努力。如果你和法国公司建立了多年的友好关系，互惠互利，并且未发生纠纷，那么你会发现他们是容易共事的伙伴。法国人会热忱地与人交往，以美酒佳肴招待他人，使过去的不愉快烟消云散。

与英国人和德国人相比，法国人在待人接物上的表现是大不相同的，主要有以下特点：

(1) 爱好社交，善于交际。对于法国人来说，社交是人生的重要内容，没有社交活动的生活是难以想象的。

(2) 诙谐幽默天性浪漫。法国人在人际交往中大都爽朗热情，善于雄辩和高谈阔论，好开玩笑，讨厌不爱讲话的人，对愁眉苦脸者难以接受。受传统文化的影响，法国人不仅爱冒险，而且喜欢浪漫的经历。

(3) 渴求自由，纪律较差。在世界上，法国人是最著名的“自由主义者”。“自由、平等、博爱”不仅被法国宪法定为本国的国家箴言，而且在国徽上明文写出。法国人虽然讲究法制，但是一般纪律较差，不大喜欢集体行动。与法国人打交道、约会必须事先约定，并且准时赴约，但是也要对他们可能的姗姗来迟而事先有所准备。法国人请人吃饭的话，客人最好不要准时到达，而是要延后到达，以给主人腾出准备的时间。

(4) 自尊心强，偏爱“国货”。法国的时装、美食和艺术是世人有口皆碑的，在此影响之下，法国人拥有极强的民族自尊心和民族自豪感。在他们看来，世间的一切都是法国最棒。与法国人交谈时，如能讲几句法语，一定会使对方热情有加。

(5) 骑士风度，尊重妇女。在人际交往中，法国人采取的礼节主要有握手礼、拥抱礼和吻面礼。

(二) 习俗禁忌

法国人对于衣饰的讲究，在世界上是最为知名的。所谓“巴黎式样”，即与时尚、流行含意相同。在正式场合，法国人通常要穿西装、套裙或连衣裙，颜色多为蓝色、灰色或黑色，质地则多为纯毛。出席庆典仪式时，法国人一般要穿礼服。男士所穿的礼服多为配以蝴蝶结的燕尾服，或是黑色西装套装；女士所穿的礼服则多为连衣裙式的单色大礼服或小礼服。对于穿着打扮，法国人认为重在搭配是否得法。在选择发型、手袋、帽子、鞋子、手表、眼镜时，法国人都十分强调要使之与自己着装相协调、相一致。

法国的国花是鸢尾花。菊花、牡丹、玫瑰、杜鹃、水仙、金盏花和纸花一般不宜随意送给法国人。法国人忌讳用核桃待客或作装饰物。法国的国鸟是公鸡，他们认为它是勇敢、顽强的直接化身，忌讳仙鹤、乌龟。法国人大多喜爱蓝色、白色与红色，他们所忌讳的色彩主要是黄色与墨绿色。法国人所忌讳的数字是“13”与“星期五”。

法国人对礼物十分看重，但又有其特别的讲究。送给法国人的礼物宜选具有艺术品味和纪念意义的物品，不宜送刀、剑、剪、餐具或是带有明显的广告标志的物品。在接受礼品时，接受礼品者若不当着送礼者的面打开其包装，则是一种无礼的表现。男人向女人送香水是恋人之间的事，如果是一般关系则会被认为是有过分亲热和图谋不轨之嫌。

(三) 饮食习惯

作为举世皆知的“世界三大烹饪王国”之一，法国人十分讲究饮食。在西餐之中，法国菜可以说是最讲究的。

法国人爱吃面食，面包的种类很多；法国人大都爱吃奶酪。在肉食方面，法国人爱吃牛肉、猪肉、鸡肉、鱼子酱、鹅肝，不吃肥肉、宠物、肝脏之外的动物内脏、无鳞鱼和带刺的鱼。

法国人特别善饮酒水，几乎餐餐必喝酒水，而且讲究在餐桌上要以不同品种的酒水搭配不同的菜肴；除酒水之外，法国人平时还爱喝生水和咖啡。

法国人用餐时，两手允许放在餐桌上，却不许将两肘支在桌子上。在放下刀叉时，法国人习惯于将其一半放在碟子上，一半放在餐桌上。

四、俄罗斯

（一）俄罗斯人的基本礼仪

在人际交往中，俄罗斯人素来以热情、豪放、勇敢、耿直而著称于世。在交际场合，俄罗斯人惯于和初次会面的人行握手礼。对于熟悉的人，尤其是在久别重逢时，他们则大多要与对方热情拥抱。

在迎接贵宾之时，俄罗斯人通常会向对方献上“面包和盐”，这是给予对方的一种极高的礼遇，来宾必须对其欣然笑纳。

在称呼方面，在正式场合，俄罗斯人也采用“先生”“女士”“夫人”之类的称呼。在俄罗斯，人们非常看重人的社会地位。因此，对有职务、学衔、军衔的人，最好以其职务、学衔、军衔相称。

依照俄罗斯民俗，在用姓名称呼俄罗斯人时，可按彼此之间的不同关系，具体采用不同的方法。只有与初次见面之人打交道时，或是在极为正规的场合，才有必要将俄罗斯人的姓名的三个部分连在一起称呼。

（二）习俗禁忌

俄罗斯大都讲究仪表，注重服饰。在俄罗斯民间，已婚妇女必须戴头巾，并以白色的为主；未婚姑娘则不戴头巾，但常戴帽子。在城市里，俄罗斯人目前多穿西装或套裙，俄罗斯妇女往往还要穿一条连衣裙。前去拜访俄罗斯人时，进门之后应立即自觉地脱下外套、手套和帽子，并且摘下墨镜，这是一种礼貌。

在俄罗斯，被视为“光明象征”的向日葵最受人们喜爱，被称为“太阳花”，并被定为国花。拜访俄罗斯人时，送给女士的鲜花宜为单数。在数字方面，俄罗斯人最偏爱“7”，认为它是成功、美满的预兆。对于“13”与“星期五”，俄罗斯人则十分忌讳。

俄罗斯人主张“左主凶，右主吉”，因此不允许以左手接触别人，或以左手递送物品。俄罗斯人讲究“女士优先”，在公共场合，男士往往自觉地充当“护花使者”。不尊重妇女，在俄罗斯到处都会遭以白眼。

俄罗斯人忌讳的话题有政治矛盾、经济难题、宗教矛盾、民族纠纷、苏联解体、阿富汗战争以及大国地位问题。

（三）饮食习惯

在饮食习惯上，俄罗斯人讲究量大实惠、油重味浓。俄罗斯人喜欢酸、辣、咸味，偏爱炸、煎、烤、炒的食物，尤其爱吃冷菜。总的讲起来，俄罗斯人的食物在制作上较为粗糙一些。

一般而论，俄罗斯人以面食为主，他们很爱吃用黑麦烤制的黑面包。除黑面包之外，俄罗斯人大名远扬的特色食品还有鱼子酱、酸黄瓜、酸牛奶等。吃水果时，俄罗斯人多不削皮。

在饮料方面，俄罗斯人很能喝冷饮。此外，具有该国特色的烈酒伏特加，是他们最爱喝的酒。俄罗斯人还喜欢喝一种叫“格瓦斯”的饮料。

用餐之时，俄罗斯人多用刀叉，忌讳用餐时发出声响，并且不能用匙直接饮茶，或让其直立于杯中。通常，俄罗斯人吃饭时只用盘子，而不用碗。

参加俄罗斯人的宴请时，宜对其菜肴加以称道，并且尽量多吃一些，俄罗斯人将手放在喉部，一般表示已经吃饱。

五、意大利

（一）意大利人的基本礼仪

意大利人在与宾客相见时，习惯热情地向客人问好，面带笑容地以“您”字来称呼客人。意大利人一般都喜欢客人用头衔称呼他们。意大利人的时间观念不强，对约会总习惯迟到，认为这样是礼节和风度。意大利人在官方场合衣着整齐、举止端庄，平时也极爱打扮自己。意大利人在服饰上喜欢标新立异。意大利人有说话心直口快、情绪爱激动的特点，谈问题时从不转弯抹角或耍心计，一般都是直出直入、开诚布公。

意大利人习惯用手语表达个人的意愿，常用的手势有：用大拇指和食指圈成“O”形，其余三指竖起，表示“好”“行”或“一切顺利”；竖起食指来回摆动，表示“不”“不是”“不行”；一边伸出手掌，再加上撇撇嘴，表示“不清楚”和“无可奉告”；用食指顶住脸颊来回转动，表示“好吃”；五指并拢，手心向下，在胃部来回转动，表示“饥饿”；五指并拢，用食指侧面碰击额头，表示骂别人“笨蛋”“傻瓜”。

意大利人喜爱绿、蓝、黄三色，视绿色为春天的色彩；认为蓝色会给人带来吉祥；黄色一般常用于婚礼服装上。意大利人偏爱邹菊，认为邹菊象征着意大利人民的君子风度和天真烂漫。意大利人对狗和猫两种动物异常喜爱。有的人把狗视为自己的家庭成员，认为狗是人类最忠实的朋友。不少人对猫感情极深的原因是，猫曾为当地消除鼠疫立下过功劳。

意大利人相互见面时，大多都习惯行握手礼，朋友之间，多招手示意。意大利的格瑟兹诺人，遇见朋友总习惯把帽拉低，以此表示对朋友的尊敬。

（二）习俗禁忌

罗马天主教为意大利的国教，意大利人另有少量的新教徒和犹太教徒。

意大利人忌讳“13”和“星期五”。认为“13”象征着厄兆，“星期五”也是极不吉利的。意大利人忌讳菊花，因为菊花是用于葬礼上的花，故意大利人把它视为“丧花”“妖花”。

意大利人忌以手帕为礼物送人，认为手帕是擦泪水用的，是一种令人悲伤的东西。因此，用手帕送礼是失礼的，同时也是不礼貌的。意大利人忌讳别人用目光盯视他们，认为目光盯视他人是对他人的不尊敬，可能还有不良的企图。意大利人在与客人闲谈中，不喜欢议论有关政治方面的问题以及美国的橄榄球等话题。

（三）饮食习惯

意大利人喜欢吃面食和米饭，面食既可以当主食，又可以作为菜肴。意大利菜肴具有味浓、原汁原味的特点。烹调技艺上以炒、煎、炸、红烩、红焖等方法著名。意大利人喜欢吃海鲜，对我国的粤菜、川菜比较喜欢，但川菜要无辣或微辣。意大利人餐后喜欢吃水果或喝酸牛奶。酒是意大利人离不开的饮料，几乎每餐都喝。

意大利人晚餐时间大都拖得很长，从晚上 8 点才开始，一直吃到深夜，菜肴相当丰富。意大利风味的菜肴可与法国大菜媲美，在世界上享有很高的声誉。其特点是味浓、香、烂，以原汁原味闻名。意大利人吃饭的习惯一般是有六七成熟了就吃，这是其他国家所没有的。在西方国家中，意大利面条产量之高、消费量之多，可谓首屈一指。意大利通心面约有 80 种，吃通心面时，不要出声太大，一定要使用刀叉和汤匙。其使用方法是右手拿叉子，左手拿汤匙，这是吃通心面的诀窍；以刀叉卷起面条，一口一口斯斯文文地吃；吃到最后，得把碟子里的调味品吃个精光（绝不能留下），这才是吃通心面的正统方法。在当代世界流行的方便食品中，意大利薄饼堪称各类食品中的佼佼者。

任务 4　美洲主要国家的商务礼仪

一、美国

（一）美国人的基本礼仪

美国人热情、开朗，乐于助人，喜欢结交朋友，在社会交往中不拘小节。

美国人的穿着以体现个性为主，很难从服装上看出他们是富有还是贫穷、他们的身份地位如何。一位穿着时髦笔挺西装的男士，看上去像某大公司的老板，其实他可能是演艺界的演艺人员，或者是一个美容美发师；穿着牛仔裤、运动鞋、旧 T 恤衫的，看似流浪汉，其实却可能是一位不修边幅的大老板。因此，若简单地以衣帽取人，不仅会主次不分，使自己陷入窘境，而且会让美国人轻视。当然，在正式的场合下，美国人的服装还是比较讲究的。

美国人很珍惜时间，浪费他们的时间等于侵犯了他们的个人权利，因此拜访美国朋友须预先约好；赴约要准时，不迟到、不早退；要准备好话题，谈完事就告辞；如果送上点小礼物，他们会很高兴。

见面时，应互相问安，主人应主动向客人介绍自己的身份和来宾的姓名以及他们的工作、爱好。与美国朋友握手，用力不能太小，否则有不礼貌之嫌。男士与女士握手时，要待女士伸出手时方可与对方握手，一般只宜轻轻握住女士的手指部位。

交谈时要注意态度文雅，不要用过大的手势，也不要口吐飞沫，更不要用食指指着对方；不要左顾右盼和看表，不要随便打断对方。谈话内容不要涉及个人隐私，比如年龄、婚姻状况、收入、财产、宗教信仰等。

美国人有时会用手搭在对方的肩膀上，表示肯定与鼓励。见面结束时，要把有关计划或反馈意见告诉他们。

美国人与客人见面时，一般都以握手为礼。他们习惯于手要握得紧，眼要正视对方，微弓身。美国人认为这样才算是礼貌的举止。美国人对握手时目视他方很反感，认为这是傲慢和不礼貌的表示。美国人在社交场合与客人握手时，还有这样一些习惯和规矩：如果两人是异性，待女性先伸出手后，男性再伸手相握；如果两人是同性，通常应年长者先伸手给年轻者，地位高者先伸手给地位低者，主人先伸手给客人。美国人另外一种礼节是亲吻礼，这是在彼此关系很熟的情况下行的一种礼节。

美国人对握手时目视他方很反感，认为这是傲慢和不礼貌的表示。美国人忌向妇女赠送香水、衣物和化妆用品。美国妇女因有化妆的习惯，所以不欢迎服务人员送香巾擦脸。美国人不喜欢在餐碟里剩食物，认为这是不礼貌的。

（二）习俗禁忌

美国人有三大忌：一是忌有人问他的年龄，二是忌问他买东西的价钱，三是忌在见面时说“你长胖了”。因为年龄和买东西的价钱都属于个人的私事，他们不喜欢别人过问和干涉；至于“你长胖了”，在美国人看来是贬义的。在美国，有“瘦富胖穷”的概念，一般富人有钱游山玩水、锻炼健身，身体练得结实；穷人没多少钱，更无闲暇去锻炼，普遍偏胖。

美国人忌讳同性人结伴跳舞，因为在他们眼里，异性结伴跳舞是天经地义不容违背的。

美国人大多信奉新教和罗马天主教，其次为犹太教、东正教、伊斯兰教，印度教和佛教只有少量信徒。美国人忌讳“3”“13”和“星期五”，认为这些数字和日期都是厄运和灾难的象征。

美国人忌讳蝙蝠和用蝙蝠作图案的商品、包装品，认为它是吸血鬼和凶神的象征。

美国人忌讳有人冲他们伸舌头，认为这种举止是污辱人的动作。

美国人忌讳说“老”，老年人不喜欢他人恭维其年龄。

美国人忌讳黑色，认为黑色是肃穆的象征，是丧葬用的色彩。

美国人特别忌讳他人所赠礼物是带有其公司标志的便宜礼物，因为这好像在为公司做广告。

美国人忌讳有人在自己面前挖耳朵、抠鼻孔、打喷嚏、伸懒腰、咳嗽等，认为这些都是不文明的，是缺乏礼貌的行为。若喷嚏、咳嗽实在不能控制，则应避开客人，用手帕掩嘴，尽量少发出声响，并要及时向在场人表示歉意。

美国人忌讳新娘在婚礼前试穿婚礼服，认为这意味着离婚。

（三）饮食习惯

美国人的早餐通常有炒或煮鸡蛋、香肠、油炸土豆片、薄煎饼、果子冻、烤面包、松饼、桔子汁以及咖啡等。

美国人在吃午餐和吃晚餐之前，通常要喝点鸡尾酒，但在加利福尼亚州，人们大都喝葡萄酒。同时，美国人在吃主食之前，一般都要吃一盘色拉。炸蘑菇和炸洋葱圈可作为开胃食品，牛排、猪排和鸡（腿）为主食，龙虾、贝壳类动物以及各种鱼类被统称为海鲜。炸土豆条深受人们喜爱且几乎成了必不可少的食物。另外，美国人特别注意的一点是在餐馆用餐，如有吃剩的食物，一定要打包带回家，以免浪费。

美国人在吃饭的时候刀叉并用，而且他们的用餐方式也是很有讲究的。因此，在应邀与美国朋友一起吃饭时，应特别注意他们的用餐习惯。一般情况下，餐桌上摆放有一副餐刀和两副餐叉，外边的餐叉用于吃色拉，里边的餐叉用于吃主食和其他点心食品，餐刀用来切肉食。如果进餐者两手并用，应左手握叉，右手握刀，而且一次握刀时间不能太长。

美国堪萨斯州法律规定：星期天不准公民吃蛇肉，违反者要被处以监禁。在新泽西州，如果谁在餐馆里喝汤时发出“咕嘟”“咕嘟”的声音，就会被警察拘留。在内布拉斯加州，上午7时到下午7时之内，理发师吃洋葱是违法的。在印第安纳州，吃过大蒜以后的4小时之内不准乘电车或上影剧院。

美国人饮食上忌食各种动物的内脏，不吃蒜，不吃过辣食品，不爱吃肥肉，不喜欢清蒸和红烩菜肴。

美国人用餐的规矩主要有以下6条：不允许进餐时发出声响；不允许替他人取菜；不允许吸烟；不允许向别人劝酒；不允许当众脱衣解带；不允许议论令人作呕之事。

二、加拿大

（一）加拿大人的基本礼仪

加拿大的基本国情是地广人稀，特殊的环境对加拿大人的待人接物有一定影响。一般而言，在交际应酬中，加拿大人最大的特点是既讲究礼貌，又无拘无束。

加拿大国民的主体是由英、法两国移民的后裔构成的。一般而言，英裔加拿大人大多信奉基督教，讲英语，性格上相对保守和内向一些。法裔加拿大人则大都信奉天主教，讲法语，性格上显得较为开朗奔放。与加拿大人打交道，要了解对方情况，然后再有所区别地加以对待。

在日常生活中，加拿大人着装以欧式为主。上班的时间，他们一般要穿西服、套裙；参加社交活动时，他们往往要穿礼服或时装；加拿大人在休闲场合则讲究自由穿着，只要自我感觉良好即可。

（二）习俗禁忌

加拿大人朴实、友善、随和、很易于接近，讲礼貌但不局限于烦琐礼节。在北美，人们在得到他人服务时，一般都会微笑地道声“谢谢”，特别是在接受礼物、感谢主人的热情款待、感谢司机与导游的周到服务、感谢餐馆侍应生端上盘菜之时。

加拿大人在公共场所注意文明礼让，在公共汽车和地铁里都主动给老人和小孩让座，并礼让女士优先，忌讳推撞女性，以避免不必要的法律诉讼。加拿大人开车至人行横道线时，车速减慢。加拿大人乘坐公共交通工具总是依次排队，很少有拥挤现象。在公共场所，加拿大人一般不大声喧哗。当有事或出错时，加拿大人会说“打搅了”或“对不起”等用语，来表达礼貌性歉意。

加拿大的国花是枫叶，国树是枫树。加拿大人忌讳将白色百合花作为礼物送人。

加拿大人大多数信奉新教和罗马天主教，少数人信奉犹太教和东正教。他们忌讳“13”和“星期五”，认为“13”是厄运的数字，“星期五”是灾难的象征。加拿大人忌讳白色的百合花。因为它会给人带来死亡的气氛，人们习惯用它来悼念死人。加拿大人不喜欢外来人把他们的国家和美国进行比较，尤其是拿美国的优越方面与他们相比，更是他们不能接受的。加拿大妇女有美容化妆的习惯，因此他们不欢迎服务员送擦脸香巾。加拿大人在饮食上，忌吃虾酱、鱼露、腐乳和臭豆腐等有怪味、腥味的食物；忌食动物内脏和脚爪；不爱吃辣味菜肴。

（三）饮食习惯

由于历史的原因和人种的构成因素，加拿大人的生活习俗及饮食习惯与英、法、美相仿，其独特之处是他们养成了特别爱吃烤制食品的习惯。这主要是由于地理环境天寒地冻的影响。加拿大人在餐具使用上，一般都习惯用刀叉。他们极喜欢吃家乡风味烤牛排，尤以半生不熟的嫩牛排为佳。加拿大人习惯饭后喝咖啡和吃水果。

加拿大人在饮食嗜好上有如下特点：注重讲究菜肴的营养和质量，注重菜肴的鲜和嫩；口味一般，不喜太咸，偏爱甜味；主食一般以米饭为主；副食喜欢吃牛肉、鸡、鸡蛋、沙丁鱼、野味类等以及西红柿、洋葱、青菜、土豆、黄瓜等新蔬菜；调料爱用番茄酱、盐、黄油等；对煎、烤、炸等烹调方法制作的菜肴偏爱；喜爱中国的苏菜、沪菜、鲁菜。

加拿大人对法式菜肴比较偏爱，并以面包、牛肉、鸡肉、土豆、西红柿等物为日常之食。从总体上讲，加拿大人以肉食为主，特别爱吃奶酪和黄油。加拿大人重视晚餐，有邀请亲朋好友到自己家中共进晚餐的习惯。受到这种邀请应当理解为主人主动显示友好之意。

三、巴西

（一）巴西人的基本礼仪

从民族性格来讲，巴西人在待人接物上所表现出来的特点主要有两个方面：一方面，巴西人喜欢直来直去，有什么就说什么；另一方面，巴西人在人际交往中大都活泼好动、幽默风趣、爱开玩笑。巴西人在社交场合通常都以拥抱或者亲吻作为见面礼节，只有在十分正式的活动中，他们才相互握手为礼。除此之外，巴西人还有一些独特的见面礼：其一，握拳礼；其二，贴面礼；其三，沐浴礼。

巴西是由欧洲人、非洲人、印第安人、阿拉伯人以及东方人等多种民族组成的国家，但核心是葡萄牙血统的巴西人。另外，由于从葡萄牙、西班牙、意大利等南欧国家来的移民在巴西占绝大多数，因此巴西人的习俗和南欧的习俗非常相似。

在正式场合，巴西人的穿着十分考究。他们不仅讲究穿戴整齐，而且主张在不同的场合，人们的着装应当有所区别。在重要的政务、商务活动中，巴西人主张一定要穿西装或套裙。在一般的公共场合，男士至少要穿短衬衫、长西裤，女士则最好穿高领带袖的长裙；商务访问时，宜穿保守式样深色西装。无论访问政府机关或私人机构，均要事先订约。和巴西商人进行商务谈判时，要准时赴约。如对方迟到，哪怕是1~2个小时，也应谅解。像大部分拉美人一样，巴西人对时间和工作的态度比较随便。

(二) 习俗禁忌

巴西的印第安人有一种习俗颇有趣，即洗澡和吃饭是他们生活中最重要的内容。若有人到他们家中做客，他们便邀请客人一起跳进河里去洗澡，一次又一次，有的一天要洗上十几次。据说，这是他们对宾客最尊敬的礼节，而且洗澡次数越多，表示对宾客越客气、越尊重。

巴西人大多数信奉天主教，另外也还有少部分人信奉基督教新教、犹太教以及其他宗教。他们忌讳数字“13”，普遍认为“13”为不祥之数，是会给人带来厄运或灾难的数字。因此，人们都忌讳见到、听到“13”。在同客人闲聊中，巴西人往往不愿议论与阿根廷有关的政治问题。他们对行文或通信中，别人代签或以印章替代签字的做法是不理解的，甚至认为这是不尊重对方的表现。巴西人忌讳紫色，认为紫色是悲伤的色调；忌讳绛紫红花，因为这种花主要用于葬礼上。巴西人还把人死喻为黄叶落下，因此棕黄色就成凶丧之色，很为人们所忌讳。巴西人忌用拇指和食指联成圆圈，并将其余三指向上升开，形成“OK”的手形，认为这是一种极不文明的表示。巴西人送礼忌讳送手帕，认为送手帕会引起吵嘴和不愉快。

巴西的国花：卡特兰。巴西的吉祥象征：蝴蝶。

适于与巴西人谈论的话题：足球、笑话、趣闻等。

(三) 饮食习惯

巴西人饮食极具地方特点。在巴西的每个地方，烤肉是极为主流的风味菜，是巴西的著名风味菜肴。巴西烧烤代表了十足的拉丁风情：不拘一格、活力四射。巴西有“咖啡王国”之称，巴西人比较喜欢喝浓咖啡，饭后闲谈时喜欢喝一杯浓浓的、加方糖的黑咖啡。

巴西人平常主要吃欧式西餐。因为畜牧业发达，巴西人所吃食物之中肉类所占的比重较大。在巴西人的主食中，巴西特产黑豆占有一席之地。

在饮食方面，巴西因为是欧、亚、非移民聚集之地，饮食习惯深受移民国响，所以各地习惯不一，极具地方特点。巴西南部土地肥沃，牧场很多，烤肉就成为当地最常用的大菜。巴西东北地区人们的主食是木薯粉和黑豆，其他地区的主食是面、大米和豆类等。蔬菜的消费量，以巴西东南部和南部地区居多。巴西有名的菜肴有：豆子炖肉是巴西全民主菜，是用豆子烹煮而成的菜；烤肉为巴西国菜，在巴西的每个地方，烤肉都是具有巴西风情的风味菜；坑炖羊肉凭其特有的烹制方式和乡村风味风靡巴西全国。巴西素有“咖啡王国”的美誉，喝咖啡也就成了人们的习惯。

巴西人饮食上忌吃奇形怪状的水产品和用两栖动物肉制作的菜品，也不爱吃用牛油制作的点心。

巴西人用餐惯以欧式西餐为主，也乐于品尝中国菜肴。

黑豆是巴西人每天必不可少的主食品，可用之做黑豆饭。巴西的国菜之一“脍豆”，就是用猪蹄和黑豆等做原料，放在砂锅内一起炖制的。“烤肉”是巴西人最喜欢吃的风味菜之一，又是一道国菜，还是一种大众菜。因此，许多巴西人家里都备烤炉，以备宴请宾客或自家享用。巴西人最爱吃里脊肉，大都喜欢辣味菜肴。巴西人最爱喝咖啡，每天就像中国人饮茶一样，对咖啡一杯接一杯地喝个够。

巴西人在饮食嗜好上有如下特点：讲究菜肴量少而精，注重菜肴的营养成分；口味一般不喜太咸，爱麻辣味；主食以黑豆饭为主；爱吃鱼、牛羊肉、鸡和各种水产品；喜欢西红柿、白菜、黄瓜、辣椒、土豆、洋葱等各种蔬菜；调料喜用棕榈油、胡椒粉、辣椒粉等；对清蒸、滑炒、炸、烤、烧等烹调方法制作的菜肴偏爱；对中国的川菜最为推崇；很欣赏什锦拼盘、干烧鱼、辣子鸡丁、鱼香腰花、软炸虾球、糖醋鳜鱼、炒里脊丁等风味菜肴。巴西人喜欢饮用葡萄酒、香槟酒、桂花陈酒，也爱品尝中国的茅台酒，但一般酒量不大。巴西人爱吃水果中的菠萝、香蕉、柑桔、葡萄、苹果等；干果喜欢腰果、杏仁等。

四、阿根廷

（一）阿根廷人的基本礼仪

阿根廷人大多数为欧洲人后裔，其中以英国人、意大利人为主，政界和工商界人士普遍衣饰讲究，言行举止规矩大方。因此，在进行商务活动时必须注意仪容仪表，男士最好穿保守式样的西装、打领带，参加正式酒会和宴会时，着中式或西式深色服装均可，女士衣饰以得体大方为宜。即使是外地来的观光客，也绝不例外。外国人经常以服装取人，如果衣冠不整，他们就认为这个人不正派，服装是他们据以进行人物评价的基础。因此，到公司或机关访问，或到客商家做客，都必须西装革履，一副绅士模样。西装的颜色也要注意，一般说来，穿灰色的颜色最不受欢迎。这个颜色令人觉得阴郁、不开朗，如果穿这种颜色的衣服去访问对方，很可能使对方对自己的印象打折扣。

阿根廷人在日常交往中所采用的礼仪与欧美其他国家大体上是一致的，受西班牙影响最大。阿根廷人大都信奉天主教，因此一些宗教礼仪也经常见诸阿根廷人的日常生活之中。在交际中，阿根廷人普遍采取握手礼。在与交往对象相见时，阿根廷人认为与对方握手的次数是多多益善。在交际场合，对阿根廷人一般均可以“先生”“小姐”或“夫人”相称。

在正式场合，阿根廷人的着装讲究干净整齐。做不到这一点的人就会失去阿根廷人的尊重。在一般情况下，不论是进行正式访问还是外出，一定要男穿西装套装，女着套裙或长裙。

凡谈生意，阿根廷人愿意面对面地谈判，通过电话联系很少能成交业务，商务拜访一定要事先预约。

（二）习俗禁忌

阿根廷人在正式社交场合多行握手礼。若是亲朋好友，男子之间行拥抱礼，女士之间用双手握手并互吻脸颊。阿根廷人为了表示对客人的友好和亲热，常会不断地和客人握手。

阿根廷的国花：赛波花。阿根廷的国树：奥布树。

适于与阿根廷人谈论的话题：足球及其他体育项目、烹饪技巧、家庭陈设等。

拜访阿根廷人时，可赠送一些小礼品，但是送菊花、手帕、领带、衬衫等是不适当的。

（三）饮食习惯

阿根廷人普遍喜欢吃欧式西餐，以牛、羊、猪肉为喜食之物。阿根廷人喜欢的饮料有红茶、咖啡与葡萄酒。有一种名为“马黛茶”的饮料，最具有阿根廷特色。

阿根廷式的早餐大部分就是咖啡或茶，加上土司、奶油及果酱。阿根廷人的午餐及晚餐（通常在晚上9点以后）则是非常丰富的，尤其是晚餐，一家人在此时讨论今日发生的事，主菜通常是烤肉，都是在预热的木炭上边烤边吃，配上现榨的新鲜果汁。饭后会有甜点，通常是新鲜的水果和美味的冰淇淋。

五、墨西哥

（一）墨西哥人的基本礼仪

墨西哥文化是多种文化的混合体。墨西哥人多信天主教，其次是基督教。墨西哥的官方语言为西班牙语。墨西哥是一个新兴工业化国家，其白银、硫磺、石油等产品在拉丁美洲乃至世界均居于重要地位。

墨西哥人的穿着打扮，既具有强烈的现代气息，又具有浓厚的民族特色。在墨西哥人的传统服装之中，名气最大的是“恰鲁”和“支那波婆兰那”。前者是一种类似于骑士服的男装，看起来又帅又酷；后者则为一种裙式女装，穿起来让人显得高贵大方。墨西哥人非常讲究在公共场合着装的严谨与庄重。在他们看来，在大庭广众之前，男子穿短裤或女子穿长裤，都是不合适的。因此，在墨西哥出入公共场合时，男子一定要穿长裤，女子则务必要穿长裙。墨西哥的现代服装是印第安式样和西班牙式样长期混合的结果。墨西哥大城市居民的服饰已基本欧化，各种款式都有，但仍可看到传统文化的印记。居民们的衣着偏好鲜艳的色彩，据说这和当年玛雅人的习俗是一致的，他们认为色彩对比强烈的衣着能吓退妖魔，保佑众生平安。墨西哥妇女的头发喜欢梳得很高，常常插上花朵装饰，有的还用五颜六色的羊毛线编头发。

墨西哥人通常的问候方式是微笑和握手，在亲朋好友之间也施亲吻礼和拥抱礼，但忌讳不熟悉的男女之间互相亲吻。墨西哥人的姓名一般由教名、父姓、母姓三部分组成。在一般场合可用略称形式，即只用教名和父姓。妇女婚后改为夫姓，夫姓之前须加一个“德”字表示从属关系。

前去赴约时，墨西哥人一般都不习惯于准时到达约会地点。在通常情况下，他们的露面总要比双方事先约定的时间晚上一刻钟到半个小时左右，在他们看来这是一种待人的礼貌。

墨西哥商人相当功利现实、精打细算。虽然许多墨西哥商人会说英语，但他们却希望对方能说西班牙语。如果接到墨西哥商人用西班牙文写来的信，而用其他文字回信，这在墨西哥会被视为相当失礼。

（二）习俗禁忌

墨西哥人认为紫色是不吉利的棺材色，应避免使用。由此而演变出一大忌讳，即向墨西哥人送礼物，不能送紫色类的物品或以紫色包装的礼品。

墨西哥人不喜欢外人用手势来比画小孩的身高，他们认为这种手势只适用于表示动物的高矮，用在人身上，就有侮辱的意味。在墨西哥，很难见到男女并排在街上走。习俗是男子跟随在妻子后面。在舞会上通常只能女人邀请男人，而不能相反。

在墨西哥，黄色花表示死亡，红色花表示符咒。

墨西哥的国花：仙人掌。墨西哥的国鸟：雄鹰。墨西哥的国石：黑曜石。

墨西哥人最喜欢的颜色：白色。墨西哥人最不喜欢的颜色：紫色。

墨西哥人最讨厌的数字：13。

（三）饮食习惯

墨西哥人的传统食物主要是玉米、菜豆和辣椒。它们被称为墨西哥人餐桌上必备的“三大件”。墨西哥人可以用玉米制作出各种各样的食品。另外，墨西哥有“仙人掌之国”的美称，当地人喜食仙人掌，他们把仙人掌与菠萝、西瓜并列，当作一种水果食用，并用它配制成各种家常菜肴。在食用昆虫方面，墨西哥也是世界上消耗量最大的国家。

墨西哥的菜以辣为主，有人甚至在吃水果时也要加入一些辣椒粉。

在墨西哥，许多人都有以昆虫作为菜的爱好。其居民常以龟、蛇、斑鸠、松鼠、石鸡入菜，家常蔬菜要数炒仙人掌、仙人球最富有特色。

墨西哥人还以嗜酒闻名于世。宾客上门，习惯先以酒招待。

任务 5　非洲主要国家的商务礼仪

一、南非

（一）南非人的基本礼仪

南非社交礼仪可以概括为“黑白分明”和“英式为主”。所谓“黑白分明”，是指受到种族、宗教、习俗的制约，南非的黑人和白人所遵从的社交礼仪不同；所谓“英式为主”，是指在很长的一段历史时期内，白人掌握南非政权，白人的社交礼仪特别是英国式社交礼仪广泛地流行于南非社会。

以目前而论，在社交场合，南非人所采用的普遍见面礼节是握手礼，他们对交往对象的称呼则主要是“先生”“小姐”“夫人”。在黑人部族中，尤其是广大农村，南非黑人往往会表现出与社会主流不同的风格。例如，他们习惯以鸵鸟毛或孔雀毛赠予贵宾，客人此刻得体的做法是将这些珍贵的羽毛插在自己的帽子上或头发上。

在城市之中，南非人的穿着打扮基本西化了。但凡正式场合，他们都讲究着装端庄、严谨。因此，进行官方交往或商务交往时，最好穿样式保守、色彩偏深的套装或裙装，不然就会被对方视做失礼。此外，南非黑人通常还有穿着本民族服装的习惯。不同部族的黑人，在着装上往往会有自己不同的特色。

（二）习俗禁忌

信仰基督教的南非人，忌讳数字“13”和“星期五”。南非黑人非常敬仰自己的祖先，他们特别忌讳外人对其祖先言行失敬。跟南非人交谈，有四个话题不宜涉及：不要为白人评功摆好；不要评论不同黑人部族或派别之间的关系及矛盾；不要非议黑人的古老习惯；不要为对方生了男孩表示祝贺。

（三）饮食习惯

南非当地白人平日以吃西餐为主，经常吃牛肉、鸡肉、鸡蛋和面包，爱喝咖啡与红茶。南非黑人喜欢吃牛肉、羊肉，主食是玉米、薯类、豆类，不喜生食，爱吃熟食。

南非著名的饮料是如宝茶。去南非黑人家做客，主人一般送上刚挤出的牛奶或羊奶，有时是自制的啤酒。客人一定要多喝，最好一饮而尽。

二、尼日利亚

（一）尼日利亚人的基本礼仪

尼日利亚地处西非，居民中穆斯林占47%，基督教徒占34%。尼日利亚是全世界人口最多的黑人国家。

由于尼日利亚以前是英国的殖民地，受英国文化的影响明显，目前尼日利亚商务活动采用的文书图表大多采用的是英国模式。尼日利亚的贸易主要与英国为主，与其他欧美国家也都有贸易往来。在尼日利亚拜访政府官员宜穿西装正装，访问商界人士则不必穿西装，但是宜打领带。拜会政府机关最好先预订约会，而访问商界则并非必要。尼日利亚商人比中东商人要守时得多，守时可创造好印象。在尼日利亚与政府、国营事业单位贸易时须找中介人。在尼日利亚不管职位高低，有要求给“红包”的习惯，因此对于这点要特别注意，并要对其有判断力。

访问尼日利亚最好的时期为10月到次年5月，同时避免圣诞节及复活节前后一周的时间去尼日利亚。同时，一些伊斯兰教假日也是公共假期。去尼日利亚旅行应注意，由于当地高温多湿，黄热病、疟疾、破伤风等传染病在当地相当地流行，出游前一定要接受预防注射，携带预防药物。

（二）习俗禁忌

尼日利亚有许多部族，其习俗与文化传统有很大差别，因此他们的生活方式也截然不同。尼日利亚人总习惯先用大拇指轻轻地弹一下对方的手掌再行握手礼。

谈话中应回避的一个话题是宗教。尼日利亚人不愿谈论政治，特别是有关非洲的政治问题。要避免谈有关南非的事，所携的印刷品不要有涉及南非活动的画面。恰当的话题是有关尼日利亚的工业成就和发展前景。

尼日利亚人和人交谈的时候，从不盯视对方，也忌讳对方盯视自己，因为他们认为这是不尊重人的举止。他们忌讳左手传递东西或食物，忌讳数字“13”。已婚妇女最忌讳吃鸡蛋，她们认为妇女吃了鸡蛋就不会生育。

（三）饮食习惯

尼日利亚人用餐一般习惯以手抓饭，社交场合也使用刀叉。尼日利亚的饮水不是很安全，没煮沸的生水绝不能喝。

三、埃及

（一）埃及人的基本礼仪

埃及是非洲和阿拉伯诸国中经济较为发达的一个国家，传统服装是阿拉伯大袍，在农村不论男女仍以穿大袍者为多，城市贫民也有不少是以大袍加身。在一些边远地区，女子外出还保留着蒙面纱的习俗。

埃及人谈话时习惯站得靠近些，他们的目光注视对方但不盯视。他们认为用手指招呼人是不礼貌的。进入清真寺，他们注意举止恭敬，态度虔诚，忌讳踩祈祷用的铺垫。人与朋友相见时，常称呼对方为"阿凡提"，意思是"先生"，原来这一称呼只限于王室，现在这一称呼已被广泛使用。埃及人见面时一般是握手，随后亲吻对方的脸。埃及还有一种吻手礼。

握手礼禁忌是不要用左手。行拥抱礼应力度适中。亲吻礼根据交往对象不同分为吻面礼，一般用于亲友之间，尤其是女性之间；吻手礼，向尊长表示谢意或是向恩人致谢时使用；飞吻礼，多见于情侣之间。

如果送礼品给埃及人，一定记住图案千万不要是星星、猪、狗、猫及熊猫的图案，因为有悖其民族习俗。

埃及人不喜欢有星星图案的衣服，商务活动用英语。到埃及进行商务活动，最好是在 10 月到次年 4 月。另外，当地每周工作日是从本星期六到下星期四，星期五是伊斯兰教的休息日。

（二）习俗禁忌

埃及人喜欢葱，认为它代表真理；忌讳针，认为它是骂人的话。在埃及，要会给小费，否则寸步难行；与人交谈注意，男士不要主动与妇女攀谈；不要夸人身材苗条；不要称道埃及人家中的物品，人家会以为对方是索要此物；不要与埃及谈论宗教纠纷、中东政局及男女关系。

埃及人喜欢绿色和白色，而忌讳黑色和黄色。他们认为数字"5"和"7"是积极的，而认为数字"13"是消极的。由于伊斯兰教历与公历的差异，斋月的时间每年不同。在斋月期间，如果你在当地人面前吃喝东西或吸烟，会被训斥。

埃及的国花是莲花。埃及的国兽是猫。埃及的国石是橄榄石。

（三）饮食习惯

埃及人的主食有米饭、面包等，荤菜有牛肉、羊肉，素菜有洋葱、黄瓜等。埃及人就餐前一般都要说：以大慈大悲真主的名义。埃及人请客时菜肴丰盛、气氛热烈，主人总是希望客人多吃点。埃及人爱吃羊肉、鸡肉、鸭肉、土豆、豌豆、南瓜、洋葱、茄子和胡萝卜。他们习惯用自制的甜点招待客人，客人若是谢绝而一点也不吃，会让主人失望，也失敬于人。

四、苏丹

（一）苏丹人的基本礼仪

苏丹是一个礼仪之邦，百姓讲礼貌、重礼节。男女见面，通常点头微笑表示问候。同性邂逅，先兴奋地打招呼，然后相互拥抱、亲吻。亲吻的次数以双方关系的疏密而定。关系平平者，通常左右脸颊各亲1下；关系好的，则亲3下居多，同时伴着寒暄。真正的长篇问候是从双方紧紧握着手、彼此对视着眼睛正式开始的，一般没有三五分钟是不会结束的。问候的开头与我们的习惯相差无几，无非是“近来可好”“身体怎样”之类。但苏丹人往往反复地把对方家人的情况问个遍，从健康到生活，从学习到工作，甚至气候、交通等，都会一一问及，见面问个没完。

苏丹的风俗礼仪因民族、区域和宗教的不同而有所差异，其色彩纷呈的文化往往给外来人留下深刻印象。

当应邀到苏丹朋友家中做客时，入室前应主动将自己的鞋脱掉，即使主人说穿鞋进去没有关系，那也只是句客套话，因为当地人都有进门脱鞋的习惯。

苏丹人想结婚要送钱给未来的岳父岳母，得到未来的岳父岳母的同意后才能去政府登记结婚，在没有登记结婚之前是不能有男女关系的，如有事实发生，则视为违法行为。结婚的日子男方杀羊宰牛，请所有亲戚朋友到家里先喝喜茶，方可进餐，视新郎家的财力而定，一般要吃3天以上，还要请礼仪公司的乐队来吹拉弹唱，载歌载舞，热闹非凡。远方来的客人晚上则会被主人安排住宿，苏丹人男女不能同桌进餐，除非是家庭成员，因此在宴席间女人和孩子在室内进餐。

如果苏丹朋友邀请你到他家中做客，你能非常爽快地答应，并准时抵达，苏丹人会欣喜若狂，有时会高兴得手舞足蹈。一旦你推辞，苏丹人会感到十分扫兴，甚至从此断绝与你的来往。这是因为在当地人的传统观念中，拒绝朋友的邀请，不仅是瞧不起人的表现，而且有侮辱人格的含义。

（二）习俗禁忌

苏丹人忌讳左手传递食物或东西，认为使用左手是不尊重人的表现。他们忌讳有人随便与他们国家的女人交谈、握手或接触。在苏丹的别扎部落，男人不准提及母亲和姐妹的名字，否则便被认为没有教养。苏丹人忌用狗作为商品的商标。

（三）饮食习惯

苏丹人以东欧式西餐为主，也非常喜欢中餐。他们用餐惯以右手抓食取饭。他们最喜欢喝本国咖啡（即把咖啡豆焙干、舂成细粉、加入奶酪煮成），他们常常聚集朋友共同品评畅叙心怀。

苏丹伊斯兰教徒禁食猪肉和使用猪制品，不吃怪形食物、不饮酒。苏丹人不吃海鲜、动物内脏（有人吃肝），不爱吃红烩带汁的菜肴。

苏丹人在饮食嗜好上有如下特点：讲究菜肴肉多量大，注重菜品经济实惠；一般口味喜清淡，爱酸辣味；一般以面食为主，也常把肉当主食；喜食牛肉、羊肉、骆驼肉、鸡、鸭、蛋等；常吃的蔬菜有西红柿、洋葱、黄瓜、土豆、豌豆等；调料爱用辣椒、胡椒粉、芝麻等；对煎、烤、炸、炒、熘等烹调方法制作的菜肴更为偏爱；喜爱中国的清真菜；不饮酒，普遍爱喝酸牛奶、咖啡、果汁以及冷开水等饮料，也爱喝浓茶；对水果中西瓜、桃、香蕉都爱品尝；干果喜欢花生米、腰果、核桃仁等。

五、安哥拉

（一）安哥拉人的基本礼仪

安哥拉人见面称谓语同中国汉族颇为近似，如爷爷、奶奶、爸爸、妈妈、叔叔、阿姨等，但对年长者或者外来宾客也有称爸爸、妈妈的习惯。在公共场合或者外交场所，安哥拉人常常称对方为先生、阁下、夫人、女士、小姐等，而且总是同对方的职务连起来相称呼，如总统阁下、部长先生等。安哥拉是一个礼仪之邦，当地居民非常注重礼节。晚辈见到长辈总是主动打招呼问候，长辈也总是彬彬有礼地点头致谢。当地居民见到异国他乡来的客人，总是热情地打招呼，亲切地致以问候，显得很有礼貌。相互熟悉的亲朋好友见面，先是热情握手，然后相互亲吻对方面颊，最后手拉手地说长道短，而且边谈话边用右手拍打对方的手掌，显得亲密无间和格外友善。在农村地区，许多妇女见到外来的女性宾客，即使素不相识，也是主动问候致意，接着便是围着客人转圈跳舞，而且嘴里发出阵阵有节奏的欢叫声，当地人认为这样做是在表达他们内心深处最友好的情感。

安哥拉人中还流行一种特殊的见面问候礼节——开玩笑、说笑话，越是关系亲密者之间所开的玩笑越是放肆，说出的笑话语言越是异常尖刻。安哥拉人把开玩笑、说笑话看成进行感情交流、加深友好关系的一种形式。安哥拉当地流行这样一句谚语："开玩笑是炎热时撒在头上的凉水，开玩笑是疲劳时注入的兴奋剂，不仅让人感到精神上的愉快，而且能够带来朋友之间更加真诚相待。"安哥拉人开玩笑、说笑话多限于朋友之间，内容广泛、形式多样。

安哥拉人热情好客，陌生人见面，交谈一会儿可能成为知心好友，便主动邀请对方到自己的家中做客，倾其家中最好的食品招待，临别时还要赠送一些当地的土特产或者民间工艺品作为纪念礼物。

安哥拉人进行商务宴请时，安排客户在宾馆或者饭店吃西餐，进餐时除主食和菜以外，还摆上各种酒，主人并不劝酒，由客人自己选择。

应邀到安哥拉朋友家中做客，一定要准时赴约，迟到是不礼貌的行为，而早到会令主人因准备不足而显得措手不及。进入主人的家门，首先要注意观察主人在室内是否穿着鞋，如果主人进门就脱掉鞋子，客人也应当学着主人的样子进门就脱掉鞋子，因为安哥拉许多人家的客厅里铺着地毯，进入室内是不穿鞋的。进入客厅，客人要按主人指定位置入座。落座后，宾主交谈过程中，坐姿要端庄，精神要集中，不可左顾右盼、东张西望。对于主人送上的饮料、水果，客人要主动接过来，并说一些感谢的话语。谈话时，宾主双方要避开政治形势、国家领导人情况以及宗教方面的问题等，可以谈一些安哥拉实现民族和解以来在建设国家方面所取得的成就，赞扬安哥拉人民勤劳和智慧。

（二）习俗禁忌

由于受西方殖民主义统治达 500 多年，西方文化的影响在安哥拉可谓根深蒂固。安哥拉近一半的人口信奉罗马天主教，另有 13%的人信奉基督教新教，他们的某些忌讳同西方国家有些近似，如认为数字“13”是凶险而不吉利的，尽量设法避免。在许多城市的门牌号、宾馆的房间号和楼层号、宴会的桌号甚至汽车的编号等均不用“13”这个数字。宴请不安排在某月的 13 日举行，也忌讳 13 个人同桌共餐。安哥拉人也忌讳“星期五”这一天，如果“13 日”和“星期五”碰巧在同一天，人们便称这一天为“黑色的星期五”，不仅当地一般不举行什么活动，而且许多人会整天感到害怕，仿佛灾难马上就要降临到自己头上似的。

（三）饮食习惯

安哥拉当地人的主食是玉米、木薯、小米等，由于当地盛产热带水果，不少人家经常以香蕉、芒果、木瓜等为餐。安哥拉人烹调食物方式独特，大多数人爱吃烤玉米棒或者用高粱糊、玉米糊加上牛奶烙成饼子吃。不少安哥拉人也爱用高粱糊、玉米糊加上瓜类、果类、豆类、食盐等煮成稠粥食用。安哥拉当地盛产木薯，当地人食用木薯的方法也是多种多样，或是切成块状煮熟后再浇上汤汁，或是磨成粉状加水熬成糊状再拌上用西红柿、鱼块或者肉丁制成的浓汁，或是用木薯粉制成肉丁馒头、鱼丁馒头等。

安哥拉当地人食用香蕉的方法也很多，除了当水果食用外，或是将香蕉晒干碾成粉加上面粉制成香蕉糕，或是将香蕉切成片放到油锅里炸制成油炸香蕉，或是将香蕉去皮后蒸或煮成泥再浇上用蔬菜、鱼、肉、鸡等制成的浓汁，或是将香蕉放到火上烤得冒香味后去皮吃等。

安哥拉人待客的饮料有咖啡、汽水、桔子汁、芒果汁、香蕉汁、木瓜汁、茶水、凉水等。进入安哥拉朋友家中做客，客厅里的一只大瓷壶或者大瓦罐格外引人注目，里面盛着凉水。

任务 6　大洋洲主要国家的商务礼仪

一、澳大利亚

（一）澳大利亚人的基本礼仪

澳大利亚人十分注重礼节，因此在很多方面都有其特殊的讲究。澳大利亚人的服饰与西欧人一样，均为西装革履。澳大利亚人很讲究礼貌，在公共场合从来不大声喧哗。在银行、邮局、公共汽车站等公共场所，都是耐心等待，秩序井然。澳大利亚人第一次见面时习惯于互相握手。不过有些女子之间不握手，相逢时常亲吻对方的脸颊。

澳大利亚人大都名在前、姓在后，称呼别人先说姓，接上先生、小姐或太太之类；熟人之间可称呼小名；熟悉之后就直呼其名。男人往往把他们的朋友亲密地唤作“mate”（伙计），大多数男人不喜欢紧紧拥抱或握住双肩之类的动作。在社交场合，澳大利亚人忌讳打哈欠、伸懒腰等小动作。

澳大利亚人习惯拥有较大的个人空间。例如，有人在使用银行自动提款机，在他后面的人应自觉保持 1 米以上的距离。在澳大利亚，推碰别人是极不礼貌的举动。澳大利亚人都习惯于在购物付款、银行存款和等车时排队，即使没有正式的队列，也要遵守先到先得的规则，因此轮候服务时一定要有耐心，澳大利亚人最不喜欢别人插队。也许有人会觉得澳大利亚的生活节奏更为缓慢，但澳大利亚人认为最好的服务是友善而非快捷，办事多花点时间又有何妨。除禁止在餐馆吸烟的城市外，多数澳大利亚餐馆分吸烟区与非吸烟区。

澳大利亚餐馆收 7%的货品及服务税，账单不加服务费，若服务好，通常给 15%的服务费。如果几个人一同外出吃饭，通常是各自支付自己那一份。如果想去极隆重或极受欢迎的餐厅用膳，最好事前致电订位。除非在高级餐厅，一般人都会叫服务生将剩余的食物放在盒子里带回。

如果有人邀请你晚上到他家里作客或吃晚饭，一般做法是带一件不太昂贵的礼物，如鲜花、巧克力或一瓶餐酒。应邀者应问清楚男主人或女主人应什么时间到达，并问明穿着要求是正式还是随意。若是聚餐，可问明应不应带点自制的食品。女主人照例带头开始用餐，先让客人取用主菜，然后自己才用。多数澳大利亚人都率直，如果不喜欢吃某样东西，只需说“不，谢谢你”。临近终了时，主人如有疲倦的迹象，则意味着该是告辞的时候了。宴会之后数天，打一个电话或寄一张简短的致谢函，会令主人感到欣慰。礼尚往来，如果礼仪周到，应该在几个星期之后回请一次。

澳大利亚人特别讲究人与人之间的平等，认为礼尚往来应彼此尊重、互不歧视。平时澳大利亚人喜欢交际，乐意跟陌生人攀谈，并常面带笑容，给人以亲切友好之感。澳大利亚到处人情味特别浓，人们崇尚自由，喜欢无拘无束，就连向来以高度自由著称的美国人也认为该国是他们身居国外行动上最感到轻松自由的国家。澳大利亚是一个十分崇尚礼节的国度，生活中人人注重礼貌，文明用语总是不绝于耳，谈话时总习惯于轻声细语，很少大声喧哗，否则会被认为是一种没有修养的表现。在澳大利亚，到处都盛行“女士优先”的良好社会风气，女性受到人们的普遍尊重。澳大利亚人特别喜欢赞美女士的长相、才气、文雅举止等各方面，认为这是一种有教养的表现。

平时，澳大利亚人还有一个特殊的礼貌习惯，即他们乘坐出租汽车时，总习惯与司机并排而坐，即使是夫妇同时乘车，通常也要由丈夫与司机坐在前座，妻子则独自坐在后排。他们认为这样才是对司机的尊重，否则会被认为失礼。澳大利亚土著居民的一些生活礼俗十分特别。例如，马斯格雷夫山地人习惯以锣声迎送客人。凡有客人来访，他们即敲锣以示迎接，若是来客不受欢迎，他们也以锣声逐客。有些地方的土著居民则有嚼骨告别的礼俗。亲友告别时，总要使劲地咬嚼一根骨头，并使之发出“格格”的声音，以示互道珍重，盼望早日重逢。

到澳大利亚进行商务活动的最佳月份是 3～11 月。澳大利亚是一个讲求平等的社会，不喜欢以命令的口气指使别人。业务约会一定要准时，澳大利亚人的时间观念特别强，历来十分重视办事效率，对约会讲究信义，有准时赴约的良好习惯。社交约会最迟勿超过半小时，如果不得已而迟到，最好先打电话通知对方，并告诉对方将会到达的时间，对方会欣赏这样的做法。一般而言，多数澳大利亚人办事沉着冷静、计划性强，特别是澳籍英国移民后裔，干什么事都喜欢正规，从不马虎从事。平时，他们把工作时间和休闲时间严格分开，界限分明，认为工作是在办公室里干的事情，下班后应该全部忘掉，因此他们通常不喜欢在餐桌上谈论公事，唯恐因此而倒了胃口。澳籍美国移民后裔则恰恰相反，他们特别喜欢边吃边谈，内容包括生意在内的一切公事，而且常常谈得很带劲，他们的许多生意就是在餐桌上谈成的。如果请他人吃饭，要问清楚对方有没有不吃的东西，很多澳大利亚人对某种事物过敏，应尽量注意，对方也会认为是一种礼貌。交谈时，交谈者应尽量谈轻松的话题，如当地的天气、风俗等。

在澳大利亚经商或从事类似的工作，携带名片是很重要的。名片是向对方提供持名片者身份的证明，收到名片的人通常会将它保存起来作为记录，并知道如何与持名片人进行联系。中国人的名片应当用中文、英文或中文和拼音文字印上姓名、在公司中的职务和公司名称、电话、电传和邮箱等。

澳大利亚人有个绝对无法通融的习惯，那就是每周日上午，一定到教堂听道。澳大利亚人自古至今，一直严守“周日做礼拜”的习惯。因此，要避免在周日上午约他们出来打球。

（二）习俗禁忌

在澳大利亚，即使是很友好地向人眨眼，也会被认为是极不礼貌的行为。澳大利亚人对兔子特别忌讳，认为兔子是一种不吉祥的动物，人们看到兔子会觉得要倒霉，认为这预示着厄运将要临头。因此，出口澳大利亚的商品须注意避免使用诸如兔子等不受当地人欢迎的动物图案做商标，以免招致人们的冷落。前往澳大利亚开展商务活动，最好选择在3~11月进行，其他时间多为节假日，应避免前往。

在数字等方面，受基督教的影响，澳大利亚人对“13”与“星期五”普遍反感至极。他们认为“13”会给人们带动不幸和灾难。

澳大利亚人忌讳“自谦”的客套语言，认为这是虚伪和无能或看不起人的表现。

澳大利亚人崇尚人道主义和博爱精神。在社会生活中，他们乐于保护弱者。除了保护老人、妇女、孩子、弱小种族之外，他们还讲究保护私生子的合法地位，将保护动物看成自己的天职。

议论种族、宗教、工会和个人私生活以及等级、地位问题，最令澳大利亚人不满。

（三）饮食习惯

澳大利亚人在饮食上习惯以吃英式西餐及面食为主，其口味喜清淡，不喜太咸，爱甜酸味，忌食辣味菜肴，他们一般喜欢食用以煎、炸、炒、烤方式烹制的菜肴。澳大利亚人在就餐时，大都喜爱将各种调味品放在餐桌上，任其自由选用调味，而且调味品要多，调味品常用番茄酱、葱、姜、胡椒粉等。

澳大利亚的食品素以丰盛和量大而著称，尤其对动物蛋白有极高的需求量。澳大利亚人通常爱喝牛奶，喜食牛羊肉、精猪肉、鸡、鸭、鱼、鸡蛋、乳制品及新鲜蔬菜。传统风味有火腿、煎牛里脊、烤鸡、番茄牛肉、糖醋鱼等。饮料方面，澳大利亚人喜欢饮用啤酒和葡萄酒，对咖啡、红茶等饮料特别感兴趣。同时，澳大利亚人对中餐也比较感兴趣，尤其是喜爱淮扬菜、浙菜、沪菜、京菜。

二、新西兰

（一）新西兰人的基本礼仪

新西兰的人种可分为欧洲移民后裔和本土毛利人，所对应的通用语言为英语和毛利语，主要宗教有基督教和天主教。欧洲移民后裔占新西兰人种大多数，所以主流社会的交际礼仪具有鲜明的欧洲特色尤其是英国特色。新西兰人初次见面的社交礼仪有握手礼、鞠躬礼、注目礼等。

毛利人虽说是新西兰的少数人群，但在商务活动中难免会遇到，因此了解毛利人惯用的社交礼仪还是有必要的。碰鼻礼是毛利人的特色，也是少有的商务礼仪。主人在迎接客人时，主人要与对方彼此用鼻相碰，相互碰上两三次，时间越长，次数越多，表明客人所受的礼遇越高。毛利人除了碰鼻礼外，还会有迎接宾客的列队仪式，仪式人员会有意对客人们吐舌头、瞪眼睛、扮鬼脸等，据说这是毛利人驱邪免灾的仪式，当然对方的领头者也不会“放过”客人，领头者会从腰间取下一支小木棍，放在客人的面前，然后看客人的反应。若是客人不明白此礼仪，必会遭受偏待；若是客人不慌不忙地弯腰拾起，并用目光正视“挑战者”，则毛利人主人认为客人是一位毫无恶意的友善之人，并加以礼待。

欧洲移民后裔的新西兰人奉行平等主义，非常反对交际场合谈身份、摆架子。新西兰人都以自己的职业为荣，绝对不分三六九等。在同新西兰人的交际中，若能直呼其名字，必定会倍受欢迎。

社交活动难免会有宴会、应酬，出席时当然对服装礼仪、餐饮礼仪也是有所讲究的。新西兰人在服饰方面，看重质量，讲究庄重，偏爱舒适。穿着邋遢、紧身拘束的打扮是为新西兰人所厌恶的。在新西兰，女士若出席宴会，不但要身着盛装，而且一定要化妆。新西兰人视不化妆为不礼貌、不尊重别人的表现。新西兰女士出席打高尔夫球的商务活动时，都是身着裙子，这当然不是不礼貌的体现，反而是对别人的尊重。毛利人在出席宴会时，当然是有所不同的。毛利人惯于肩披披肩，腰扎围裙，头戴花环或插羽毛。男性喜欢身着鲜艳的服装，手提长矛利剑，以此耀武扬威，渲染现场喜庆的气氛。

（二）习俗禁忌

信奉基督教和天主教的新西兰人最忌讳数字“13”“666”与“星期五”。若是遇上某天既是 13 号，也是星期五，则新西兰人会尽量避免外出活动，没有非办不可的事情是不会出家门的。纵然新西兰人大多会沿袭欧洲人的习俗，但不喜欢像英国人一样用“V”字手势去表示胜利。

毛利人则信奉原始宗教，信徒相信灵魂不灭，因此对拍照、摄影十分忌讳，宾客不要因美丽而拍摄人物影像，也不要为留念而拍照。

毛利人忌讳让老年人或病重垂危的人住院，因为他们认为只有罪人或奴隶才死于家外。

新西兰面积虽小，但新西兰人多忌讳建造或居住密集型的住宅。

新西兰的国鸟是几维鸟，这种鸟在新西兰备受尊敬。“几维果”在中国叫做猕猴桃，是新西兰人待客和出口的主要果品。

新西兰人比较严肃寡言，并且很讲究绅士风度。当众闲聊、剔牙、吃东西、喝饮料、嚼口香糖、抓头发、紧腰带，均被新西兰人视为不文明的行为。新西兰人奉行“不干涉主义”，即反对干涉别人的一切，特别是对国内种族问题极为反感。新西兰人在男女交往中较为拘谨保守，并且有种种“清规戒律”。在新西兰，男女同场活动往往遭到禁止，如看电影也分男女专场。新西兰人避免谈及收入、年龄、婚姻、家庭、政治信仰、宗教信仰、个人生活习惯等敏感问题。

（三）饮食习惯

新西兰人惯于口味清淡，不喜欢吃有黏性或者辣的食物，喜欢吃牛肉、羊肉、鸡肉、鱼肉等，就餐以刀叉取食，讲究绅士餐桌礼仪，忌讳吃饭时频频交谈。新西兰人除了爱吃瘦肉外，还喜爱喝浓汤，红茶更是一日不可或缺，每天依行六饮，即早茶、早餐茶、午餐差、下午茶、晚餐差、晚茶。若应邀到新西兰人家里吃饭，可以带一盒巧克力或一瓶威士忌作为礼物，礼品不要太多或太贵重。无论中国还是外国，吃饭当然是以酒酬宾。新西兰人也不例外，一样的爱喝酒，但新西兰对售酒却有严格的限制，只有在特许售酒的餐馆里，才能出售葡萄酒，烈性酒也只能是购买了正餐以后，才得出售。

【拓展阅读】

表 5-1　　国际礼仪禁忌

适用对象	禁忌事项	禁忌俗由
印尼中爪哇人	晚间出门吹口哨	招鬼、遇灾
穆斯林	猪图案的装璜	教规、教俗
巴基斯坦人	谈猪、吃猪肉、用猪制品	教俗
巴基斯坦妇女	海参、鱼肚等怪状食物	教俗
沙特人	下象棋	象征弑君叛逆
	客人随意进入主人房间	男女用房有别
沙特妇女	在公开场合抛头露面	教俗
伊拉克人	日常生活中使用蓝色	魔鬼的象征
土耳其人	用花颜色装饰房间、 用绿三角作标志	不吉利的象征、 免费样品标记

表5-1(续)

适用对象	禁忌事项	禁忌俗由
捷克人	用红三角作标志	剧毒的标记
国际上	三角形作标记	警告的标记
瑞典人	饮酒	俗定
匈牙利人	打破玻璃器皿	厄运的先兆
比利时人	蓝色服装，以蓝色物作装饰	不祥、恶兆
意大利人	以手帕为礼品	亲友分离
	房间、门厅、过道、车内吹过堂风	招致患病
希腊人	养猫、爱猫	引人至阴间
埃塞俄比亚人	出门作客时穿黄色服装	哀悼死者
南美印第安人	在陌生人面前说出自己的真名	带来不幸
巴西人	用黄与紫的调配色作装饰色	引起恶兆
不丹人	留山羊胡子	越轨行为

【案例分析】

错误的手势

有位美国商人单身一人到巴西去谈生意，在当地请了个助手兼翻译。谈判进行得相当艰苦，几经努力，双方最终达成了协议，这时美国商人兴奋得跳起来，习惯性地用拇指和食指合成一个圈，并伸出其余三指，也就是“OK”的意思，对谈判的结果表示满意。然而，在场的巴西人全都目瞪口呆地望着他，男士们甚至流露出愤怒的神色，场面显得异常尴尬。

分析：无论在什么场合，手势动作都要非常谨慎地使用。因为手势动作虽然表意十分丰富，在语言表达不顺畅的时候，能辅助我们表情达意。但是，由于国家、民族、风俗习惯的不同，同一手势却会有不同的含义。正如美国人在表示满意、赞赏时喜欢用“OK”的手势，可是在南美，尤其是在巴西，如果做此手势，女性会认为你在勾引她，而男性则认为你在侮辱他，从而马上会做出戒备的姿态。

模块6　商务礼仪实训

【模块速览】

任务1　简妆实训
任务2　仪容仪表实训
任务3　站姿实训
任务4　坐姿实训
任务5　走姿实训
任务6　蹲姿实训
任务7　手势实训
任务8　表情实训
任务9　着装实训
任务10　电话礼仪实训
任务11　商务礼仪综合情景模拟实训

任务1　简妆实训

实训内容、操作标准、基本要求如表6-1所示：

表6-1　实训内容、操作标准、基本要求

实训内容	操作标准	基本要求
基本化妆	（1）涂化妆水，用棉球蘸取向脸面叩拍； （2）涂粉底霜，用手指或手掌在脸上点染匀抹； （3）上粉底，用手指或手掌在脸上染匀抹，不宜过厚； （4）扑化妆粉，用粉扑自下而上，扑均匀	（1）眼要自然不着痕迹，颊宜轻匀； （2）内容可酌情舍弃或变动次序； （3）此操作仅适合简单快速淡妆或工作妆，用时10分钟左右； （4）不在男士面前化妆
眼部化妆	（1）涂眼影：用棉花棒沾眼影在眼周、眼尾、上下眼皮、眼窝处点抹定型使人显得温柔； （2）描眉：蓝灰色打底，棕色或黑色描出适合的眉型，直线型使脸显短，弯型使人显得温柔； （3）描眼线：用眼线笔沿眼睫毛底线描画	
抹颊红	用脸颊红轻染轻扫两颊，以颧骨为中心向四周涂匀，长脸横打胭脂，圆脸和方脸竖打胭脂	
画口红	（1）用唇笔描上下唇轮廓，起调整色泽、改变唇型作用； （2）涂口红，填满轮廓	
检查	发际和眉毛是否沾上粉底霜；双眉是否对称；胭脂是否涂匀；妆面是否平衡；与穿着是否协调；适当调整修改	

任务 2　仪容仪表实训

自己对着镜子根据自己脸型为自己进行发型设计。实训小组内的成员互相评议打分。

根据自己的脸型及五官的具体形状为自己化工作妆，实训小组的成员相互评议打分。

测试与提升：自我检查并填表（见表 6-2）。

组织一次文秘人员“仪容仪表”展示会，学生自己化妆，选择适合自己职业身份的服装。

表 6-2　　测试与提升

自检项目	不足和缺陷	改建方法和要求
头发		
眼睛		
耳朵		
鼻子		
胡子		
嘴部		
脸部		
脖子		
手部		
首饰		
腿部		

任务 3　站姿实训

1. 实训准备

准备一间形体训练室，四面墙安装长度及地的镜子，能从头到脚照到训练人员。实训目的和实训要求参见表 6-3。

表 6-3　　实训目的和实训要求

实训目的	为各项礼仪工作打下基础
实训要求	掌握规范的站姿，能自纠错误直至形成习惯

2. 操作规范（见表6-4）

表6-4　　操作规范

实训内容	操作标准	基本要求
侧立式站姿	（1）抬头，面朝正前方，双眼平视，下颚微微内收，颈部挺直，双肩放松，呼吸自然，腰部直立； （2）脚掌分开呈“V”字形，脚跟靠拢双膝并严，双手放在脚部两侧，手指稍弯曲，呈半握拳状	站的端正、自然、亲切、稳重，即要做到“立如松”
前腹式站姿	（1）同“侧立式站姿”操作标准第一条； （2）脚掌分开呈“V”字形，脚跟靠拢双膝并严，双手相交轻握放在小腹处	
后背式立姿	（1）同“侧立式站姿”操作标准第一条； （2）两脚分开呈“V”字形，两脚平行，比肩宽略窄些，双手在后背轻握放在腰处	
丁字式站姿	（1）同“侧立式站姿”操作标准第一条； （2）一脚在前，将脚尖向外略展开，形成斜写的一个“丁”字，双手在腹前相交，身体重心在两脚上（此姿势限于女性使用）	
站得太累时自行调节	两腿微微分开，将身体重心移向左脚或右脚	

3. 站姿训练的方法

（1）按照标准训练站姿，可以靠墙训练，后脑勺、双肩、臀部、小腿及脚后跟都紧贴墙壁立；也可两人一组，背靠背站立。

（2）配轻音乐，训练4种站姿。

任务4　坐姿实训

1. 实训准备

准备一间形体训练室，四面墙安装长度及地的镜子，能从头到脚照到训练人员。实训目的和实训要求参见表6-5。

表6-5　　实训目的和实训要求

实训目的	为各项服务工作打下基础
实训要求	掌握规范的坐姿，能自纠错误直至形成习惯

2. 操作规范（见表6-6）

表6-6 操作规范

实训内容	操作标准	基本要求
基本坐姿	（1）入座时，要轻而缓，走到座位前面转身，右脚后退半步，左脚跟上，然后轻轻地坐下； （2）女性穿裙时需要用手将裙子向前拢一下； （3）坐下后，上身直正，头正目平，嘴巴微闭，脸带微笑，腰背稍靠椅背，两手相交放在腹部或两腿上，两脚平落在地面（男子两膝间的距离以一拳为宜，女子则以不分开为好）	坐姿的基本要求是“坐如钟”；具体要求是坐得端正、稳重、自然、亲切、给人一种舒适感
两手摆法	（1）有扶手时，双手轻搭或一搭一放； （2）无扶手时两手相交或轻握放于腹部，左手放在左腿上，右手搭在左手背上，两手呈八字形放于腿上	
两腿摆法	（1）凳高适中时，两腿相靠或稍分，但不能超过肩宽； （2）凳面底时，两腿并拢，自然倾斜于一方； （3）凳面高时，一腿略搁于另一腿上，脚尖向下	
两脚摆放	（1）脚跟与脚尖全靠或一靠一分； （2）一前一后或右脚放在左外侧	
“S”形坐姿	上体与腿同时转向一侧，面向对方，形成一个优美的“S”形坐姿	
叠膝式坐姿	（1）两腿膝部交叉，以腿内收与前腿膝下交叉，两腿一前一后； （2）双手稍微交叉于腿上； （3）起立时，右脚向后收半步，而后站立； （4）离开时，先向前走一步，自然转身退出房间	

3. 坐姿训练的方法

（1）对所学的几种坐姿，每次训练坚持20分钟左右，配有轻松优美的音乐，以减轻疲劳。

（2）在日常生活中训练。例如，在乘车时、在上课时、在伏案看书采用坐姿时，都可以按照以上标准坐姿要求进行训练，不放过每一次时机，久而久之，保持优美的坐姿便形成了习惯。

任务5 走姿实训

1. 实训准备

准备一间形体训练室，四面墙安装长度及地的镜子，能从头到脚照到训练人员。实训目的和实训要求参见表6-7。

表6-7 实训目的和实训要求

实训目的	为各项服务工作打下基础
实训要求	掌握规范的走姿，能自纠错误，直至形成习惯

2. 操作规范（见表6-8）

表6-8　　操作规范

<table>
<tr><th>实训内容</th><th>操作标准</th><th>基本要求</th></tr>
<tr><td>一般走姿</td><td>（1）方向明确，在行走时，必须保持明确的行进方向，尽可能地使自己犹如在直线上行走，不突然转向，更忌讳突然大转身；
（2）步幅适中，一般而言，行进时迈出的步幅与本人一只脚的长度相近，即男子每步约40厘米，女子每步约36厘米；
（3）速度均匀，在正常情况下，男子每分钟108～118步，不突然加速或减速；
（4）重心放准，行进时身体向前微倾，重心落在前脚掌上；
（5）身体协调，走动时要以脚跟首先着地，膝盖在脚步落地时应当伸直，腰部要成为重心移动的轴线，双臂在身体两侧一前一后地自然摆动；
（6）体态优美，做到昂首挺胸，步伐轻松而矫健，最重要的是行走时两眼平视前方，挺胸收腹，直起腰背，伸直腿部</td><td rowspan="5">“行如风”，即走起来要像风一样轻盈；方向明确、抬头、不晃肩，两臂摆动自然，两腿直而不僵，步伐从容，步态平衡，步幅适中、均匀，两脚落地成两条直线</td></tr>
<tr><td>陪同客人的走姿</td><td>（1）同“一般走姿”；
（2）引领客人时，位于客人侧前2～3步，按客人的速度行进，不时用手势指引方向，招呼客人</td></tr>
<tr><td>与客人相对而行的走姿</td><td>（1）同“一般走姿”；
（2）接近客人时，应放慢速度，与客人交会时，应暂停行进，与客人点头示意，让客人先行</td></tr>
<tr><td>与客人同向而行的走姿</td><td>（1）同“一般走姿”；
（2）尽量不超过客人，必须超过时，要先道歉后超越</td></tr>
<tr><td>与服务人员同行的走姿</td><td>（1）同“一般走姿”；
（2）不可并肩同行，不可嬉戏打闹，不可闲聊</td></tr>
</table>

3. 走姿训练的方法

（1）配乐（进行曲）进行走姿训练；前行步，后退步，侧行步，前行转身步，后退转身步。

（2）在地上画直线，头顶书本，脚穿高跟鞋或半高跟鞋（女生）踩线行走练习。

任务6　蹲姿实训

1. 实训准备

准备一间形体训练室，四面墙安装长度及地的镜子，能从头到脚照到训练人员。实训目的和实训要求参见表6-9。

表 6-9　　实训目的和实训要求

实训目的	为各项服务工作打下基础
实训要求	掌握规范的蹲姿，能自纠错误，直至形成习惯

2. 操作规范（见表 6-10）

表 6-10　　操作规范

实训内容	操作标准	基本要求
高低式蹲姿	下蹲时，应左脚在前，左脚完全着地，右脚跟提起，右膝低于左膝，右腿左侧可靠于左小腿内侧，形成左膝高右膝低姿势；臀部向下，上身微前倾，基本上用左腿支撑身体（采用此式时，女性应并紧双腿）	(1) 在服务行业，一般只有在以下情况下，才允许服务人员在其工作中酌情采用蹲的姿势：整理工作环境、给予客人帮助、提供务必要服务、捡拾地面物品； (2) 采用蹲姿时要注意：不要采用突然下蹲、不要距人过近、不要方位失当、不要随意滥用
交叉式蹲姿	交叉式蹲姿主要适用于女士，尤其是身穿短裙的女性在公共场合采用，虽然造型优美，但操作难度较大，要求在下蹲时，右脚在前，左脚在后，右小腿垂直于地面，全脚着地；右脚在上，左腿在下交叉重叠；左膝从后下方伸向右侧，左脚跟抬起脚尖着地；两腿前后靠紧，合力支撑身体；上体微向前倾，臀部向下	
半蹲式蹲姿	半蹲式蹲姿多为人们行进之中临时采用，其基本特征是身体半立半蹲式，其主要要求是在蹲下之时，上身稍许下弯，但不宜与下肢构成直角或锐角；臀部务必向下，双膝可微微弯曲，其角度可根据实际需要有所变化，但一般应为钝角；身体的重心应当放在一条腿上，而双腿之间都不宜过度分开	
半跪式蹲姿	半蹲式蹲姿有简单蹲姿，其基本特征是双腿一蹲一跪，其主要要求是下蹲以后，改用一腿单膝点地，以其脚尖着地，臀部坐在脚跟上；另外一条腿应当全脚着地，小腿垂直与地面；双膝必须同时向外，双腿则宜尽力靠拢	

任务7　手势实训

1. 实训准备

准备一间形体训练室，四面墙安装长度及地的镜子，能从头到脚照到训练人员。实训目的和实训要求参见表 6-11。

表 6-11　　实训目的和实训要求

实训目的	为各项服务工作打下基础
实训要求	掌握规范的手势，能自纠错误，直至形成习惯

2. 操作规范（表 6-12）

表 6-12 操作规范

实训内容	操作标准	基本要求
正常垂放	具体做法有以下 6 种： （1）双手之间朝下,掌心向内,手臂伸直后分别紧贴两腿裤线处； （2）双手伸直后自然相交于小腹之处，掌心向内，一只手在上，另一只手在下，叠放在一起； （3）双手伸直后自然相交于手背后，掌心向外，两只手相握； （4）一只手紧贴裤线自然垂放，另一只手略弯曲向内搭在腹前； （5）一只手掌心向外背在背后，另一只手略弯曲掌心向内搭在腹前； （6）一只手紧贴裤线自然垂放，另一只手掌心向外背在背后	自然优雅，规范适度，五指伸直并合拢，掌心斜向上，腕关节伸直，手与前臂成直线，以肘关节为轴，弯曲 140 度左右为宜，手掌与地面形成 45 度
自然搭放	在站立服务时，身体应尽量靠近桌面或柜台，上身挺直；两臂稍微弯曲，肘部朝外，两手以手指部分放在桌面或柜台，指尖朝前，拇指与其他四指稍有分离，并轻搭载桌子或柜台边缘；应注意不要距离桌子或柜台过远，同时还要根据桌面高矮调整手臂弯曲程度，尽量避免将上半身趴伏在桌子或柜台上，将整个手掌支撑在桌子、柜台上；以坐姿服务时，将手部自然搭放在桌子上，身体趋近桌子或柜台，尽量挺直，稍躬身；除采取书写、计算、调试等必要动作时，手臂可摆放于桌子或柜台之上外，最好仅以双手手掌平放于其上；将双手放在桌子或柜台上时，双手可以分开、叠放或相握，但不要将胳膊支起来或是将手放在桌子或柜台之下	不可用桌子或柜台支撑身体
手持物品	稳妥、自然、到位、卫生	身体其他部位姿势规范
递送物品	双手为宜；递到手中；主动上前；方便接拿；尖、刃向内	
展示物品	便于观看；手位正确	
打招呼	要使用手掌；要掌心向上，而不宜掌心向下	
举手致意	（1）举手致意时，应全身直立，面向对方，至少上身与头部要朝向对方，在目视对方的同时，应面带笑容； （2）手臂上伸，致意时应手臂自下而上向侧上方伸出，手臂即可略有弯曲，也可全部伸直； （3）掌心向外，致意时必须掌心向外，即面向对方，指向朝向上方；同时，切忌伸开手指	
握手	注意先后顺序、用力大小、时间长度、相握方式	
挥手道别	（1）身体站直，尽量不要走动、乱跑，更不要摇晃身体； （2）目视对方，目送对方远去直至离开，若不看道别对象，便会被对方理解为“目中无人”或敷衍了事； （3）手臂前伸，道别时可用右手，也可用双手并用，但手臂应尽力向前伸出，注意手臂不要延伸得太低或过分弯曲； （4）掌心朝外，挥手道别时要保持掌心向外，否则是不礼貌的； （5）左右挥动，挥手道别时要将手臂向左右两侧轻轻地来回挥动，尽量不要上下摆动	

表6-12（续）

实训内容	操作标准	基本要求
引导手势	（1）横摆式，手位高度齐腰，用于引导表示“请”时的手势； （2）斜摆式，请对方落座，座位在哪儿，手位指到哪儿； （3）直臂式，（专业引导手势）适合于给对方指引方向，手臂伸直与肩同高； （4）曲臂式，适用于单手持物或扶门时，须向对方做“请”的手势； （5）双臂式，适用于面对众人做“请”的手势	

任务 8　表情实训

1．实训准备

准备一间形体训练室，每人准备一面镜子。实训目的和实训要求参见表 6-13。

表 6-13　**实训目的和实训要求**

实训目的	为各项服务工作打下基础
实训要求	掌握基本的表情操作规范，能自纠错误，直至形成习惯

2．操作规范

（1）眼神的操作规范（见表 6-14）。

表 6-14　**操作规范**

实训内容	操作标准
注视的部位训练	（1）注意对方的眼神，表示自己对对方全神贯注，在问候对方、听取诉说、征求意见、强调要点、表示诚意、向人道歉与人道别时，都应注意对方的双眼，但时间不宜过长，一般以 3~5 秒时间为宜； （2）注视对方的面部，最好是对方的眼鼻三角区，而不要聚集于一处，以散点柔视为宜； （3）注意对方的全身，同服务对象距离较远时，服务人员一般应当以对方的全身为注意点，尤其是站立服务时，往往如此； （4）注意对方的局部，须根据时间需要，多加注视客人的某一部分，如在递送物品时，应注视对方手臂
注视的角度训练	（1）正视对方，在注视他人时，与之正面相对，同时还须将上身向前倾向对方，其含义表示尊重对方； （2）平视对方，即在注视他人时，身体与对方处于相似的高度，表示出双方地位平等，与本人的不卑不亢； （3）仰视对方，即在注视他人时，本人所处位置比对方低，则需抬头仰望对方，可给对方重视信任之感

（2）微笑的操作规范（见表 6-15）。

表 6-15　**操作规范**

实训内容	操作标准
微笑	嘴角微微向上翘起，让嘴唇略呈弧形，在不牵动鼻子、不发出笑声、不露牙齿的前提下轻轻一笑，默念英文单词“Cheest”、英文字母“G”、普通话“茄子”或“一”

（3）眉语的操作规范（见表 6–16）。

表 6–16　　操作规范

实训内容	操作标准
眉语	服务人员的眼睛、眉毛要保持自然而舒展，说话时不宜过多牵动眉毛，要给人以庄重、自然、典雅之感

任务 9　着装实训

1. 实训准备

准备职业装、西装、女套装、数码照相机、大屏幕教室。实训要求和实训方法参见表 6–17。

表 6–17　　实训要求和实训方法

实训要求	掌握正装穿着的基本要求；掌握西装的穿着方法；掌握女士套装的穿着方法
实训方法	（1）将学生分组，每组 5~6 人； （2）由学生分组练习，教师指导； （3）学生分组考核，用摄像机等记录学生考核过程； （4）回放考核过程，学生自我评价，教师总结点评学生存在的个性与共性问题

2. 实训操作规范（见表 6–18）。

表 6–18　　操作规范

<table>
<tr><th>实训项目</th><th colspan="2">实训要求</th><th>操作规范</th></tr>
<tr><td rowspan="3">正装的穿着</td><td colspan="2">外观整洁</td><td>（1）保证正装无褶皱；
（2）保证正装无残破；
（3）保证正装无脏物；
（4）保证正装无污染；
（5）保证正装无异味</td></tr>
<tr><td colspan="2">文明着装</td><td>正装穿着雅观、避免出现 4 个方面的禁忌：忌过分裸露，忌过分薄透，忌过分瘦小，忌过分艳丽</td></tr>
<tr><td colspan="2">穿着得当</td><td>严格按照各单位的规范要求去做</td></tr>
<tr><td rowspan="2">西装的穿着</td><td rowspan="2">西装的选择</td><td>（1）西装的外套必须合体</td><td>（1）上衣过臀部；
（2）手臂伸直时，袖子的长度应达到手腕处</td></tr>
<tr><td>（2）西裤要合体</td><td>（1）西裤的腰围应是裤子穿好拉上拉链后或扣好裤扣后，裤腰处能正好伸进一只五指并拢的手掌；
（2）西裤穿好后，裤腿的下沿正好接触脚面，并确保裤线的笔直（注意鞋跟的高度）</td></tr>
</table>

表6-18(续)

实训项目	实训要求		操作规范
西装的穿着	西装的选择	(3) 衬衫要合适	(1) 衬衫正规的是白色无花纹衬衫； (2) 衬衫领子应是扣上衬衫领子扣以后还能自由插进自己的一个食指为标准； (3) 袖子的长度与领子的高度都应比西装上衣的袖子稍长、稍高
		(4) 领带要与西装相协调	(1) 领带应为素色无花纹的； (2) 西装里若穿羊毛背心、则应将领带放进背心里面； (3) 服务人员在穿着西装时最好夹上领带夹
	西装的穿着要领	(5) 鞋与袜子要与西装相协调	(1) 皮鞋的颜色一般应与西装的颜色相近，配深色的西装以黑色皮鞋为最好； (2) 袜子的颜色应与皮鞋的颜色相近，或者是西装颜色与皮鞋颜色的过渡色
		西装的穿着要符合规范要求，服务人员切忌触犯禁忌	(1) 西装要干净、平整，裤子要熨出裤线； (2) 衬衫领头要硬扎挺括，要保证七八成新； (3) 衬衫更要十分清洁，内衣要单薄，衬衫里一般不要穿棉毛衣，如果穿了，不宜把领圈和袖口露在外面； (4) 衬衫的下摆要均匀地塞在裤内； (5) 穿西装可以不系扣，但服务人员在正规场合需系扣，裤兜也与上衣袋一样，不可装物，以保证裤形美观； (6) 为保证西装不变形，上衣袋只作为装饰，包括必要时装褶好花式的手帕，裤兜也与上衣袋只作为装饰，以保证裤形美观； (7) 无论衣袖还是裤边，皆不可卷起； (8) 皮鞋一定要上油擦亮
女士套裙的穿着	女士套裙的选择	(1) 上衣与裙子要选择适当	(1) 上衣和裙子的面料和颜色应相同； (2) 套裙的面料应以素色、无光泽为好； (3) 上衣袖子一般应到手腕，裙子长度应触及小腿，即使是比较随便的套裙，其上衣也应有袖子（至少是短袖，而不应是无袖），裙子长度应到膝盖以下
		(2) 衬衫及内衣的选择也很重要	(1) 衬衫的颜色以白色为主； (2) 内衣应当柔软贴身，并且要使之大小适当； (3) 穿上内衣以后，不应当使其轮廓一目了然地在套裙之外展现出来
		(3) 衬裙的选择	穿套裙时，尤其是穿丝、棉、麻等薄型面料或浅色面料的套裙时应当穿衬裙
		(4) 鞋袜要与套裙相配	(1) 与套裙配套的鞋子，宜为高跟、半高跟的船式皮鞋或盖式皮鞋； (2) 袜子最好是肉色的高筒袜或连裤袜

表6-18(续)

<table>
<tr><th>实训项目</th><th colspan="2">实训要求</th><th>操作规范</th></tr>
<tr><td rowspan="4">女士套裙的穿着</td><td rowspan="4">女士套裙的穿着规范</td><td>(1) 上衣与裙子要选择适当</td><td>(1) 上衣的领子要完全翻好，衣袋的盖子要拉出来盖住衣袋；
(2) 裙子要穿着的端正，上下对齐，上衣的衣扣必须一律全部系上不允许将其部分或全部解开，更不允许当着别人的面随便将上衣脱下</td></tr>
<tr><td>(2) 衬衫的穿着要符合规范</td><td>(1) 衬衫的下摆必须掖人裙腰之内，不得任其悬垂于外，或是在腰间打结；
(2) 衬衫的纽扣要一一系好，除最上端的一粒纽扣按惯例允许不系外，其他纽扣均不得随意解开；
(3) 衬衫在公共场合不宜直接外穿</td></tr>
<tr><td>(3) 衬裙的穿着要符合规范</td><td>(1) 衬裙的裙腰切不可以高于套裙的裙腰，从而暴露在外；
(2) 应将衬衫下摆掖入衬裙腰与套裙的腰两者之间，切不可将其掖入衬裙腰之内</td></tr>
<tr><td>(4) 鞋袜要穿好</td><td>(1) 鞋袜应当完好无损，鞋子如果开线、裂缝、掉漆、破损，袜子如果有洞、跳丝，均应立即换掉，不要打了补丁再穿；
(2) 鞋袜不可当众脱下；
(3) 袜子不可随意乱穿，不允许同时穿两双袜子，也不许将健美裤、九分裤当成袜子来穿；
(4) 袜口不可暴露于外，在任何时候的任何姿势（无论是站着、坐着或蹲着）都应确保袜口始终在裙子下摆里</td></tr>
</table>

任务10　电话礼仪实训

1. 实训准备

准备职业装、电话、数码照相机、大屏幕教室。实训要求和实训方法参见表6-19。

表6-19　实训要求和实训方法

<table>
<tr><td>实训要求</td><td>掌握电话用语的规范要求；正确地使用电话用语</td></tr>
<tr><td>实训方法</td><td>(1) 将学生分组，每组5~6人，由学生分组练习，教师指导；
(2) 学生分组考核，用摄像机等纪录学生考核过程；
(3) 回放考核过程，学生自我评价，教师总结点评学生存在的个性与共性问题</td></tr>
</table>

2. 实训操作规范（见表6-20）

表6-20　操作规范

<table>
<tr><th colspan="2">实训项目</th><th>实训要求</th><th>操作规范</th></tr>
<tr><td rowspan="2">电话用语</td><td rowspan="2">通话前的准备</td><td>打电话的准备要求</td><td>慎选通话时间；备好通话内容；挑准通话地点；做好心理准备</td></tr>
<tr><td>接听电话的准备要求</td><td>确保畅通；专人职守；预备记录</td></tr>
</table>

表6-20(续)

实训项目		实训要求	操作规范
电话用语	通话初始	打电话开始时的要求；问好，自报家门，进行确认	(1) 问好，问候对方的用语通常是“您好”或“喂，您好”，如果通话对方已率先，即问好，应立即以相同的问候语回上对方一句； (2) 自报家门，即只报出本单位的全称、自报本单位的全称与所在具体部门的全称、报出通话人的全名、报出通话人的全名与所在具体部门的名称、报出通话人的全名与所在单位的全称以及所在具体部门的名称； (3) 进行确认
	接听电话	接电话时的开头主要包括三部分:问候、自报家门、询问对方具体事务	拿起电话后，首先问候对方，然后自报家门（或是先自报家门，再问候对方）
	通话中	(1) 声音清晰	咬字准确、音量适中、速度适中、语句简短、姿势正确
		(2) 态度平和	不卑不亢、不骄不躁
		(3) 不忘职责	(1) 接听及时，电话铃响三次左右及时予以接听； (2) 如因特殊原因不能及时接听电话，就应在拿起听筒后首先向对方表示歉意，如“对不起，让您久等”
		(4) 内容紧凑	每次通话的具体时间，以3~5分钟以内为宜
		(5) 主次分明	在相互问好之后，通话双方即转入主题
	通话结束	(1) 再次重复重点	通话即将结束时，拨打电话的一方应将重复的内容简单复述一下，以便确认双方沟通无误；为避免给对方以烦闷之感，在重复时应多多采用礼貌用语
		(2) 暗示通话结束	在挂断电话前，应先向通话对象暗示此意
		(3) 感谢对方帮助	在通话之中，如果对方给予了自己一定程度的帮助，则在即将结束通话时，勿忘向对方正式地进行一次道谢
		(4) 代向他人问候	如果通话双方是旧交，那么双方在通话结束之前，不妨相互问候一下对方的同事或家人
		(5) 互相道别	结束通话的最后一句话，应当是通话双方互道“再见”
		(6) 话筒要轻轻挂上	挂机时还应小心轻放，别让对方听到很响的挂机声

表6-20(续)

实训项目		实训要求	操作规范
电话用语	代接电话	代接电话时，服务人员应一如既往地保持友好的态度去帮助对方，不要语气大变，立即挂断电话，更不要对对方的其他请求一概拒绝	(1) 如果对方要找的人就在附近，应告知对方稍候片刻，然后立即去找，需要注意的是不要立即大声喊人，不要让对方等候过久，也不要直接询问对方与所找之人是何关系，找其到底有何事情； (2) 如果对方要找的人已经外出，应首先告知对方他要找的人已经外出，然后再去询问对方来系何人、是否有事需要转达，如对方有事需要转达，应认真记录下来，并尽快予以转交，如果事关重大，则最好不要委托他人代劳，以防泄密； (3) 如果对方要找的人正在忙于他事，不便立即接听，此刻代接电话的人可以如实相告对方，或者告知对方要找的人已暂时外出，随后可咨询一下对方要不要代劳或要不要代替双方预约个方便的通话时间
	做好电话记录	在进行电话记录时，除了要选择适当的记录工具之外，最重要的是要力求记好要点内容，并在记完要点之后进行核实	(1) 电话记录的内容大致应当包括来电时间、通话地点、来电人的情况、来电的主要内容及处理方式等； (2) 做好电话记录之后，一定要将其精心加以保管； (3) 对于重要的电话记录，尤其是当其涉及行业秘密之时，务必要严格地进行保密； (4) 进行电话记录后，有关人员应及时对其进行必要的处理

任务 11　商务礼仪综合情景模拟实训

1. 实训目的

运用所学知识，分小组自编、自导、自演礼仪知识情景剧，以巩固所学的知识，并提高学生的兴趣及检验教学成果。

2. 实训内容

自编、自导、自演情景剧。其内容包括：握手、介绍、递名片、服饰、站姿、坐姿、走姿、语言礼仪等。

3. 实训要求

（1）每 4 人一组，如需要可另请同学客串，但客串同学不记分。

（2）自己设定一情景，内容包括：介绍、握手、递名片、站姿、坐姿、走姿、服饰、打扮、语言礼仪等内容。少一项扣 10 分。

（3）出场后先由同学介绍剧情、人物。

4. 实训过程

先分小组进行表演，然后由老师、同学点评，最后进行评分。

5. 项目评分（见表 6-21）

表 6-21　　项目评分　　单位：分

分数 内容 / 小组	介绍 10	握手 10	递名片 10	走姿 10	坐姿 10	站姿 10	服饰 10	语言礼仪 10	编排 10	总体印象 10	总分 100
1											
2											
3											
4											
5											
6											

6. 实训总结

对同学表演中所出现的问题进行归纳。

参考文献

[1] 张晋. 商务礼仪［M］. 北京：化学工业出版社，2008.

[2] 姜红. 商务礼仪［M］. 上海：复旦大学出版社，2009.

[3] 金正昆. 商务礼仪［M］. 北京：北京联合出版社，2013.

[4] 李荣建，宋和平. 礼仪训练［M］. 武汉：华中科技大学出版社，2005.

[5] 徐觅. 现代商务礼仪教程［M］. 北京：北京邮电大学出版社，2008.

[6] 庄铭国. 国际礼仪［M］. 北京：中共中央党校出版社，2006.

[7] 谢迅. 商务礼仪［M］. 北京：对外经济贸易大学出版社，2007

[8] 金正昆. 涉外礼仪教程［M］. 4 版. 北京：中国人民大学出版社，2014.

[9] 沈驷. 错误的礼仪［M］. 上海：复旦大学出版社，1999.

[10] 李莉. 实用礼仪教程［M］. 北京：中国人民大学，2002.

[11] 曹浩文. 如何掌握商务礼仪［M］. 北京：北京大学出版社，2004.

[12] 刘小清. 现代营销礼仪［M］. 大连：东北财经大学出版社，2002.

[13] 陈荣铎，邸胜男. 商务礼仪［M］. 北京：旅游教育出版社，2009.

[14] 喻培元. 会展礼仪［M］. 北京：旅游教育出版社，2007.

[15] 杨狄. 社交礼仪［M］. 北京：高等教育出版社，2005.

[16] 闫秀荣，闫国成. 商务礼仪［M］. 上海：上海财经大学出版社，2010.

[17] 张立玉. 实用商务涉外礼仪［M］. 北京：北京理工大学出版社，2009.

[18] 陈柳. 职业人形象设计与修炼［M］. 上海：上海远东出版社，2004.

[19] 中华礼仪网. http://www.zhonghualiyi.com/.

[20] 瑞丽女性网. http://www.rayli.com.cn/.

[21] 中国礼仪网. http://www.cnliyi.cn/.

[22] 社交礼仪网. http://www.eexb.com/.

[23] 外表网. http://www.waibiao.com/.

[24] 中华礼仪培训网. http://www.51liyi.cn/Index.shtml.